LA IGLESIA
que hace
DISCÍPULOS

DE LOS HUESOS SECOS
A LA VITALIDAD ESPIRITUAL

GLENN MCDONALD
PRÓLOGO POR E. STANLEY OTT.

 Vida®

La misión de Editorial Vida es proporcionar los recursos
necesarios a fin de alcanzar a las personas para Jesucristo
y ayudarlas a crecer en su fe.

LA IGLESIA QUE HACE DISCÍPULOS
Edición en español publicada
por Editorial Vida -2008
© 2008 Editorial Vida
Miami, Florida

Publicado en inglés con el título
The Disciple Making Church
por Faith Walk Publishing
© 2004, 2007 Glenn McDonald

Traducción: *Daniel Andrés Díaz*
Edición: *Carolina Galán*
Diseño interior: *Eugenia Chinchilla*
Diseño de cubierta: *Grupo Nivel Uno, Inc.*

ISBN: 978-0-8297-5146-8

Categoría: Vida cristiana / Crecimiento espiritual

Impreso en Estados Unidos de América
Printed in the United States of America

08 09 10 11 12 ❖ 6 5 4 3 2 1

La iglesia que hace discípulos
De los huesos secos a la vitalidad espiritual

GLENN McDONALD

Dedicatoria

*A los discípulos de la Iglesia Presbiteriana de Zionsville,
a quienes tengo el privilegio de llamar mi rebaño.*

Agradecimientos

Todo lo que he aprendido acerca del discipulado ha sido de otros discípulos. Estoy eternamente agradecido con Dios por enviar a los hombres y mujeres que implacablemente le han dado forma a mi vida.

Gracias especiales a Bob Jordan, mi amigo y socio en el ministerio, cuyo aliento y enfoque láser en la tarea de hacer discípulos son nuevos cada mañana. Gracias especiales a Dallas Willard, a quien el Espíritu ha dotado de manera única para proclamarle a esta generación la misión de la iglesia: ser discípulos que hacen discípulos.

Mary Sue, Mark, Katy, Jeff y Tyler, quienes por gracia renunciaron a su esposo y padre para dedicarse a la computadora durante todo un hermoso verano en Indiana y me amaron en todo el proceso.

Gracias a Dick Wierenga, Louann Werskma y Ginny McFadden, de la casa editorial Faith Walk. Es una alegría estar en sociedad con corazones alegres.

Contenido

Introducción
Planteemos las preguntas correctas

En la primera etapa de la vida de nuestra congregación, al final de una de nuestras reuniones mensuales de la junta, hice mi pregunta típica previa al cierre: «¿Hay otras cosas o nuevos puntos que debamos traer a colación?». Bostecé y le di un vistazo a mi reloj. Eran casi las 11: 00 p.m., y confiaba en que todos intuitivamente captaran la respuesta correcta a esa pregunta: «No, nada en absoluto».

Sin embargo, una de las mujeres de la junta levantó la mano. «Tengo una pregunta», dijo. «¿Cuánto tiempo cree que se tomaría una persona que esté de visita en nuestra iglesia para oír acerca de su necesidad de Jesucristo y luego saber cómo actuar en base a esa necesidad?»

El silencio inundó la sala. Esta no era una pregunta común. No podía manejarse de forma numérica. No podía responderse de manera programática. Sabía que esta pregunta golpeaba directamente al corazón de, lo que según por todos era la razón de nuestra existencia. Y en ese momento, cuando la presión nos empujaba, ninguno de nosotros pudo responder. Acordamos considerar el asunto, hacer cualquier investigación a nuestro alcance y luego discutir el asunto el próximo mes.

¿A qué conclusión llegamos? Cuatro semanas después reconocimos los unos ante los otros que, a pesar de todo nuestro aparente éxito organizativo, *no teníamos una estrategia comprensible para transformar a todos los hombres, mujeres y niños tanto como fuera posible en aprendices vitalicios de Jesucristo*. Teníamos planes para seguir creciendo, pero no teníamos planes para hacer crecer a nuestros discípulos. Podíamos presentar seminarios llenos de principios útiles para efectuar el cambio, pero no podíamos articular qué debería hacer una persona en particular para llegar a ser tan espiritualmente saludable y vibrante como fuera posible.

Y yo no tenía ni la más mínima idea de por dónde empezar.

Discípulos, no solo decisiones

Por favor entiéndeme: Si te hubieras acercado a mí en cualquier momento durante los primeros días de nuestra iglesia, yo podría haber invocado una legión de palabras para describir nuestra misión y habría acompañado de versículos cada punto importante. No habría *sonado* como si estuviera saltando superficialmente sobre lo que Dios estaba intentando producir.

Pero las palabras son baratas, especialmente las teológicas. A los líderes de las iglesias les resulta muy fácil invertir sesenta horas a la semana en rutinas que tienen la estampa de importancia suprema (planear el boletín, dirigir una reunión, componer una presentación), y en cambio gastan poco menos de seis minutos a la semana en reflexionar sobre la misión general de la iglesia. Parafraseando las palabras finales de Jesús en el Sermón del Monte (Mateo 7:21-23): «No todo el que me dice: "Señor, Señor", entrará en el reino de los cielos, sino sólo el que hace la voluntad de mi Padre que está en el cielo. Muchos me dirán en aquel día: "Señor, Señor, ¿no profetizamos en tu nombre, y en tu nombre expulsamos demonios e hicimos muchos milagros? [¿No establecimos el mejor ministerio de jóvenes de la ciudad? ¿No estructuramos una impresionante banda de alabanza y sorprendimos a todos con nuestras cifras anuales de miembros?]". Entonces les diré claramente: "Jamás los conocí. ¡Aléjense de mí, hacedores de maldad!"»

«Nunca los conocí». Ese es el problema. Y esa es la más solemne certeza dada por nuestro Señor de que «hacer iglesia» no tiene que ver con tácticas, programas o paquetes garantizados para dirigir el ministerio, sino que tiene que ver con relaciones.

Durante la mayor parte del siglo pasado las iglesias norteamericanas han tendido a definir el éxito por el número de personas que han tomado decisiones. ¿Cuántas personas exactamente han hecho la oración de fe que aparece en el boletín? ¿Cuántos niños vinieron a nuestra Escuela Bíblica de Vacaciones en el último verano? ¿Cuántos individuos han cruzado nuestra línea de membresía, se han unido a un grupo de trabajo o han participado en nuestros viajes misioneros?

Para dejar las cosas claras, cuando Jesús dijo: «Sígueme», estaba llamándonos a tomar una decisión. No obstante, como iglesias hemos tendido a sobresalir en la teología de la toma de decisiones, pero hemos fallado larga y ampliamente a la hora de desarrollar un currículo apropiado para hacer discípulos. Hemos tenido dificultades para encontrar formas de ayudar a la gente común a ir más allá de la elección de una actividad particular cristiana y aprender cómo pensar, actuar y ser como Jesús en toda área posible, todos los días de la semana.

Seis relaciones y seis marcas

Hoy estoy convencido de que si nuestra intención es desarrollar iglesias caracterizadas por *discípulos que hacen discípulos,* tendremos el máximo progreso al plantearnos las preguntas correctas acerca de los temas correctos en las relaciones. La primera mitad de este libro explorará seis relaciones como esas desde la perspectiva del apóstol Pablo:

¿Quién es tu Señor?

¿Quién eres tú?

¿Quién es tu Bernabé?

¿Quién es tu Timoteo?

¿Dónde está tu Antioquía?

¿Dónde esta tu Macedonia?

Cuando nos rendimos y desistimos de buscar el Siguiente Mejor Programa como nuestro estándar de hacer iglesia, y descansamos en la transformación espiritual que se da únicamente a través de las relaciones, nos estamos entregando a un camino que parecerá tanto misterioso como impredecible. No obstante, hay algo definido que caracteriza toda relación de discipulado. Hay un conjunto muy apreciado de enseñanzas –un currículo honrado con el tiempo– el cual informa sobre la tarea de ser y hacer discípulos. La segunda parte de este libro detallará lo que hemos decidido llamar las **seis marcas de un discípulo**:

Un corazón solo para Cristo

Una mente transformada por la Palabra

Brazos de amor

Rodillas para la oración

Una voz para proclamar las buenas nuevas

Un espíritu de servicio y mayordomía

Esta no es una lista de «seis cosas por hacer en esta semana». Las seis marcas son la descripción esencial de lo que quiere decir ser y vivir como el Hijo de Dios. Ellas representan el llamado continuo de Dios a toda persona en toda relación. Citando el viejo dicho, «llevar a la gente al cielo» es importante de una manera innegable, pero rara vez completa la misión de la iglesia local. Si estamos haciendo algo menos que llevar el cielo a la gente –justo aquí y justo ahora– entonces no hemos comprendido la fuerza del «sígueme» de Jesús.

¿A quién están dirigidas estas páginas? Si eres un líder de un cuerpo cristiano que está en una etapa de transición para enfocarse en hacer discípulos, si eres parte de un pequeño grupo que procura una forma más holística de mantenerse unido, si quieres considerar las ramificaciones de una vida con una obediencia más completa a Cristo, si estás buscando cómo enmarcar mejor las preguntas y los asuntos del proceso de planeamiento estratégico para tu iglesia, o si simplemente quieres saber cómo podría Dios traer más vitalidad espiritual a una «tierra seca, extenuada y sedienta», entonces por la gracia de Dios que estas páginas te alienten mientras avanzas.

Una pregunta relevante –por incómoda e inoportuna que fuera– ayudó a nuestra iglesia a dar un giro crucial. Hacer las preguntas correctas e identificar las relaciones correctas todavía son la necesidad actual, porque esa reflexión siempre precede a un viaje en la dirección correcta. Saber qué dejar atrás al comienzo de semejante viaje es crucial. Ahí es donde vamos a comenzar.

1

Adiós a la iglesia ABC

Mi única y exclusiva experiencia personal de hacer ciclismo de montaña tuvo lugar en medio de una salida familiar a las Montañas Rocosas. No muy lejos del lugar donde nos alojábamos, un teleférico estaba transportando a los visitantes de climas cálidos hasta el tope de la cima alpina donde, por unos pocos dólares, cualquiera podía rentar una bicicleta de montaña y descender rápidamente por ella.

Jeff, nuestro hijo de once años en aquel entonces, y yo fuimos los únicos en «probar» esta nueva experiencia. Nos subimos juntos en la silla e iniciamos el ascenso de doce minutos hasta el tope. No habíamos ido muy lejos cuando Jeff se tornó hacia mí y me hizo la que resultó ser una pregunta crucial: «Papá, ¿cuándo fue la última vez que montaste en bicicleta?» Para ser sincero, no tenía ni idea de cuándo había estado por última vez encima de una bicicleta. Pero desde mi ángulo de visión en el teleférico alcanzaba a ver a padres e hijos de todas las edades descendiendo en bicicleta por la montaña. ¿Qué tan difícil podía ser esto?

La joven del puesto de alquiler, muy colaboradora, me instaló en una bicicleta y me colocó un casco. Luego me dio un tour rápido por los cambios en el manubrio. Me quedé de una pieza al enterarme que había veintiuna velocidades diferentes. «Papá», susurró Jeff, cuyo bochorno por ser visto en público conmigo estaba creciendo, «*todo el mundo* sabe eso». La agente del alquiler concluyó enfatizando: «Aquí están los dos cambios de más acción para esos momentos cuando de verdad quieran aumentar la velocidad». *Genial, lo tendremos en mente*. Y salimos rumbo a nuestra odisea ciclística.

Yo ya había identificado la ruta que parecía más hecha a nuestra medida. Se llamaba «Cinch»: cuatro millas y media de giros y vueltas a través de altos pinos y temblorosos álamos. Pedaleé una vez, solo para arrancar... y esa fue la última vez que necesité pedalear en bicicleta durante las siguientes cuatro millas y media. La gravedad se apoderó de nosotros y nos empujó hacia abajo de la montaña.

La mayor parte del camino estuve asustado de muerte. Apretaba los frenos tan duro que me empezaban a doler las manos. De hecho, paramos algunas veces en la ruta solo para darles un descanso. Estaba tan nervioso por perder el control e irme hacia algún precipicio de treinta metros de profundidad –y preocupado de que al menos escribieran bien mi nombre con doble *n* en el epitafio– que literalmente terminé haciéndome daño en mi intento por disminuir el paso.

No todas las personas que hacen ciclismo de montaña tienen ese tipo de experiencia. De vez en cuando, mientras apretaba más fuerte los frenos para mantener el control, oíamos a otros ciclistas que venían detrás de nosotros. «¡Adelantando por la izquierda!», gritaban, y antes siquiera de tener tiempo para reaccionar nos estaban pasando a toda velocidad, luego giraban por la próxima esquina y desparecían. Yo no lo podía creer. Sus bicicletas eran idénticas a las mías. ¿Qué tenían ellos que yo no tuviese? Ellos tenían confianza. Habían aprendido que sus bicicletas eran perfectamente capaces de pasar por los senderos de la montaña a gran velocidad. Mi bicicleta era igual. *Solo que yo nunca solté los frenos.*

Si el amor de Jesucristo se ha plantado en nuestros corazones, entonces somos los portadores de un poder impresionante que simplemente está esperando ser desatado. Desde toda la eternidad Dios ha escogido hacer crecer su reino a través de nosotros. Y eso es imparable. Es más fuerte que la fuerza de gravedad. ¿Cómo sabemos eso? Jesús dijo: «El reino de los cielos es como un grano de mostaza que un hombre sembró en su campo. Aunque es la más pequeña de todas las semillas, cuando crece es la más grande de las hortalizas y se convierte en árbol, de modo que vienen las aves y anidan en sus ramas» (Mateo 13:31–32).

Pero de alguna forma, en lugar de maravillarnos por las formas en las cuales la vida de Dios es capaz de exceder todas nuestras limitaciones, nos las hemos arreglado para encontrar los frenos. Incluso estamos dispuestos a hacernos daño –a quedarnos rezagados– en lugar de confiar en que Dios quiere transformarnos en personas que sean iguales a Jesús de Nazaret y usar nuestros labios, nuestras manos y nuestra disponibilidad para producir otros discípulos.

Aprendamos nuestro abecedario

Yo debía saberlo. En 1983 fui llamado a ser el pastor organizador de una nueva congregación en el límite suburbano de Indianápolis. En mi mente acariciaba un deseo sincero pero pobremente enfocado de «hacer iglesia» de una manera diferente, ayudando a generar nuevas estrategias para reclutar y producir seguidores comprometidos de Jesús. Sin embargo, no me tomó mucho tiempo encontrar los frenos.

Al final del cuarto año, por la gracia de Dios, unas pocas docenas de pioneros habían crecido hasta formar un rebaño de trescientos. Por el camino, no obstante, nuestra atención había se había concentrado cada vez más en el ABC de nuestra vida en congregación: atender a los servicios, buscar un local y conseguir dinero. ¿Cuántas personas están en su puesto? ¿Está creciendo ese número? ¿Hay espacio para que todos estacionen? ¿Cuándo podemos mejorar nuestras instalaciones para los niños? ¿Cuál fue el balance del mes pasado? ¿Tendremos el dinero para pagar las cuentas del siguiente mes? Sin siquiera notarlo le estábamos poniendo más atención a la estructura que a la vitalidad. Nuestro servicio de labios para afuera sobre «liberar el poder transformador de Dios» había sido barrido por nuestros comportamientos de «vamos a mantenerlo todo bajo nuestro control».

Instintivamente empezamos a cuidar el rendimiento basándonos en cosas externas –la superficie institucional del cuerpo de Cristo– y nos premiamos a nosotros mismos con altas marcas de nuestra aparente salud.

La iglesia ABC está sana y salva en Estados Unidos... si es que podemos permitirnos utilizar las palabras «sana» y «salva». En oposición a la Gran Comisión de Cristo en Mateo 28:18–20, es seguro decir que una gran mayoría de las congregaciones protestantes han hecho de la Asistencia, Buscar un local y Conseguir dinero su última meta. Sin duda, el manejo institucional efectivo honra a Dios. Toda reunión de cristianos, grande o pequeña, debe manejar una agenda apropiada de «negocios». Pero los negocios no son la razón por la cual estamos en el negocio. Algunas de las explosiones más fieras en toda la Biblia están reservada para quienes refrenan el fluir del Espíritu de Dios para hacer brillar la fruta de la organización.

La Palabra que transforma el desierto

Mientras sopeso la facilidad con la cual ponemos nuestra atención en el manejo de la iglesia, me encuentro a mí mismo cautivado por Ezequiel, un profeta del Antiguo Testamento a quien se le asignó una de las tareas laborales más depresivas. La mayor parte de su ministerio público requería que fuera portador de malas noticias. Él masculló, alegó e incluso hizo mímicas acerca de una serie de amonestaciones, las cuales declaraban el amplio abismo entre Dios y el pueblo de Israel. Después de casi una docena de capítulos, no obstante, al tono de Ezequiel se suaviza repentinamente. Fue como si hubiéramos visto el primer retoño de primavera asomando su cabeza sobre la nieve. En 37: 1–3, Ezequiel recibe una visión inolvidable:

> La mano del Señor vino sobre mí, y su Espíritu me llevó y me colocó en medio de un valle que estaba lleno de huesos. Me hizo pasearme entre ellos, y pude observar que había muchísimos huesos en el valle, huesos que estaban completamente secos. Y me dijo: «Hijo de hombre, ¿podrán revivir estos huesos?»

Confrontado con un vasto montón de esqueletos –los restos patéticos y no enterrados de quién sabe cuántas personas– Ezequiel no tiene respuesta. Se siente indefenso. La situación parece desesperanzadora. «Señor Omnipotente, tú lo sabes», musita. Se requerirá de un milagro para darle vida y esperanza a este valle de muerte. Sin embargo, el negocio principal de Dios es impartir vida y esperanza.

> Entonces me dijo: «Profetiza sobre estos huesos, y diles: "¡Huesos secos, escuchen la palabra del Señor! Así dice el Señor omnipotente a estos huesos: Yo les daré aliento de vida, y ustedes volverán a vivir. Les pondré tendones, haré que les salga carne, y los cubriré de piel; les daré aliento de vida, y así revivirán. Entonces sabrán que yo soy el Señor"».

Tal y como el Señor me lo había mandado, profeticé. Y mientras profetizaba, se escuchó un ruido que sacudió la tierra, y los huesos comenzaron a unirse entre sí. Yo me fijé, y vi que en ellos aparecían tendones, y les salía carne y se recubrían de piel, ¡pero no tenían vida! (Ezequiel 37:4–8).

Cuando la palabra de Dios es pronunciada, la realidad se transforma. «Y dijo Dios...» y hubo fotones, nimbos, antílopes, sustancias extrañas y robles cayendo. Los huesos secos no son contrincante para la palabra del Señor. Vale la pena notar que en hebreo el término para «palabra» es *debar*. En español hay toda una variedad de prefijos para negar el significado de una palabra («in», «des», «a», por ejemplo). Una forma hebrea de alcanzar la negación es usar como prefijo la letra «m» al comienzo de una palabra. Cuando «m» se añade a *debar* el resultado es *midbar*, la palabra hebrea para «desierto». De acuerdo al contexto bíblico un desierto es un «lugar sin palabra», un lugar cualquiera en el cual no ha habido palabra transformadora de Dios, un lugar donde toda la esperanza se ha secado.

Huesos, pero sin respiración

Diez mil congregaciones estadounidenses tienen el sentimiento de ser «midbars» espirituales. Puede haber un recuerdo muy querido de la última vez en la cual la transformadora palabra de Dios fue oída –un evento pasado, una temporada de felicidad o un pastorado distinguido–, pero el sentimiento presente de expectativa en cuanto a que Dios está a punto de hacer algo nuevo prácticamente ha desaparecido. Numerosas iglesias que fueron lanzadas con una orientación futura apremiante están mirando ahora hacia atrás, esperando contra toda esperanza que la era dorada del pasado pueda ser recreada de nuevo.

En el valle de los huesos secos de Ezequiel, Dios habla sobre el futuro. Lo que sigue es la celebrada escena tipo Stephen King de acres de huesos secos juntándose. Los tendones y la carne se juntan y los esqueletos van tomando progresivamente una forma que da la impresión de un ser humano. Pero fíjate en la importante observación de Ezequiel: «¡pero no tenían vida!» En esta experiencia de desierto, la forma precede a la vida. La estructura llega antes que la vitalidad.

De nuevo, en verdad me puedo ver identificado. Con todo mi corazón creo que Dios habló para que nuestra congregación llegara a existir. Casi en una noche llegamos a ser una iglesia de las más grandes, abrigando a docenas de organizaciones más pequeñas: círculos, comités y reuniones para tomar café. Las estructuras aparecieron casi mágicamente. Pero el aliento de Dios era mucho más difícil de encontrar. Nuestra pasión por hacer discípulos era un esfuerzo paralelo en el mejor de los casos. Como no teníamos una visión más grande que ser una iglesia ABC de alto nivel, nuestro punto de referencia para el éxito llegó a ser la aceleración de la asistencia, el éxito en la siguiente campaña de buscar fondos para construir la sede y estar en números negros en lo financiero.

Aparte de las preocupaciones por los asuntos de administración, la iglesia ABC suele mostrar otras cuatro características que casi siempre prueban ser impedimentos para hacer discípulos. La primera es una tendencia a buscar soluciones programáticas a los problemas, desafíos y oportunidades. ¿Hay un nuevo paquete en el mercado para el área de mayordomía? ¿Qué técnicas están funcionando para alcanzar a los miembros desencantados? ¿Ha llegado alguien con un currículo fresco para entrenar diáconos? ¿Qué ha pasado con el seminario de tres días que será nuestro propulsor de evangelismo? La única estrategia menos efectiva que correr detrás del último equipamiento ministerial puede extraída con las letras EPAA: *Ejecute el Programa del Año Anterior.*

Los programas son los sustitutos pobres de la visión, y son completamente inaceptables como razón de ser de cualquier grupo cristiano. La voluntad de Dios no puede ser discernida a partir de un catálogo fuente, o extraída de un paquete de una sola talla que se ajusta a todo el mundo.

Una segunda característica estándar de la iglesia ABC es la tendencia a descansar en el trabajo duro como forma de avanzar. Si el programa no está produciendo, redoblaremos nuestros esfuerzos. Si los objetivos no se están alcanzando, nuestros líderes simplemente deben tener más bolas en el aire. De manera clásica, las congregaciones norteamericanas se han apoyado en un único individuo para generar el progreso de la iglesia en cuanto a llevar a la gente a la madurez en Cristo. Esa persona es el pastor.

Durante casi trescientos años los pastores protestantes han cargado con el desarrollo espiritual de todos los miembros dentro del alcance de la iglesia; una misión para ser cumplida a través de la predicación, la enseñanza, el liderazgo de la alabanza, la consejería, la dirección de las juntas y comités apropiados, las visitas a los hogares, la correspondencia, la administración, el servicio de los ujier es, la oración en funciones cívicas y cualquier otra forma de «sombreros» que puedan requerirse como ornato en una iglesia particular. ¿Cómo podemos exponer un número máximo de personas al trabajo de nuestro pastor de forma tal que él o ella puedan obrar una cantidad máxima de magia espiritual?

El increíble corazón menguante

Al comienzo de la historia de nuestra congregación yo sucumbí a esta lista de expectativas. En la raíz estaba un poderoso problema de orgullo. Después de todo, ¿no se vería empobrecida mi iglesia en ausencia de mis dones e ideas notables, puestas a su disposición regularmente los siete días de la semana? Estando decidido a no tener nunca que responder al nombre de «Reverendo Holgazán», me encontré a mí mismo pedaleando mi bicicleta interna más y más rápido solo para estar a la altura de las demandas de una congregación creciente.

Los costos fueron altos. Cuando era un cristiano joven me quedaba estupefacto siempre que oía a los otros compartir algo de sus viajes espirituales personales. Mi corazón prácticamente saltaba. Tras varios años sumido en los rigores de plantar una iglesia, no obstante, me sentía más como la figura mitológica de Sísifo, empujando la roca hasta el tope de la montaña vez tras vez, sabiendo que inevitablemente rodaría todo el camino de regreso hasta el fondo, iniciando otro ciclo de domingo a domingo de esfuerzo total. En ese punto, cuando oía a alguien hablar de un despertar espiritual, el monitor de mi corazón era una línea recta.

Cuando estaba en casa me torturaba a mí mismo diciéndome: «Debería estar afuera haciendo llamadas telefónicas justo ahora, ¿qué clase de pastor soy?» Cuando estaba haciendo llamadas no podía evitar pensar: «Debería estar en casa justo ahora, ¿qué clase de esposo y padre soy?». La culpa llegó a ser una compañera de viaje veinticuatro horas al día y siete días por semana. Estaba exhausto. Los invitados que llegaban se convirtieron en interrupciones. Frecuentemente me preguntaba cómo podría aguantar la siguiente semana de obligaciones. La mayoría de las veces lo que deseaba era huir, o vivir mi fantasía de dormir tres días seguidos.

Afuera, disimulaba mi situación a través de mis relaciones necesarias en la iglesia, guardando mis más grandes decepciones para mi casa. Se me ocurrió que estaba viviendo de forma metafórica uno de esos filmes de ciencia ficción en blanco y negro de los años cincuenta, *El increíble hombre menguante*. En la película un hombre es expuesto a una nube de radiación, momento a partir del cual llega a ser una versión mucho más pequeña de él mismo. Los doctores y los científicos no tienen la capacidad para detener su encogimiento. Finalmente, establece su residencia en la casa de muñecas de su hija. Los aspectos más familiares de su casa llegan a ser amenazantes. Al final rueda por las escaleras del ático, libra una batalla con una araña casera común y... bueno, puedes ver el final por ti mismo en alguna oportunidad tarde en la noche por cable.

¿Qué me estaba pasando? Yo era el hombre con el Increíble Corazón Menguante. Mi corazón para Dios, el ministerio, mi esposa Mary Sue y nuestros cuatro hijos se iba haciendo, de manera progresiva, más pequeño. El entorno familiar de mi propio hogar llegó a ser amenazador, pues pasar a través de mi propia puerta me recordaba que no estaba siendo la persona que Dios me había llamado a ser. «¿No ves cuán duro estoy intentándolo?» Estaba a punto de gritar.

De forma perversa me había apegado a la idea de que históricamente varios líderes cristianos habían luchado con matrimonios menos que ideales. Me preguntaba si la tensión marital podría ser un precio necesario por hacer la obra del reino. La esposa de John Wesley, se dice, se apareció una vez montada en un caballo ante el público que escuchaba al aire libre a su esposo, y gritó: «¡No escuchen a este hombre! ¡Está loco!» Cuando Mary Sue inició sus clases de equitación llegué a estar más que preocupado. Pero, ¿qué podía hacer? Dios estaba multiplicando la asistencia, el edificio crecía y el capital aumentaba en nuestra congregación. Con toda seguridad serían inmoral disminuir la velocidad solo porque no podía mantener el paso.

Dos grandes producciones de Hollywood relacionadas con erupciones volcánicas fueron lanzadas mediando solo un corto lapso entre ellas a mediados de los años noventa. Las películas *Volcán* y *Un pueblo llamado Dante's Peak* tienen algunas similitudes intrigantes. Las dos están relacionadas con un tipo rústico a cargo, un renegado cuyos instintos opacan la sabiduría combinada de quienes lo rodean. Los dos héroes les reportan a jefes a los que les gustaba ir a lo seguro. Los primeros rechazan el consejo de los segundos, y con ello terminan poniendo en riesgo a otras personas. En cada caso el héroe toma decisiones brillantes en el instante que libran a los otros del peligro. Lo más intrigante de todo, no obstante, es el hecho de que en el inicio de cada película el actor–salvador está de vacaciones. Naturalmente, cada hombre hace acto de presencia en la oficina y asume ante sus compañeros de trabajo, que lo admiran, el manto del liderazgo justo a tiempo para salvar la situación.

Muchos de los líderes de la iglesia están convencidos de que su ausencia de las líneas del ministerio por cualquier período mayor a tres días desatará automáticamente una corriente de lava. ¿Cómo podría una persona indispensable justificar unas vacaciones?

Mi mundo doméstico finalmente estalló un día que estaba huyendo a liderar un retiro familiar. Recuerdo haber estado en nuestras escaleras, sosteniendo una pila de papeles bajo mi brazo izquierdo. Mary Sue estaba parada en la parte superior de las escaleras junto a una pila de ropa sucia. Estábamos gritándonos el uno al otro con rabia y frustración. Yo era consciente del hecho de que los niños podían oírnos. Nos estábamos gritando porque nuestros mundos habían crecido y se habían apartado en demasía. Emocionalmente habíamos alejado nuestro corazón de nuestro matrimonio. Sabía que debía hacer algo. Tenía que anotar un punto. De forma acusadora subí un escalón en las escaleras y farfullé algo como: «Solo quiero saber qué le pasó a la mujer hermosa con quien me casé». Con calma y frialdad, Mary Sue bajó el tono de su voz y dijo: «Ah, esa mujer. Murió. Pero tú estabas muy ocupado en la iglesia y no la viste morir».

Con angustia caminé hacia nuestro armario de la entrada y lancé mi chaqueta en su perchero. En el proceso se soltó y se quebró un adorno navideño que había heredado de mis abuelos. Las cosas más valiosas de mi vida se estaban rompiendo. ¿Podrían volver a componerse?

Un nuevo camino hacia adelante

Dios podía. Con el tiempo Dios nos presentó a Mary Sue y a mí la oportunidad de sanar nuestro matrimonio. De la mano de una excelente consejería, con el apoyo de un grupo pequeño y miles de pequeños actos para poner nuestro corazón sobre la mesa, reclamamos el sueño de ser una pareja que conoce y experimenta unida el amor de Dios.

Se requirieron crisis en mis mundos personales y públicos para convencerme de que el llamado a hacer discípulos no es un ejercicio que dependa del clero. Primero tuve que rechazar la suposición (muy común en la mente del líder de iglesia orientado al programa) de que si me retractaba de mi paso maníaco por la vida, el reino de Dios quedaría a solo un día de colapsar. Un replanteamiento saludable de mi concepto del ministerio también requería una propuesta a nuestra junta poco después del quinto cumpleaños de nuestra iglesia.

«Con su aprobación», dije, «me gustaría intentar algo diferente. Me gustaría dejar de tocar cada actividad de esta iglesia. Me gustaría desafiar la idea de que, de alguna forma, yo soy el único jugador del equipo que puede llevar el balón. ¿Qué tal si les damos a algunos de nuestros líderes laicos el entrenamiento necesario y los liberamos en sus propias áreas del ministerio?» Ellos nunca me habían oído decir eso antes. ¿Cómo responderían a la solicitud de un pastor de hacerse a un lado del ministerio?

Los miembros de la junta asintieron, sonrieron y dijeron: «¿Por qué no empezamos de inmediato?» Francamente, me puse nervioso al descubrir que no involucrarme era recibido como una ganancia. Ellos dieron, de hecho, justo en el blanco. Los miembros de nuestra congregación se sintieron más libres y más valiosos mientras se les confió, en mi ausencia, la inversión en ministerios y relaciones de importancia. Sin darnos cuenta de a dónde llegaríamos, nuestra iglesia había dado un paso vital para lograr un ambiente hacedor de discípulos. Habíamos acordado que no era crucial que todo asunto pasara por mi escritorio.

Esto nos lleva a la tercera tendencia contraproducente de las iglesias con prioridades ABC: lejos de ser desafiados y potenciados a hacer grandes cosas para Dios, de los miembros de las iglesias se espera complacencia. En el libro *The Fifth Discipline* [*La quinta disciplina*], el gurú del liderazgo, Peter Senge, describe los múltiples niveles de compromiso personal que están desplegados en la mayoría de las organizaciones. Generalmente, solo de unos pocos miembros puede decirse que están por completo comprometidos, esto es: entregados de todo corazón a la visión e ideales de los líderes claves. El resto del personal de la organización se alinea, consciente o inconscientemente, a lo largo de una escala decreciente de complacencia. En la iglesia promedio, por ejemplo, es probable encontrarse con cada uno de los siguientes niveles de compromiso:

Complacencia alegre. «Admiro a los líderes de nuestra iglesia y los seguiré felizmente, incluso si no siempre entiendo sus decisiones».

Complacencia formal. «Puesto que soy un miembro aquí, es mi deber ser un buen soldado y hacer lo que esperan los líderes».

Complacencia renuente. «¿De verdad tengo que hacer esto?»

Falta de complacencia. «En este asunto haré las cosas a mi manera, gracias».

Complacencia maliciosa. «Claro que sí, haré su estúpido programa solamente para probarles cuán equivocados están».

Apatía. «¿A qué hora es el almuerzo?»

(Currency Doubleday, 1990, pp. 219–220)

En una congregación basada en el programa se abriga la esperanza (normalmente fútil) de que un gran número de individuos escogerá mágicamente estar comprometidos por completo con la misión de la iglesia. De forma más realista, los pastores de las iglesias ABC comienzan a aceptar la idea de una situación en la cual la mayoría de los asistentes a la iglesia consienten en ser al menos complacientes formales, esto es: a cambio de menos que una devoción apasionada a Cristo, ellos no volcarán el bote organizacional. ¿Cuáles son las normas duales para semejante cultura? Un liderazgo carente de inspiración y la mediocridad espiritual son las cosas que se imponen hoy en día.

Los pastores que se imaginan a sí mismos como pastores en solitario tienden a enfrascarse en dirigir un conjunto de preguntas acerca de su propio desempeño: ¿Cómo lo estoy haciendo? ¿Estoy manteniendo el orden de las cosas? ¿Aprecia mi cuidado el rebaño? Tales líderes están mucho menos inclinados a ayudar a las personas normales y corrientes a crecer para convertirse en campeones espirituales. Las relaciones de disciplina son vistas, desafortunadamente, como si dependiesen del toque del pastor. Hay poca o ninguna visión de que los individuos cristianos debían estar aprendiendo habilidades de discipulado de forma tal que puedan pasar el legado de imitar a Jesús a alguien más sin la intervención activa del pastor. Mientras los líderes eclesiales sean ciegos al poder de invertir en relaciones que se reproduzcan entre el pueblo laico y limiten el potencial de sus rebaños al crecimiento espiritual de acuerdo con sus propios calendarios y fragilidades biológicas, esas congregaciones avanzaran muy poco hacia el cumplimiento de la Gran Comisión.

Soltemos los frenos

Una cuarta característica de la iglesia orientada al ABC es el uso del control abierto e implicado. Solo a unos pocos individuos les es dada la autoridad para de ejercer el ministerio. «No» se oye más a menudo que «sí». Cuando es tiempo de tomar decisiones, solo unas pocas opiniones se consideran válidas. La confianza se extiende a un puñado de personas, pero no a *cualquiera*. Eso sería arriesgado, caótico y... bueno... inapropiado.

¿Qué ocurriría si McDonald's manejara sus franquicias como la iglesia promedio local? A un administrador habilidoso pero exhausto se le vería a lo largo de todo el día tomando las órdenes, entregando el cambio, aplicando sal a las papas fritas y preparando las *Big Macs*... todo eso mientras otros seis empleados detrás de la caja registradora se hacen a un lado, aplauden cortésmente y dicen de forma efusiva: «Me impresiona ver cómo echas la salsa especial. Yo no sería capaz de hacer eso. ¡Y con cuánta habilidad pones las bolsitas de salsa de tomate en la bolsa! Se te nota el entrenamiento. Tú estuviste en un seminario de hamburguesas».

Sabiamente McDonald's tomó la decisión de tener una gerencia diferente, y por medio de ella fue el pionero de una industria global de comida. Aun cuando hay genios de las hamburguesas y especialistas en mercadeo dentro de la corporación, rara vez ellos son vistos en público. Cuando tú y yo nos acercamos a la caja registradora, la mayoría de las veces nos encontramos con adolescentes que obtienen un salario mínimo. Desde muy temprano, McDonald's escogió confiar su futuro al éxito del reclutamiento, entrenamiento, dirección y autorización de a la gente común para ejecutar su labor más esencial: servirles a los clientes de tal manera que quieran volver a McDonald's la siguiente semana. En contraste, pocas congregaciones han llegado a la conclusión de que sus propios miembros son dignos de tal confianza o son iguales para la tarea de ser los transmisores de las buenas nuevas de Dios a la próxima generación.

En resumen, las iglesias ABC están más preocupadas por los asuntos estructurales que por la vitalidad espiritual; tienden a buscar soluciones programáticas a los problemas; se apoyan en los dones, energía y sobrecarga de un líder o solo unos pocos de ellos; valoran un ambiente de comando y control más que de permiso; y esperan poco más que complacencia de los asistentes a la iglesia en lugar de la transformación personal que cambia el mundo. Tales congregaciones son ciertamente capaces de alcanzar las metas establecidas. Pueden crecer en números, proveer y mantener una facilidad apropiada y satisfacer las obligaciones financieras.

El secreto sucio de la iglesia ABC, no obstante, es que sus objetivos están muy por debajo del estándar determinado en las Escrituras. Es aterradoramente fácil progresar en las escalas de la asistencia, la búsqueda de fondos para el edificio nuevo y la capitalización, *incluso mientras se falla en sostener una conversación significativa con Dios o en disfrutar de relaciones redentoras con la gente*. La iglesia con base en un programa puede a veces verse más grande sobre el papel. Su desarrollo espiritual, no obstante, ha sido detenido en medio de la descripción de Ezequiel. El llamado de Dios no es solamente a asumir las formas apropiadas, sino a que lleguemos a estar vivos en el más completo sentido de la palabra: llenos y rellenos del Espíritu de Dios y por lo tanto apasionados con la idea de llenar el mundo con aprendices vitalicios de Jesucristo. Considere la segunda parte de la experiencia de Ezequiel en el valle seco:

Entonces el Señor me dijo: «Profetiza, hijo de hombre; conjura al aliento de vida y dile: "Esto ordena el Señor omnipotente: 'Ven de los cuatro vientos, y dales vida a estos huesos muertos para que revivan.'"» Yo profeticé, tal como el Señor me lo había ordenado, y el aliento de vida entró en ellos; entonces los huesos revivieron y se pusieron de pie. ¡Era un ejército numeroso!

Luego me dijo: «Hijo de hombre, estos huesos son el pueblo de Israel. Ellos andan diciendo: "Nuestros huesos se han secado. Ya no tenemos esperanza. ¡Estamos perdidos!" Por eso, profetiza y adviérteles que así dice el Señor omnipotente: "Pueblo mío, abriré tus tumbas y te sacaré de ellas, y te haré regresar a la tierra de Israel. Y cuando haya abierto tus tumbas y te haya sacado de allí, entonces, pueblo mío, sabrás que yo soy el Señor. Pondré en ti mi aliento de vida, y volverás a vivir. Y te estableceré en tu propia tierra. Entonces sabrás que yo, el Señor, lo he dicho, y lo cumpliré. Lo afirma el Señor"» (Ezequiel 37:9–14)

Aprendamos a bailar

Cuando estaba en octavo grado, nuestra profesora de música anunció que nuestro concierto anual de primavera sería una selección de *Sonrisas y lágrimas*. Eso era una buena noticia. Luego ella indicó que un grupo de cantantes sería especialmente presentado arriba en el escenario al frente de toda la escuela. El hecho de tener mi nombre en su lista eran mejores noticias todavía. Luego pronunció unas de las palabras más aterradoras que he oído alguna vez. Durante uno de los números los estudiantes del escenario bailarían. Con parejas de verdad. Yo bailaría con una niña de verdad, frente a personas cuyas opiniones eran importantes para mí.

Hay dos razones principales por las cuales yo nunca realice una danza litúrgica como parte de mi experiencia de adoración: mi pie izquierdo y mi pie derecho. Recuerdo haber dominado científicamente los pasos requeridos para el número de baile y haberlos practicado en casa, una y otra vez, frente al gato de la familia. Nunca nada se sintió menos natural. Como yo era el chico más alto, mi pareja era la niña más alta. El día del concierto de primavera los dos estábamos parados y nos tomamos las manos, después de lo cual yo fielmente ejecuté los pasos prescritos por el escenario. Pero, ¿baile? En lo absoluto.

Hay un mundo de diferencia entre conocer los pasos correctos y saber cómo bailar. Hay un mundo de diferencia entre estructurar una iglesia de la forma correcta y aprender de verdad cómo soltar los frenos... cómo dejar de estar obsesionado con programas, iniciativas y boletines dominicales para simplemente rendirse al movimiento del Espíritu, quien causa que nuestros corazones dancen en la presencia de Dios. Es la diferencia entre la inexpresividad de la sequedad, los huesos institucionales y la auténtica vitalidad espiritual.

La bienvenida al Espíritu de Dios es lo que separa a una iglesia que está enfocada en la manutención de la forma de una que genuinamente ha oído y respondido a la palabra del Señor. Los líderes de las iglesias ABC priorizan la supervivencia y la caza de programas que garanticen la supervivencia. ¿Cuál es la próxima solución mejor comprobada para los problemas que estamos enfrentando? ¿Qué nuevos pasos de baile están en el mercado y cómo exactamente movemos nuestros pies para realizar la pirueta? El baile real, sin embargo, tiene menos que ver con pensar en el siguiente movimiento y más con sentir la música. Las congregaciones impulsadas por el Espíritu valoran sobre todas las cosas una misión que es mucho más importante que su propia supervivencia: llevar a tanta gente como sea posible tan lejos como sea posible por el camino de imitar a Jesús. Tales iglesias intuitivamente entienden que los programas no son la respuesta. En su lugar, escuchan los ritmos generados por el Espíritu.

No es que el ABC de la asistencia, buscar un local y capitalizar llegue a ser irrelevante repentinamente. Las iglesias que están «en el Espíritu» simplemente pasan la mayoría de su tiempo trabajando, planeando y orando por las *relaciones*. Es su experiencia recurrente que sus metas más queridas sean alcanzadas en tanto ellos ayudan a sus miembros a crecer en su compromiso con Cristo como Señor, entender su identidad como aprendices de toda una vida de Jesús, establecer y sostener una relación con un mentor espiritual, enseñar a una persona las cosas básicas de la vida cristiana, escuchar la voz de Dios en el contexto de un grupo pequeño y salirse de la zona de confort en el área misionera. Esas son las relaciones a las cuales ahora nos dirigimos.

Es tiempo de despedirse de la iglesia ABC. Es tiempo de soltar los frenos. Por el poder del Espíritu podemos ir más rápido y más lejos de lo que nunca nos hemos permitido soñar.

Preguntas para mayor exploración

De forma personal, en parejas o en grupos pequeños

1. ¿Cuál es la historia de tu iglesia? ¿Cuál es su visión original? ¿Cómo ha variado esa misión en los últimos años? ¿Qué porcentaje de sus miembros cree que pueden articular su visión actual?

2. ¿Crees que tu iglesia es un lugar sano donde los líderes pueden ejercer su liderazgo? ¿Por qué sí o por qué no?

3. Si «10» quiere decir que tu iglesia está absorta en dirigir los asuntos ABC y «1» quiere decir que la asistencia, la búsqueda de local y el capital son mantenidos en su debida perspectiva, ¿cómo calificarías a tu congregación hoy? ¿Qué evidencia puedes producir?

4. ¿En qué formas ha hecho crecer tu corazón para Dios el liderazgo de la iglesia? ¿Cómo ha amenazado tu vida con Dios el hecho de ser un líder eclesial?

5. El autor defiende el punto de que los líderes laicos necesitan recibir permiso para ejercer un ministerio auténtico. ¿Estás de acuerdo? ¿Cómo podría comunicarse dicho permiso?

Empecemos

Por ti mismo

«La enfermedad del afán» es una aflicción de la cultura occidental en general. En la iglesia se suele aplaudir el comprometerse en demasía y el funcionamiento excesivo. Haz un inventario personal sin miedo. Tanto como puedes discernir, ¿cuál es el límite del llamado de Dios para tu vida? ¿Dónde has dicho «sí» cuando debiste decir «no»? Esta semana toma la decisión de rechazar todo compromiso innecesario.

Como congregación

Identifica el asunto principal o crisis que tu iglesia ha enfrentado en las áreas de la asistencia, buscar local y capitalizar durante los pasados tres años, ¿cómo se comparan estos con los temas ABC que estás previendo para los próximos tres años? Identifica las formas principales en las cuales promoviste la visión general de tu iglesia durante los pasados tres años. ¿Cuáles son las principales estrategias que tendrán lugar para promover tu visión durante los próximos treinta y seis meses?

PARTE I

Seis relaciones de discipulado

A la hora de discernir la vitalidad espiritual de un miembro concreto de la iglesia, todos conocemos las preguntas tradicionales: ¿asiste usted regularmente al culto? ¿Diezma? ¿Está involucrado en un estudio bíblico? ¿Está ayudando a los pobres? Estas preguntas evalúan un conjunto de comportamientos. Aunque son indudablemente importantes, no pueden por sí mismas lograr la labor de transformación espiritual.

¿Qué pasa si hacemos un conjunto diferente de preguntas? ¿Cómo se verían nuestras iglesias si más que nada valoráramos un conjunto concreto de relaciones redentoras?

La primera parte de este libro se enfoca en media docena de tales relaciones desde la perspectiva del hombre que vivió el extraordinario giro de dejar de ser alguien que despreciaba al Señor para convertirse en un buscador de Cristo: el fariseo llamado Saulo de Tarso, que llegó a ser Pablo, el misionero cristiano. ¿Cómo podemos identificar a un discípulo sano, a un aprendiz de Jesucristo de toda una vida? Un discípulo es quien puede responder con convicción y comprensión siempre creciente las siguientes seis preguntas:

¿Quién es tu Señor? Cuando todo está dicho y hecho, ¿la agenda de quién estás intentando seguir de verdad?

¿Quién eres tú? Al comienzo de cada día, ¿despiertas sabiendo que vas a tener que salir y obtener tu propia medida de seguridad y significado o puedes decir realmente que esas cosas son regalos invalorables que ya has recibido?

¿Quién es tu Bernabé? ¿Quién es tu mentor espiritual, aquel de quien has aprendido cómo seguir a Jesús?

¿Quién es tu Timoteo? ¿Quién es tu aprendiz, aquel a quien le estás pasando las lecciones que Dios te ha confiado?

¿Dónde está tu Antioquía? ¿Qué grupo pequeño de amigos especiales te está ayudando a discernir la dirección de Dios en tu vida?

¿Dónde está tu Macedonia? ¿Qué campo del ministerio está más cercanamente alineado con el llamado de Dios en tu vida y de manera evocativa provoca tu más profunda pasión?

Si luchamos con estas preguntas, buscamos las respuestas de Dios para ellas y les enseñamos a otros a hacer lo mismo, nuestras congregaciones llegarán a ser lugares diferentes. Serán lugares más sanos. Empezaremos a medir el éxito de acuerdo con una medida diferente. Renunciaremos a nuestra búsqueda inútil para descubrir el programa «de una talla que mejor se ajusta» y nos aferraremos al hecho de que Dios está obrando poderosa y calladamente dentro del misterio de las relaciones de discipulado.

2

¿Quién es tu Señor?

Para celebrar sus cincuenta años de matrimonio, mis padres decidieron organizar su propia fiesta. Invitaron a sus tres hijos y a sus tres nueras a unírseles en febrero en un crucero por el Caribe. No recuerdo haberme desesperado mucho por esa invitación. Cuando alguien te da una tarjeta gratis para salir de Indiana en febrero, la tomas. Como pasajeros veteranos de cruceros, mi padres dijeron con entusiasmo: «Haremos toda clase de cosas juntos y antes de la cena del segundo día incluso tendremos la oportunidad de ponernos en fila para conocer al capitán». Giré mis ojos y le dije a Mary Sue: «No te preocupes, inventaré la forma de librarnos de esa».

El viaje fue maravilloso. Los cruceros están diseñados para ser multisensoriales; para los huéspedes son experiencias «todo para mí». Al final de la primera noche de contemplar el agua y de una indulgencia extrema en el comedor, nos dirigimos a la cama. Mientras dormíamos el barco pasó al mar abierto más allá de Puerto Rico. A las 4: 48 a.m., no obstante, todo cambió. Nos despertó una voz incorpórea por el intercomunicador.

«Damas y caballeros, este es su capitán. Lamento mucho molestarlos a esta hora de la mañana, pero tenemos una preocupación urgente. Tenemos un reporte no confirmado de que un pasajero ha caído por la borda. Ya hemos hecho girar el barco e iniciado la búsqueda». En ese momento me di cuenta por primera vez de que el navío no se estaba moviendo más. El capitán continuó: «Por favor, vaya a su cuarto si no está allí en este momento y cuente a todas las personas que vienen con usted. Si falta alguien, por favor, reporte su nombre inmediatamente a la oficina del sobrecargo».

Pasaron treinta minutos. Por la ventana de nuestro camarote se veían luces de búsqueda barriendo las ondas del agua negra en la oscuridad del momento antes de amanecer. La guardia costera estadounidense y la holandesa habían llegado a la escena. Nos pusimos a orar: «Dios, si alguien está allá solo en el océano, que tu misericordia sea sobre él». El capitán habló por segunda vez: «Señoras y señores, dos hombres faltan. Sus nombres son [y aquí usaré nombres ficticios] John García y Eric Armstrong. Si usted conoce la ubicación de alguno de ellos, por favor, comuníquenoslo inmediatamente».

Había mil setecientos huéspedes en el crucero y más de setecientos miembros de la tripulación. De la lista de dos mil cuatrocientos pasajeros, el capitán había reducido la búsqueda a solo dos individuos. Quince minutos después, él se dirigió a nosotros de nuevo. «Señoras y señores, estamos buscando a Eric Armstrong». Las energías de todos los que estábamos a bordo se enfocaron ahora en la cacería de una persona solitaria. Aunque era un extraño para nosotros, todos sabíamos su nombre.

Dos horas después salió el sol sobre el Caribe. Una vez más oímos la voz del capitán: «Señoras y señores, me complace informarles que acabamos de encontrar a Eric Armstrong. Un helicóptero de la guardia costera estadounidense lo está subiendo en este momento para ponerlo a salvo. Parece encontrarse bien. Gracias por su cooperación en estos momentos».

La búsqueda y rescate exitosos tuvieron un efecto dramático durante el resto del crucero. Todo pasajero ahora sabía: *Estoy con alguien que hará darle la vuelta al barco en medio de la noche y vendrá a buscarme.* ¿Era una persona importante, un senador de los Estados Unidos, el primer oficial o alguien íntimamente relacionado con el capitán? No, era un joven de veinte años que alrededor de las 4:30 a.m. estaba en un área de acceso restringido y al parecer se había caído de la proa mientras hacía aquella cosa tipo *Titanic* de «¡Soy el rey del mundo!»

Antes de la cena del segundo día no había duda de lo que yo quería hacer. Estaba en la fila para conocer al capitán. Quería darle la mano al hombre que, sabía, eliminaría todos los obstáculos para encontrar a una persona perdida, incluso a alguien que estaba haciendo una cosa errada en el lugar errado y en el momento errado.

Me vino a la cabeza más adelante que eso es precisamente lo que hizo Jesús en la cruz. Eliminó todos los obstáculos para adentrarse en una búsqueda y rescate de un mundo entero de personas perdidas, una gran cantidad de las cuales era inconsciente de su misma existencia.

Todo es por el capitán

Si la vida es como un crucero por el Caribe, entonces pocos occidentales contemporáneos dudaría en afirmar: «Este viaje gira en torno a mí, yo soy responsable ante mí mismo de pasar un tiempo maravilloso». En medio de nuestro auto descubrimiento y auto indulgencia, no obstante, continuamos oyendo el rumor persistente y circulante por el barco: el capitán ha actuado de manera heroica, incluso con sacrificio, para garantizar nuestra seguridad. Por lo tanto, es apropiado que los pasajeros le expresen gratitud y reconocimiento de vez en cuando. Aparte de eso, somos libres de mantener nuestros propios compromisos. El trabajo del capitán es dirigir el barco. El nuestro es disfrutar el viaje y mantenernos lejos de los problemas.

Un cuadro fundamentalmente diferente, no obstante, brota de las páginas de la Escritura. Le debemos todo al capitán. Por lo tanto, estamos llamados a rendir nuestras agendas y orientar nuestras vidas según las preocupaciones del capitán. Nuestro verdadero estatus no es el de huéspedes. Estamos llamados a firmar como miembros de la tripulación. El viaje ya no gira en torno a nosotros. Nuestra satisfacción más profunda se basará en ejecutar las iniciativas del capitán para servir a nuestros pasajeros a bordo.

Es seguro decir que esa perspectiva es difícil de vender en los Estados Unidos durante el siglo XXI. Preferimos ser nuestros propios capitanes y directores de crucero. Es maravilloso que el Tipo que está Sobre el Puente haya provisto para nosotros –y debemos ser agradecidos, por supuesto– pero, ¿no es suficiente con pararse en la línea y decir gracias de vez en cuando, después de lo cual volveremos a nuestros propios asuntos?

La primera y más importante pregunta para todo ser humano tiene que ver con el señorío. *¿Quién llega a ser capitán?* ¿A qué persona o ideal le he dado la autoridad para determinar la agenda de las siguientes veinticuatro horas de mi vida? Más que ninguna otra cosa, mi respuesta a esa pregunta (y no mi bien practicada respuesta religiosa sino la respuesta revelada a través de mi comportamiento real) es lo que determina la forma de mi vida.

El señorío en el mundo de Pablo

La preocupación preeminente del apóstol Pablo era proclamar señorío de Jesucristo. Él consideró todo «pérdida por razón del incomparable valor de conocer a Cristo Jesús, mi Señor. Por él lo he perdido todo» (Filipenses 3:8). El efecto de la muerte de Cristo es que «los que viven ya no vivan para sí, sino para el que murió por ellos y fue resucitado» (2 Corintios 5:15). El señorío es decisivo al principio de la vida cristiana: «Si confiesas con tu boca que Jesús es el Señor, y crees en tu corazón que Dios lo levantó de entre los muertos, serás salvo» (Romanos 10:9). El señorío también es la meta final de la vida: «Para que ante el nombre de Jesús se doble toda rodilla en el cielo y en la tierra y debajo de la tierra, y toda lengua confiese que Jesucristo es el Señor, para gloria de Dios Padre» (Filipenses 2:10–11).

En el siglo I no era un asunto de poca monta afirmar el señorío de Jesús. Durante los primeros años de ministerio de Pablo, el imperio romano estaba a la búsqueda de un principio unificador. Décadas de conquista habían dejado a Roma con un vasto conglomerado de naciones, provincias y tribus que debían ser supervisadas. Los ciudadanos de este imperio remoto tenían poco en común. Al final, los romanos llegaron a la conclusión de que un único acto –una confesión de lealtad una vez por año al César reinante– garantizaría que un hombre y su casa fueran ciudadanos bien considerados.

El rito era simple. Lo único que tenía que hacer un hombre era viajar a un sitio aprobado, poner un puñado de incienso en la llama y pronunciar una confesión de dos palabras en la presencia de testigos: *Kaisar kurios.* «César es Señor». El magistrado entonces le expedía un *vitellus*, un certificado escrito de su obediencia. Los mismos romanos no estaban muy convencidos de que cada César fuera divino, especialmente en el caso de hombres fuera de sí como Calígula y Nerón, cuyos reinados coincidieron con los viajes de Pablo. De hecho, un ciudadano obediente podría decir: «César es Señor», y luego irse a su casa a adorar a culquier dios que escogiera.

Los cristianos, sin embargo, solo podían hacer un confesión: *Christos kurios*. «Cristo es Señor». Incluso cuando los magistrados sugirieron para ayudar «solo pronunciar las palabras de lealtad al imperio», los cristianos disintieron por millares. Dependiendo del líder de turno, esa desobediencia podía querer decir tortura y muerte. Un Plinio exasperado, tras haber fallado en persuadir a muchos cristianos de afirmar el señorío del César y maldecir el nombre de Cristo, escribió: «Se dice que ninguno de estos actos puede obligarse a llevarse a cabo por aquellos que son realmente cristianos».

Con respecto a afirmar públicamente su nombre, Jesús reservó algunos de sus comentarios más fuertes para quienes captaron las palabras de la forma correcta, pero su corazón permanecía en una longitud de onda diferente: «¿Por qué me llaman ustedes "Señor, Señor", y no hacen lo que les digo?» (Lucas 6:46). En su libro, *The Soul's Quest for God* [La búsqueda de Dios por el alma], el teólogo R. C. Sproul nota la importancia de la *doble llamada* tanto en el Antiguo como en el Nuevo Testamento. Mencionar el nombre de alguien dos veces era una forma de hablar con fortaleza, emoción e incluso intimidad (Tyndale, 1992, p. 220s). Mientras el afilado cuchillo se cernía sobre Isaac, el ángel dijo: «Abraham, Abraham». En la zarza ardiente Dios dijo: «Moisés, Moisés». El joven que intentaba dormir en el tabernáculo estuvo oyendo el cortejo de la voz de Dios: «Samuel, Samuel». Jesús clamó en la cruz: «Dios mío, Dios mío, ¿por qué me has desamparado?» Y un notorio perseguidor de cristianos fue llamado a una nueva vida con las palabras «Saulo, Saulo, ¿por qué me persigues?».

Si quieres llegar hasta el fondo del alma de alguien, di su nombre dos veces. Es una forma de decir: «Este no es un mensaje de tercera categoría, no es asunto de televentas. *Yo sé quién eres*». Con ese trasfondo, Jesús dice: «¿Cómo osan decirme "Señor, Señor" –implicando que ustedes y yo somos los mejores amigos– cuando su comportamiento prueba que realmente no nos conocemos para nada el uno al otro?»

Señorío en sus términos

Las iglesias estadounidenses están llenas de miembros que afirman tener algún nivel de intimidad con Jesús. Nuestra primera tarea (y no es una tarea fácil) es desafiar a quienes no tienen ni idea de lo que dicen cuando las palabras «Señor, Señor» salen de sus bocas.

Yo solía tener desafíos teológicos con un pastor que tenía ideas no tradicionales acerca del carácter y la actividad de Dios en el mundo. Creo que él personalmente había inventado una buena porción de lo que creía. Cuando lo presionaba en algunos de los detalles y me iba más a fondo hasta decir que su propia religión no era el curso más sabio, el sonreía y decía: «Dios y yo nos´ entendemos».

De acuerdo con Jesús, necesitamos de hecho entendernos con Dios... no basándonos en *nuestros términos,* sino en *sus términos.* Jesús continúa diciendo en Lucas 6:47–49 dos cosas ciertas para toda persona. Cada uno de nosotros está construyendo una vida. Y cada uno de nuestros proyectos de construcción personal va a ser puesto a prueba. Todos estamos construyendo una «casa» que representa toda nuestra existencia, y cada casa de la subdivisión humana va a ser golpeada fuertemente por el equivalente espiritual del huracán Andrew. ¿La casa de quién va a permanecer?

Jesús es directo. La persona que oye sus palabras y las pone en práctica es como un constructor que cava hasta una gran profundidad y echa los cimientos sobre la roca. La persona que oye pero no obedece –quien escoge seguir una agenda personalizada o se aferra a las promesas de un «señor» diferente– se dirige al desastre.

Las palabras de Lucas 6:46–49 están dichas para producir miedo. Su intención es asustarnos con respecto a cualquier suposición complaciente que hayamos hecho en cuanto al señorío de Cristo. No podemos decir: «Ah, está bien. Dios y yo nos entendemos». La verdad es que Jesús nos llama a obedecerle como Señor, según él entiende el término. ¿Cuáles son nuestras posibles respuestas?

En busca de un Señor alternativo

Una opción es ir a la búsqueda de otro Señor diferente. Las alternativas son ilimitadas. Algo y alguien tienen que funcionar como el amo de nuestras vidas. Todas las personas son buscadoras de seguridad, pues así es como estamos configurados los seres humanos. ¿Pero dónde debemos buscar la seguridad por excelencia? ¿Debemos buscarla en las cosas o en Dios; en lo creado o en aquel que lo creó? Ahí es donde descubrimos quién o qué está funcionando como nuestro Señor.

En un punto de su carrera la cantante pop Madonna fue entrevistada en Londres acerca de su espiritualidad personal. He aquí un extracto de la entrevista de Andrew Neil en *The Sunday Times*, tal y como fue incluido en el libro de Vaughan Roberts, *Turning Points* [*Puntos de Giro*]:

P: «Cuando reunió a sus bailarines durante el tour *"Blond Ambition"* para orar antes de subir al escenario, ¿a quién le estaba orando?»

R: «¿A quién le estaba orando?», repite la pregunta para pensar. «A mi idea de Dios y a la de todos los que estaban en la sala».

P: «¿Hay un dios?»

R: «Sí», responde rápidamente. «Existe mi dios, todos tienen su propio dios».

P: «Hábleme sobre él».

R: «No lo puedo describir».

P: «¿Pero usted tiene una idea?»

R: «Sí». La voz estaba pausada y tensa. «Para mí, a veces, no sé si es un ser o más bien como el estado más elevado de mi conciencia, como intentar sobrepasar la vida cotidiana y las cosas que te quieren echar abajo, la mortalidad y cosas como esas... es como invocar cualquier poder que tenga dentro de mí misma. Es un protector, un consejero, es calmo, confortable... y no me juzga».

P: «¿Pero es un ser supremo?»

R: «No sé. ¿Sabe?, en realidad tengo ideas sin forma porque podría cambiar mi pensamiento dentro de media hora. Pienso que la religión debe ser una cosa muy personal. Es de donde sacas tu fuerza».

P: «¿Entonces es un asunto interno en lugar de una religión organizada?»

R: «Sí, eso creo». En ese momento ella estaba casi susurrando.

(OM Publishing, 1999, pp. 48–49)

Puede parecer confortable «tener» una espiritualidad que pueda ajustarse cada media hora. Pero, como afirma Pablo en Romanos 1:18–25, los seres humanos escogen a la larga inclinarse ante algo que hace afirmaciones de autoridad absoluta.

La Catedral de Notre Dame está erigida en la parte más vieja de París, en una isla grande en medio del río Sena. Durante los novecientos años anteriores sus elevadas torres, sus soportes de piedra colgantes, las exóticas gárgolas y los rosetones con vidrieras han representado dramáticamente para París la primacía de la adoración a Dios.

Durante una breve temporada, no obstante, algo más fue adorado dentro de las paredes de Notre Dame. En 1793, solo diecisiete años después del inicio de la revolución en Estados Unidos, el cristianismo fue rechazado abiertamente por los líderes de la revolución francesa. Más de mil cuatrocientas calles de la ciudad fueron renombradas en un esfuerzo por borrar las memorias de la historia de la iglesia. La misma catedral fue proclamada para ser el Templo de la Razón. Una gran montaña de papel maché cubierta con símbolos paganos fue construida en el santuario. Una actriz local fue contratada para hacer el papel de Libertad. Vestida con una túnica blanca, se inclinaba dramáticamente ante la llama de la razón y luego se sentaba en una banca de plantas y flores. Los presentes, en adoración, ponían su fe en el valor último de la razón humana.

Quizá nosotros nos felicitemos por no habernos arrodillado nunca ante una montaña de papel maché cubierta con símbolos paganos, pero si no estamos proclamando y viviendo el señorío de Cristo, ciertamente estamos adorando algo más. Si las palabras de Cristo no se encuentran donde estamos buscando seguridad absoluta, inevitablemente «absolutizaremos» algo más y viviremos cada día como si eso fuera donde la seguridad puede ser encontrada.

Posesiones, placeres y poder

La cultura estadounidense ha absolutizado sin apología (esto es, ha hecho más importante que el resto de las cosas) *las posesiones, los placeres y el poder*. Los valores más altos de nuestra sociedad están teniendo una buena acogida, pasando por un buen momento y teniendo el control: sentirse bien, verse bien y hacer el bien. Thomas Gillespie, presidente del Seminario Teológico de Princeton, dice que vivimos en una atmósfera de carnaval donde los encargados de las pequeñas atracciones nos están invitando con la mano. Siga usted. Aquí está la seguridad que ha venido buscando. Compre este carro y se sentirá libre. Adquiera estos juguetes y sus hijos dejarán de quejarse. Use este perfume y será adorable, amada y digna de ser tocada. Haga gárgaras con este enjuague bucal y la gente disfrutará estando en su presencia.

¿Por qué parecen funcionar estas pequeñas atracciones? Porque son dirigidas hacia nuestros impulsos más profundos de búsqueda de seguridad, aquellos que, por su gracia, Dios plantó dentro de nosotros como luces para guiarnos a casa. Solo Dios es el proveedor de la seguridad absoluta. Nuestros anhelos más profundos son satisfechos cuando el verdadero Señor asume su rol correcto en nuestras vidas. Coronar a un falso señor que hace demandas menos arduas –en otras palabras, absolutizar a otra cosa menos que Cristo– es una forma de hundimiento espiritual.

¿Pretende realmente nuestra cultura que las posesiones, los placeres y los poderes tengan tanta validez como el evangelio? El cristianismo y los mensajes comerciales están claramente en competición directa. Un proveedor de teléfonos celulares afirma que puedes «gobernar el mundo desde tu cubículo» y que su producto significa «tener la vida resuelta» «¿Cómo puedes hacer que dos meses de salario duren para siempre?» Eso suena como un problema inescrutable, pero nunca olvides que, tal como Dios, «un diamante es para siempre». Quizá Dios te prometa una nueva vida, pero una marca de colorante para el cabello de los hombres es «el rejuvenecedor». Un buen club de golf es capaz de impartir «perdón excepcional».

Ahora, seamos honestos. Este es un comercial falso. La tecnología no es digna de nuestra confianza más profunda. Abrir una nueva cuenta personal de jubilación no nos traerá la satisfacción por excelencia. La vida real no es como estar en una playa. Así fue como lo expresó Jesús: «¿De qué sirve ganar el mundo entero si se pierde la vida?» (Mateo 16: 26). Nuestra cultura ha apostado por la acumulación de títulos y juguetes como la clave del significado de la vida. Nuestra cultura ha apostado, y tendrá una gran pérdida.

El antídoto contra la preocupación

Jesús dice: «Por eso les digo: No se preocupen por su vida, qué comerán o beberán; ni por su cuerpo, cómo se vestirán». Cinco veces en Mateo 6: 25–34 Jesús confronta la preocupación. ¿Qué es la preocupación? Algo que comienza con el temor; temor a que las cosas no nos vayan a resultar, a que nuestros sueños personales corran el peligro de descarrilarse, a que nuestras necesidades más profundas de amor, aceptación y seguridad puedan no ser satisfechas. Por lo tanto, debemos encontrar nuestro propio Señor. Debemos ser nuestro propio Señor. Me gusta esta definición de preocupación: el temor que ha desempacado sus maletas y decidido quedarse por un tiempo. La preocupación crónica es el miedo que ha firmado una deuda de treinta años y declarado: «Tú no puedes vivir sin mí, ¿verdad?»

Jesús dice que las preocupaciones no tienen razón de ser. ¿Por qué? Él observa que los paganos –las personas que han optado por obedecer a otro señor– están obsesionados con la satisfacción de sus propias necesidades. Pero Dios Padre conoce nuestras necesidades y cuida de nosotros. Él resume nuestra mejor opción en Mateo 6:33: «Más bien, busquen primeramente el reino de Dios y su justicia, y todas estas cosas les serán añadidas».

¿Cómo sería poblar una iglesia con hombres y mujeres que apostaran su vida a que esa declaración es cierta? Eso implicaría que las personas de afuera podrían mirarnos y decir: «La vida bajo el señorío de Jesús de verdad se ve diferente». Nuestro juego superficial terminaría por fin. Podríamos llegar a la iglesia sin aplicarnos gomina en el cabello y no morir en el intento. Podríamos usar la misma corbata dos semanas seguidas y no sentirnos estúpidos. Podríamos aceptar que nuestras hijas adolescentes no tienen que verse como delgadas modelos para ser bellas... que no tienen por qué pasar hambre intentando alcanzar lo que no importa. Podríamos caer en cuenta de que no necesitamos poseer cosas para disfrutar las cosas. Nuestro fanatismo por poseer y no soltar podría dar paso a compartir y sacrificar.

¿Cómo sería si quienes le dicen: «Señor, Señor» a Jesús también decidieran que Jesús les determinara la agenda? Los pastores no necesitarían invertir horas intentando persuadir a los ya ocupados feligreses a hacer un poco de voluntariado. El «compromiso» no sería un despliegue militar anual de nuevas estrategias diseñadas para capturar el calendario, la billetera y la pensada vida de los miembros de la iglesia que se resisten y sospechan. ¿Podría existir de verdad semejante ambiente? Claro que podría... en el otro lado de un compromiso radical y ampliamente compartido. La única forma de escapar a la mentira de que la buena vida proviene de verse bien, sentirse bien y hacer el bien es cuando una comunidad de discípulos concuerda en que el señorío de Jesús es el único bien real.

¿Podemos volver a negociar?

La estrategia clásica de la iglesia, naturalmente, no es buscar otro señor (al menos concientemente), sino renegociar los términos de Jesús. Tal vez él no era serio del todo. Tal vez podamos mantener una separación importante entre lo que proclamamos y lo que hacemos.

En verdad, el asunto es si nosotros mismos estamos *viviendo* los principios de los cuales estamos dispuestos a *hablar* en presencia de los otros. Pronunciar las palabras «Señor, Señor», en relación a Cristo, implicando que él es el único con el que tenemos una relación íntima y transformadora, es ponernos a nosotros mismos en el punto de mira. ¿Somos modelos vivos de lo que enseñó Cristo? En caso negativo, ¿por qué no? ¿Tenemos una laguna en el ámbito de saber, entender o confiar en lo enseñado por él? ¿Cómo podemos rellenar dicha laguna?

La táctica más tentadora es inventar y proclamar un retrato de Jesús que sospechosamente se acomode a nuestro nivel actual de obediencia. Tal vez los boletines de la iglesia debieran venir con un anuncio de precaución: cualquier conexión entre el sermón de hoy y los personajes reales del Nuevo Testamento es completamente no intencional.

Cuando vamos a ver películas, todos hemos aprendido a no enjuiciar lo que estamos viendo. Con toda certeza, Hollywood no es una ventana hacia el mundo real. El crítico de cine Roger Ebert nota que constantemente las películas hacen y siguen sus propias reglas. Al policía promedio, por ejemplo, se le pide que les dispare a varias personas por semana solo para resolver los problemas. En el momento en que alguien abandona una tienda de comestibles debe haber un pan francés completo saliendo de la bolsa, aun cuando pocos de nosotros compramos el pan francés sin cortarlo. En todo momento en el cual un hombre y una mujer están huyendo del peligro, él siempre le agarra a ella de la mano... aun cuando es obvio que la gente cuando va tomada de la mano corre más despacio. Cuando un hombre es golpeado brutalmente no da muestras de dolor, pero cuando una mujer intenta limpiarle las heridas ha de sobresaltarse. En Hollywood puedes abrir cualquier cerrojo en unos pocos segundos con una tarjeta de crédito o un gancho para papel, o solo golpeando la puerta bien cerrada... a menos, claro, que el edificio esté ardiendo y haya un niño atrapado adentro.

En las películas todos hemos aprendido a suspender el juicio. Pero esta no es la forma en la cual el mundo funciona de verdad. Ojalá los cristianos aplicaran la misma forma de discernimiento a lo que a menudo oyen y ven en la iglesia: ¿Quién es Jesús? Él es el abogado de nuestra forma de vida. Viene a nosotros prometiendo que nuestros negocios producirán cantidades de dinero con solo hacer un estudio bíblico cada semana. Nos asegura que si las familias oran juntas, nunca tendrán mayores problemas. Si damos un poco de nuestro discreto salario, no tenemos que pensar seriamente en los pobres. La misión principal de Jesús es darnos consuelo y cumplir nuestros sueños. Jesús está aquí para hacernos felices.

Leon Tolstoy señala que cada persona debe escoger entre dos Dioses. La mayoría de las personas opta por «el Dios que está aquí para servirme». La dificultad radica, como nos recuerda Tolstoy, en que semejante Dios no existe. Aferrarme a la expectativa de que Cristo existe para hacerme feliz es una receta para la desilusión profunda. ¿Por qué no me da lo que quiero? ¿Por qué no hace mejor las cosas? (citado así por Dallas Willard, *The Renovation of the Heart* [La renovación del corazón], Navpress, 2002, p. 40).

Vivo para hacer lo que quiere Jesús

La alternativa de Tolstoy es el Dios al que yo estoy llamado a servir con todo mi corazón, mente, alma y fuerza. El señorío de Jesús quiere decir despertar con la convicción de que hemos recibido el don de la vida para hacer lo que Dios quiere. El crucero no gira en torno a nosotros sino al capitán.

¿Qué hacemos con semejante declaración? La llevamos con nosotros a dondequiera que vayamos, durante semanas y meses a la vez. Le pedimos al Espíritu Santo ayuda y reflexionamos sobre el asunto seriamente y con valentía. «Estoy vivo para hacer lo que Jesús quiere». ¿Qué quiere Jesús? Jesús quiere justicia. ¿Cómo, entonces, debo ayudar a llevar justicia económica a un mundo donde los «tengo» y «no tengo» se están apartando cada vez más? Jesús quiere la verdad. ¿Cómo digo la verdad cuando todos los demás están mintiendo para cubrir las malas prácticas empresariales de nuestra firma comercial? Jesús quiere reconciliación. ¿Cómo doy el primer paso para arreglar las cosas en esas relaciones donde todo es tensión?

Cuanto más estudiamos las Escrituras y más reflexionamos con otros cristianos, más fácil nos resultará identificar lo que debemos pensar. Para ver el mundo como Cristo lo ve necesitamos ponderar el hecho de que la gente vive para siempre... de que si nuestro Señor es en realidad quien gobierna el universo, no hay accidentes o coincidencias... de que como este momento cuenta, lo que estamos a punto de hacer, pensar o decir tiene significado eterno. La fidelidad para seguir a Jesús puede ser definida como ir cerrando progresivamente el abismo entre *quiénes somos realmente* y *quién es Jesús en realidad*; no el Jesús ficticio que está convenientemente ajustado a nuestro comportamiento, sino uno ante quien toda rodilla debe doblarse cada día.

En un artículo del número de diciembre de 1980 de la revista *Proclaim*, Brian Harbour narró la historia de Bill Rittinghouse, que muchos años antes se encontraba manejando por el estado de Kansas. En tanto lo adelantaba una camioneta muy cargada, Rittinghouse se dio cuenta de que se estaba soltando una maleta que iba amarrada al techo. De un momento a otro cayó por la parte de atrás de la camioneta, golpeó la carretera y rodó hacia la cuneta. Rittinghouse aceleró más para intentar hacerle señas al conductor de la camioneta, pero no lo logró. Cuando abrió la maleta encontró ropa, objetos personales y una caja pequeña con una cinta alrededor. Dentro había un recubrimiento de algodón que protegía una moneda de oro de veinte dólares. Por un lado estaba escrito: «Veinte años de servicio leal y fiel». Por el otro estaba escrito: «Presentado a Otis Sampson por la Compañía de Cemento Portland de los estados del noroeste». Rittinghouse pensó entonces que no le resultaría difícil encontrar a Otis.

Sin embargo, la búsqueda resultó ser muy difícil. Después de contactar con setenta y cinco ciudades diferentes en el noroeste estadounidense, finalmente localizó a la compañía de cemento. «Sí, conocemos a Otis Sampson. Solía trabajar aquí. ¿Le gustaría tener su número?» Cuando Rittinghouse hizo la llamada, Otis se quedó de una pieza. «Puede quedarse con todo lo que hay en la maleta», dijo, «pero, por favor, envíeme la moneda de oro de veinte dólares. Es mi posesión más preciada».

Cuando Rittinghouse empacó la moneda, decidió incluir una carta personal. Describía sus aventuras en la Segunda Guerra Mundial: su escape de una prisión rumana y su llamado de auxilio a Dios. Narró cómo su familia había decidido llegar a ser cristiana y qué significaba exactamente conocer a Cristo. «De hecho», escribió «puedo decir con entera confianza que mi relación con Cristo es mi posesión más preciada». Y envió la carta.

Pasó más de un año. Rittinghouse asumió que jamás volvería a oír de Otis Sampson. Pero en Navidad había una cajita en su buzón. Dentro estaba la misma moneda de oro de veinte dólares y una nota personal. Otis había escrito: «El domingo pasado mi esposa y yo nos bautizamos en una iglesia pequeña acá en Colorado. Somos dos personas mayores. Yo tengo setenta y cuatro años y ella setenta y dos. Queremos darle la moneda de oro para que la lleve con usted a todas partes. Usted fue el primero en hablarnos de Jesucristo. Ahora él es nuestra posesión más preciada».

El discipulado empieza con una pregunta: ¿Quién es tu Señor? ¿Cuál es tu posesión más preciada? Cambiar aquello en lo cual solíamos confiar para tener seguridad y significado por una relación con Jesucristo es la única puerta verdadera a la aventura que nos espera.

Preguntas para mayor exploración

De forma personal, en parejas o en grupos pequeños

1. «Mi vida gira en torno a mí». ¿Estarías de acuerdo con que esa declaración describe con precisión la cultura occidental? ¿Qué evidencia de esó has visto esta semana?

2. Si tus vecinos que no se congregan en una iglesia estudiaran la tuya, ¿dónde verían evidencia del señorío de Jesús? ¿Dónde crees que verían una laguna entre lo que afirma tu iglesia y cómo vive de verdad?

3. ¿De qué cosas suelen preocuparse los líderes y los miembros de tu iglesia? ¿Cómo cambiaría esa situación para dar paso a una rendición más completa a Cristo?

4. ¿Por qué cosas tiendes a preocuparte más? ¿En qué áreas de tu vida estás intentando todavía mantener el control?

5. ¿Qué aspecto de la rendición personal completa al liderazgo de Cristo te produce mayor aprehensión? ¿Qué te he detenido de dar ese paso?

Empecemos

Por ti mismo

Aparta un período largo de tiempo para la soledad y la reflexión. Busca en tu propio corazón y hazte estas preguntas: ¿Con qué cosas estoy contando para hacerme feliz? ¿Qué estoy esperando por encima de todas las otras cosas? ¿Cuál es el último sueño personal al cual estoy dispuesto a rendirme? Pídele a Dios que te dé un cuadro claro de la plenitud que viene de contar con Jesús... y nada más. Haz dondequiera que vayas la declaración: «Estoy vivo para hacer lo que Jesús quiere», en cada situación, durante la próxima semana. Comparte con alguien más lo que aprendiste al final de ese tiempo.

Como congregación

Jesús dijo: «¿Por qué me llaman ustedes "Señor, Señor", y no hacen lo que les digo?» (Lucas 6:46). Las ocupaciones de la iglesia contemporánea (nuestro alto nivel de distracción) a menudo nublan nuestra habilidad para ver la totalidad del llamado de Cristo. Haz una lista de al menos tres cosas que mandó Jesús, las cuales no están recibiendo suficiente prioridad en la vida de tu iglesia. Discute abiertamente por qué es cierto esto. Sé enfático y específico, recordando que la misericordia de Cristo está más allá de toda medida.

Ahora: *¿Qué tienes la intención de hacer?*

3

¿Quién eres tú?

Hace varios años una niñita de la costa este de Estados Unidos hizo la siguiente declaración: «Me llamo Martha Bowers Taft, mi bisabuelo fue presidente de Estados Unidos, mi abuelo fue senador de Estados Unidos, mi papá es embajador en Irlanda y yo soy miembro de las niñas exploradoras».

Esa niñita era muy afortunada. Sabía exactamente quién era. Si la pregunta más importante de la vida es: «¿Quién está a cargo?», entonces la segunda pregunta más importante es: «¿Cuál es mi relación con quien está a cargo?» El Nuevo Testamento le da poder a todo cristiano para dar la respuesta: «Mi Señor es amo del universo, su Padre es el creador y sustento de todo y yo soy su siervo y su discípulo profundamente amado».

¿Cómo solicitamos esta identidad? La verdad es que no se requiere gran cosa. Lo único que debemos hacer es volver a empezar la vida desde el comienzo. Tal y como señala Vaughan Roberts en *Turning Points* [*Puntos de giro*], la afirmación de Jesús de que debemos nacer de nuevo no es exactamente una felicitación (OM Publishing, 1999, p. 151).

Considera la posibilidad de que yo llegue a ser parte del equipo titular de la liga de fútbol americano. En Indiana central definitivamente es muy bueno formar parte de los Indianápolis Colt. Bueno, está bien, de vez en cuando es muy bueno formar parte de los Indianápolis Colt. Supón que yo me pusiera en forma y consiguiera una prueba con mi equipo profesional local. Después de eso me acercara al grupo de entrenadores de los Colt y dijera: «Bueno, no me endulcen la cosa, solo díganme la verdad, ¿cuáles son mis posibilidades de estar en el campo este otoño?» Y que los entrenadores dijeran algo como: «McDonald, la única forma en la cual podría terminar jugando con este equipo es naciendo de nuevo». Literalmente. Con cromosomas diferentes. Un padre que fuera un campeón búlgaro de lucha, una madre que fuera... bueno, una campeona búlgara de lucha. Añádele a eso un estilo de vida con base en el ejercicio regular real, y tendría mi oportunidad.

Cuando Jesús dijo que sus seguidores debían renacer espiritualmente, estaba diciendo que no tenemos posibilidad real de participar en su visión del futuro a menos que empecemos todo de nuevo con una nueva visión, nuevas capacidades, nueva motivación y una naturaleza nueva por completo que sea capaz de responder positivamente a Dios.

Una nueva identidad completa

Ningún renacimiento espiritual ha sido más celebrado o escrutado que el de Pablo de Tarso, cuyo primer paso para llegar a ser Pablo el misionero cristiano requirió un cegador derribamiento espiritual en el camino a Damasco. Pablo nunca comprendió su dramático cambio de identidad. Incluso al final de la vida aún estaba sorprendido de que Dios pudiera transformar a un zelote asesino y falto de juicio.

Antes de la conversión, Pablo lucía credenciales espirituales impecables a los ojos de los judíos contemporáneos y tenía todas las insignias de asistencia al Sabbat. En Filipenses 3:4 escribe: «Si cualquier otro cree tener motivos para confiar en esfuerzos humanos, yo más: circuncidado al octavo día, del pueblo de Israel, de la tribu de Benjamín, hebreo de pura cepa; en cuanto a la interpretación de la ley, fariseo; en cuanto al celo, perseguidor de la iglesia; en cuanto a la justicia que la ley exige, intachable». En Hechos 22:3 añade: «Bajo la tutela de Gamaliel recibí instrucción cabal en la ley de nuestros antepasados». Esto sería como un físico recordando que fue el asistente graduado de Albert Einstein. Pablo era todo lo que podía soñar una madre judía del siglo I.

Conocer a Cristo –o más bien, ser conocido por Cristo a mitad del camino– puso todo al revés. «Sin embargo, todo aquello que para mí era ganancia, ahora lo considero pérdida por causa de Cristo. Es más, todo lo considero pérdida por razón del incomparable valor de conocer a Cristo Jesús, mi Señor. Por él lo he perdido todo, y lo tengo por estiércol, a fin de ganar a Cristo y encontrarme unido a él. No quiero mi propia justicia que procede de la ley, sino la que se obtiene mediante la fe en Cristo» (Filipenses 3:7–9). La identidad de Pablo pasó de ser la del gran alcanzador de logros a la de «*doulos* de Cristo», que es la forma en la cual él se presenta a sí mismo en varias coyunturas, incluidas las aperturas de sus cartas tanto a los romanos como a los filipenses.

Un llamado a la servidumbre

En la mayoría de las versiones inglesas de la Biblia hay dos palabras que describen cómo alguien puede relacionarse con un maestro o señor: «siervo» o «esclavo». Las dos palabras, no obstante, resultan ser traducciones de la misma palabra griega: *doulos*. En la Escritura todo esclavo es un siervo y todo siervo es un esclavo. Jesús nos invita a escoger una esclavitud voluntaria a él como nuestra forma de vida permanente.

¿Qué clase de elección es esa? La esclavitud es uno de los conceptos más reprensibles del mundo moderno. La esclavitud es lo que deseamos que *nunca* hubiera sido parte de la historia de esta nación. Es importante darse cuenta, sin embargo, de que hay diferencias significativas entre la esclavitud como propiedad de alguien, tal y como llegó a practicarse en el Nuevo Mundo, y la esclavitud que existía en el mundo mediterráneo en el siglo I. Dentro del imperio romano, aproximadamente un tercio de la población era esclava. Otro tercio de la población eran esclavos *liberados*. Como observa Brian Dodd en *El problema con Pablo*, no hay registro de un esclavo liberado abanderando la causa de la erradicación de la esclavitud. A la verdad, una de las razones para ese silencio es que la esclavitud había llegado a ser una cosa muy buena para muchas personas (InterVarsity Press, 1996, p. 82).

Mientras que muchos esclavos africanos en América fueron sujetos a la brutalidad y la humillación, muchos esclavos en el tiempo de Pablo disfrutaban de vidas productivas y contentas. Los esclavos americanos, en general, no tenían derechos ni propiedades y tenían poca esperanza en el futuro. Pero muchos esclavos de la época bíblica disfrutaban de una educación excelente, a menudo superior a la de las otras personas en cuyas casas servían. Los esclavos del mundo antiguo eran de diversas razas y trasfondos. Y lo más importante, muchos de ellos habían llegado a escoger convertirse en esclavos. Veían la esclavitud como una oportunidad para llevar a cabo sus propios intereses. *Esa era la razón por la cual había cierto honor y estatus asociados con ser el esclavo de un hombre honorable.*

Podemos confiar en que Pablo habría tenido poco deleite en decir: «Soy un esclavo. *Punto*». Lo que llenaba su corazón de alegría era ser capaz de declarar: «Sé quién soy, soy un esclavo: un esclavo *de Cristo*». Ser el siervo o el esclavo de Cristo es estar afiliado a la persona más importante del cosmos, y de este modo tener concedido el honor más alto posible.

El juego del honor entonces y ahora

Es difícil sobreestimar la importancia del honor en el antiguo Oriente Medio. El Juego del Honor está sano y salvo entre nosotros, pero solo superficialmente. ¿Quién tiende a recibir reconocimiento y «rumores positivos» hoy día? Los individuos extraordinarios. Aquellos que conforman la lista de «las diez entrevistas más interesantes» de Bárbara Walters. Celebridades, personas famosas principalmente por ser famosas. Estrellas del deporte. Criminales notorios. El hombre que es capaz de comer más cáscaras ácidas en una hora que cualquier otra persona, obteniendo de esa forma un lugar en el *Libro Guinness de los Récords Mundiales*. Los ganadores del juego local del honor son aquellos que obtienen las mejores calificaciones, batean mejor, salen con los tipos mejor vestidos, establecen los mejores registros de ventas y producen las begonias más hermosas.

En los tiempos bíblicos las cosas eran diferentes. El honor no se identificaba con la celebridad ni la notoriedad. En su lugar, era una medida de la posición pública propia y de cuán digno se era de recibir respeto. El honor era la comodidad social más valiosa en el siglo

I. Desde ciertas perspectivas era más precioso que la vida misma. El honor quería decir reputación. Quería decir seguridad. El honor es la razón por la cual a José se le celebra el haber protegido la reputación de su prometida, incluso tras haber descubierto que María estaba embarazada. El dinero podía ser bueno, ¿pero por qué hacer dinero a menos que pueda traer honor? No obstante, de manera ominosa fue acordado por todos que el honor era una comodidad limitada. Nunca había suficiente para que andara danado vueltas. Si una persona obtenía un honor mayor era solo porque alguien más había perdido su parte trágica o neciamente.

Si la persecución del honor era un problema principal para los griegos, los romanos y los judíos, ¿cómo creían que podía progresar un individuo? El honor no venía con ser muy astuto, inteligente o bendecido con un ADN superlativo. El honor provenía de entrar en relación con una persona muy importante.

En el mundo antiguo esa clase de persona era llamada patrón. Un patrón era típicamente la cabeza de un grupo familiar que podía tener varios cientos de miembros. Un grupo familiar grande muy probablemente incluiría familiares, esclavos y muchas personas externas que continuamente estaban intentando «salir adelante» o incrementar su valor público al presentarse a sí mismas como asociados muy importantes del patrón. Vemos aquí el origen del «patronazgo».

Un ejemplo de cómo funciona el patronazgo viene de los primeros días de la industria estadounidense del cine. Antes de que «Wild Bill» Wellman llegara a ser uno de los directores legendarios de Hollywood, era esencialmente un Don Nadie que revoloteaba por los estudios intentando hacerse notorio. Pocos le pusieron atención. Un día «Black Jack» Pershing, el general más famoso de Estados Unidos en la Primera Guerra Mundial, salió por la puerta del estudio donde Wellman andaba errante. Wellman había luchado en las trincheras con Pershing, y el general lo reconoció y admiró. «Bill», le dijo, «dime si alguna vez puedo hacer algo por ti». «Genial», le respondió Wellman. «¿Estaría usted dispuesto a caminar conmigo hasta ese árbol y luego quedarse un rato conmigo para que pueda parecer importante?». Al otro día, Bill Wellman, que ahora era El Amigo del General Pershing, obtuvo su primer trabajo en Hollywood, el cual dio incio a su carrera.

¿Quién eres tú? ¿Con qué relación, logro o golpe de suerte estás contando para definir tu identidad? Pablo escogió perder el Juego del Honor que era tan altamente valorado por su propia gente, aquel basado en títulos y logros, incluso cuando a mitad de la carrera estaba a seis distancias de todos los demás. Pablo abrazó felizmente una nueva identidad: una vida perpetua de siervo o esclavo de un carpintero crucificado.

La misma identidad está disponible para nosotros. Nuestro llamado es a buscar el honor no en los triunfos, la belleza o la riqueza personal, sino al ponernos a disposición de Jesucristo, la *Persona más importante* y el amo más honorable del universo. Hacer eso siempre significará perder posición. Siempre significará, desde la perspectiva de nuestra cultura, que estamos sacrificando neciamente nuestra ventaja competitiva en el Juego del Honor. Y eso requiere valor.

El mismo Jesús mostró el camino. Dada la oportunidad de definir su propia identidad, Jesús declaró: «Porque ni aun el Hijo del hombre vino para que le sirvan, sino para servir y para dar su vida en rescate por muchos» (Marcos 10:45). Pablo escribe que Jesús «no consideró el ser igual a Dios como algo a qué aferrarse. Por el contrario, se rebajó voluntariamente, tomando la naturaleza de siervo» (Filipenses 2:6–7). Más aun, tal y como pueden testificar Pablo y otros innumerables seguidores de Cristo, el antiguo dicho resulta ser cierto: la forma más rápida de llegar a la sala del trono es por la entrada de servicio. Para el Hijo de Dios y los agentes más confiables de Dios, la servidumbre es la única forma de ir hacia adelante.

Cambiar nuestro nombre y cambiar nuestro juego

Eso no quiere decir que afirmar nuestra identidad de siervos y sobresalir en el servicio sean la misma cosa. En la primavera del 2000, Dickie Simpkins, defensa de la reserva en el renombrado equipo de los *Bulls* de Chicago, notó una noche que su propio equipo había escrito mal su nombre en su camiseta nueva de baloncesto. Las letras «m» e «i» habían sido invertidas. En lugar de ser Dickie Simpkins, ahora era Dickie Smipkins.

Simpkins salió esa noche y jugó el mejor partido de la NBA de toda su carrera. Era como si no pudiera errar. De forma supersticiosa decidió cambiar el escrito en todas sus camisetas de los *Bulls*. Ahora jugando como Dickie Smipkins, disparó a la liga durante más de una semana, llevando a los *Bulls* a tres victorias consecutivas. Luego la realidad golpeó. Smipkins empezó a jugar como Simpkins de nuevo y los *Bulls* cayeron de vuelta al fondo de la tabla de la NBA. ¿Cuál es la moraleja de la historia? Hay una gran diferencia entre cambiar tu nombre y cambiar tu juego.

Una de las responsabilidades para quienes lideran una congregación llena del Espíritu es proponer cambios de nombre en la parte de atrás de la camiseta de cada uno. En una iglesia saludable debemos afirmar regularmente que cada individuo está llamado a ser un siervo, no solo un espectador de la vida de la iglesia. Nuestro llamado es a ser *adoradores de Dios*, siete días a la semana y veinticuatro horas al día, no solo asistentes a los cultos de la iglesia. Más aun: todo hombre y toda mujer están llamados a ser *proveedores de cuidado*, no solo un usuario final de la gracia y la misericordia de Dios. De manera semejante, nuestras camisetas deben decir *misionero* –justo donde nos encontramos, justo donde estamos viviendo, trabajando y jugando ahora– de forma que no nos quedemos quietos solo enviando a otros al mundo de Dios. ¿Qué es lo oculto con todos estos cambios de identidad? Hay una gran diferencia entre cambiar nuestros nombres en la iglesia y cambiar nuestros juegos.

¿Cómo llegan a ser realidad esas alteraciones? No es al simularlas. No es al intentar con más fuerza. Sería admirable hacer los siguientes votos: «De ahora en adelante voy a actuar y vivir como un siervo fiel», pero no llegaremos lejos. No tenemos el corazón para ello. Recuerda las palabras de Jesús: «Tienen que nacer de nuevo» (Juan 3:7). Nuestra forma de comenzar es dándole la vuelta a la bancarrota de los falsos señores y abrazando el señorío de Jesús. La renovación espiritual es el equivalente a un transplante de corazón. El Espíritu es quien nos transforma en hombres y mujeres que sean cada vez más capaces de unirnos a Samuel para decir: «Habla, que tu siervo escucha» (1 Samuel 3:10).

Imitadores intencionales

Volvamos a esa declaración de identidad que es nuestra a través de la gracia de Dios: «Soy un siervo profundamente amado y un *discípulo* de mi Señor». ¿Qué quiere decir ser un discípulo?

Un discípulo es un educando de toda una vida... un imitador intencional... un aprendiz espiritual... un perseguidor de toda una vida de la única vida real... un estudiante eterno de la escuela de Jesucristo. Ser discípulo de Jesús quiere decir presentarnos a nosotros mismos intencionalmente a Cristo cada día, de tal forma que nuestros pensamientos, palabras, acciones y motivos puedan llegar a ser cada vez más como él. En capítulos posteriores exploraremos en detalle los desafíos y realidades de tal vida de discípulo.

¿Quién cualifica para seguir este camino? ¿A quién se le dio y motivó lo suficiente para inscribirse por su cuenta en la universidad del crecimiento espiritual? La palabra *discípulo*, desafortunadamente, a menudo ha sido usada por las generaciones recientes de cristianos como si fuera sinónimo de «supercristiano». Algunas comunidades inclusive han enseñado que el discipulado es opcional: un curso de postgrado para hombres y mujeres inusualmente celosos.

Toda la evidencia del Nuevo Testamento, no obstante, es que Jesús envió solo un llamado a la humanidad: un llamado para una vida de dependencia absoluta en él. Un discípulo no es alguien que haya alcanzado un cierto nivel de madurez, sino un estudiante que se ha matriculado para llegar a ser como Cristo. Quienes están en el primer año pueden tener un recorrido largo antes de recibir un título profesional, pero definitivamente califican como educandos comprometidos. No se trata de cuán lejos hemos ido por el camino. Lo que importa es nuestro compromiso a ser seguidores del camino por toda una vida.

No hay prueba más grande de eso que los breves vistazos provistos por las Escrituras acerca de los doce discípulos originales de Jesús. Uno queda atónito al ver la clase de personas a las que él estaba dispuesto a confiarles el futuro espiritual de la raza humana. Para el tiempo en el que los Doce se habían reunido con Jesús para la última cena, luego de tres años de entrenamiento y compañerismo intensivo con el Hijo de Dios, lo visto es un inspirador despliegue de madurez espiritual... *De acuerdo, no exactamente.*

Aprendices lentos

En el camino al aposento alto Santiago y Juan se metieron en un embrollo medio molesto con el resto de los discípulos. Jesús había llamado a estos dos hermanos pescadores *boanerges* o «hijos del trueno», lo cual en jerga la de hoy puede traducirse a grandes rasgos como Cabezas Bomba. Con audacia habían anunciado su ambición de asegurarse los lugares número uno y dos en el reino de Dios. En lo que concernía a sus intereses, todos los demás podían finalizar en un empate por el tercer puesto. El servicio era la menor de las identidades anheladas por ellos.

En algún lugar de la mesa del aposento alto estaba sentado Mateo, que antes de unirse a la banda de discípulos trabajaba como recolector de impuestos. Esencialmente esto quería decir que Mateo se ganaba la vida como ladrón profesional a través de una clase de extorsión permitida por el gobierno. Simón el Zelote era el terrorista residente entre los Doce. Los zelotes no eran tontos. Estaban apasionadamente comprometidos con revertir a su situación política actual (el gobierno del imperio romano) y lo lograrían por medio de la fuerza en caso de ser necesario. Los zelotes no estaban exactamente comprometidos con una estrategia de reuniones de oración.

Tomás y Felipe eran los dos discípulos con preguntas y dudas. En Juan 14 se nos enseña que durante la última cena Felipe estaba confundido. «Señor, muéstranos al Padre y con eso nos basta». Jesús le respondió «¡Pero, Felipe! ¿Tanto tiempo llevo ya entre ustedes, y todavía no me conoces? El que me ha visto a mí, ha visto al Padre. ¿Cómo puedes decirme: "Muéstranos al Padre"?» Tomás, por supuesto, fue el discípulo que el domingo de Pascua dijo: «*Muéstrame el milagro*. Mientras no lo vea con mis propios ojos, no creeré que Jesús está vivo» (Juan 20:25).

Simón Pedro era el líder identificado de los Doce. Era un hombre de extremos, con altos a lo Himalaya y caídas fuera de diagramación. Amó a Jesús y le falló a Jesús. Fue el primero en reconocer la verdadera identidad de Jesús, luego fue el primero en decir: «Señor, no te vas a sacrificar. ¿O sí? ¡Eso arruinaría todo!» *Aléjate de mí, Satanás*, le dijo Jesús en la cara de Pedro en ese momento (Mateo 16:16–23).

De una cosa podemos estar seguros: en el momento de la última cena, Pedro aún estaba rebotando entre los extremos. Dentro de un período de pocas horas hizo promesas absolutas de lealtad y luego se convirtió en un necio absoluto al jurar tres veces que Jesús y él no se conocían mucho.

¿Y qué pasa con el anfitrión del aposento alto? Jesús miró alrededor de la mesa hacia esas personas inmersas en su competitividad, su traición espiritual secreta, sus dudas persistentes y su certeza de que la fuerza traería la justicia, y oró: «Como tú me enviaste al mundo, yo los envío también al mundo» (Juan 17:18). Once aprendices lentos iban a ser enviados a todo el resto de la humanidad. «Vayan y recluten a otros también», les ordenó Jesús. La historia ha probado que personas comunes y corrientes que se inscribieron como imitadores espirituales de toda una vida –incluso al cargar con deficiencias y carencias evidentes– pueden de hecho llegar a ser discípulos extraordinarios.

Amados por Dios

¿Quién eres tú? Hay un componente final y crucial para la identidad de un cristiano: «Soy un siervo *profundamente amado* y un discípulo de mi Señor».

¿Cuál es el sustantivo común más importante en el Nuevo Testamento? Es la palabra *amor*. Dios es amor. El amor sufre todas las cosas, cree todas las cosas, espera todas las cosas, soporta todas las cosas (1 Corintios 13:7, RVR).

¿Cuál es el verbo más importante en el Nuevo Testamento? Es *amar*. El mandamiento más grande de Jesús es amar a Dios sobre todas las cosas, su segundo mandamiento más grande es amar a las personas con la misma pasión. «Porque tanto amó Dios al mundo»... que el Hijo de Dios movió el cielo y la tierra para rescatarnos (Juan 3:16).

No obstante, mi impresión diferente es que pocos asistentes a la iglesia responderían sin dudar: «Soy alguien infinitamente amado por Dios» a la pregunta: «¿Quién eres tú... *realmente*?» Ah, pues claro, razonamos, Dios nos ama porque debe hacerlo. Él está teológicamente obligado. Pero probablemente no quiere. Y no debemos sobresaltarnos en lo absoluto si Dios anunciara que le parecemos un desafío muy grande para su gusto. La aceptación de Dios no es fácil de aceptar, especialmente cuando el pensamiento «Debo sentir vergüenza de mí» parece más natural que «Soy digno de ser amado».

¿Qué es la vergüenza? Es un sentimiento creciente de no ser la persona que debería ser y de no poder salir del desorden en el cual me he metido. Como lo dice Lewis Smedes en su libro *Shame and Grace* [*Vergüenza y gracia*], «el sentimiento de la vergüenza está relacionado con nosotros mismos, no con ninguna cosa mala que *dijimos* o *hicimos*, sino con lo que *somos*. Nos dice que no *somos* dignos. Totalmente. Sentimos que *somos* inaceptables».

La vergüenza puede ser saludable, por supuesto. Puede ser una llamada de atención de Dios para que sepamos de la existencia de una laguna entre donde estoy justo en este momento y el lugar en el que Dios me quiere. La vergüenza saludable es un llamado de vuelta a la vida que Dios quiere que yo persiga.

Teóricamente nuestra experiencia de vergüenza debería acabar tan pronto como aceptamos el señorío de aquel que nos ama. Pero con seguridad, para muchos de nosotros el peso nunca parece irse. Nos enterramos en el fango y la suciedad de la vergüenza malsana, el sentimiento de que por causa de quienes somos, las cosas nunca van a resultar de la forma correcta. Smedes continúa:

> *La vergüenza puede caer sobre usted cuando alguien lo mira fijamente en una fiesta después de que dijera algo, o cuando cree que todos están susurrando por qué es tan delgado, gordo o torpe. Llega cuando nadie más está mirándolo excepto usted mismo y lo observado es un fraude, un cobarde, un aburrido, un fracaso, un estúpido, una persona cuya nariz es muy larga y cuyas piernas son muy flacas, una madre incompetente en la maternidad y, para redondear, un simplón con pocas esperanzas de llegar a ser un ser humano aceptable.*

(Harper San Francisco, 1993, p. 6)

Perdonado y aceptado

La vergüenza no saludable tiene todo que ver con la evidencia alegada de ser una oveja negra en la familia de Dios. Declara que soy inaceptable como ser humano. No soy digno de ser amado. Semejantes sentimientos son obviamente la antítesis de las declaraciones de Dios, según las cuales soy un hijo de Dios (Juan 1:12), el amigo de Cristo (Juan 15: 15), un miembro del cuerpo de Cristo (1 Corintios 12:27), he sido comprado por precio (1 Corintios 6:19–20) y estoy completo en Cristo.

La vergüenza no saludable es lo que aparta los ojos de la gente de la mirada aprobadora de Dios y los pone en los ideales arbitrarios de las otras personas. Conozco a una mujer que difícilmente puede escribir una nota personal porque está atormentada por el pensamiento de que su receptor la leerá e indudablemente la encontrará tediosa, tonta e insincera. Esta inteligente mujer se siente estúpida y paralizada mientras sostiene un bolígrafo sobre una hoja de papel.

Smedes señala que la vergüenza no saludable se cuelga de personas altamente responsables: las que tienen el sentido común de darse cuenta de que el mundo está lleno de dolor, pero carecen de él al creer que es responsabilidad suya reparar ese dolor (*Vergüenza y gracia*, p. 18). Cuando fallan se sienten devastados. Al principio de mi ministerio recibí una llamada telefónica de alguien que me dijo: «Glenn, realmente necesitas ir a visitar al Sr. Smith», un anciano al cual yo conocía. «Está haciendo muchas preguntas espirituales». Pero yo estaba muy cansado y ocupado, y el día en que recibí la llamada no saqué el tiempo para ir a visitar al Sr. Smith. Bien entrada esa noche él murió. ¿Cómo podía seguir viviendo conmigo mismo? Nadie estaba ahí para responder sus preguntas espirituales *el día de su muerte*. La vergüenza no saludable se envuelve alrededor de nosotros cuando olvidamos que es Dios quien tiene a todo el mundo en sus manos. Es Dios quien dice: «Por favor, continúa viviendo. Confíame a tu amigo. Yo estoy a cargo del universo».

Tristemente, la iglesia puede ser un lugar donde muchos de nosotros experimentamos todos los efectos de no ser lo sufisiente buenos. Unas veces es porque las congregaciones no saben cómo comunicar la gracia y otras es por causa del bagaje que traemos con nosotros. Sé que en cada oportunidad en la cual desafío a nuestro rebaño con respecto a las seis marcas del discipulado hay un cierto porcentaje de la multitud que suspira pensando: «Bueno, le agradezco mucho, ahora tengo otra media docena de razones para sentirme como un fracaso».

Nuestro llamado es a pensar como Jesús, hablar como Jesús y ser como Jesús. Pero lo cierto es que la gran mayoría de nosotros tiene extensos períodos de tiempo en que no queremos hacer nada de eso. Tal vez nos sentamos en la iglesia y soñamos despiertos con golpear a un familiar irritante, deseamos que un rival en los negocios sea atrapado haciendo trampa, anhelamos irnos tras aventuras sexuales prohibidas, huir de nuestros padres ancianos que dependen de nosotros, o simplemente deseamos que la vida pase rápido y termine para no tener que sentir tanto dolor. Luego, cuando llega el momento de orar, pensamos «Como si... como si Dios pudiera descender y amarme justo ahora, al fin y al cabo, él sabe todo lo que está pasando por mi imaginación». Y de esta manera concluimos que no somos dignos de ser llamados, comisionados, adorados, aceptados o alguna de esas otras palabras que probablemente oímos desde el púlpito.

La verdad que nos hace libres

¿Y entonces qué podemos hacer? Smedes lo expresa mejor: «Debemos dirigirnos a las mentiras que nos decimos a nosotros mismos. Nadie se despierta en la mañana y dice: "Bueno muchacho, hoy me voy a decir una gran mentira... y luego la voy a creer". Pero ese es el comportamiento estándar de casi todos los hijos de Dios. Creemos la mentira de tener que hacernos aceptables antes de ser aceptados, y nuestros sentimientos caen justo por esa línea. Nos siguen todo el camino» (*Vergüenza y gracia*, p. 38).

Las mentiras se desmoronan cuando se confrontan con la verdad. Dios ya nos ha dicho que somos perdonados y libres para siempre de la condenación (Romanos 8:1–2), que todas las cosas nos ayudan a bien (Romanos 8:28), que no podemos ser separados del amor de Dios (Romanos 8:35–39) y que Dios terminará lo comenzado en nosotros (Filipenses 1:6). No somos indignos, inadecuados, desamparados o desesperanzados pues la Escritura deja claro que somos el templo de Dios (1 Corintios 3:16), que somos colaboradores de Dios en el reino (2 Corintios 5:17–21), que podemos acercarnos a Dios con libertad y confianza (Efesios 3:12) y que podemos hacerlo todo en Cristo, que nos fortalece (Filipenses 4:13).

Eso es la gracia. ¿La merecemos? En lo absoluto. Hay un mundo de diferencia entre merecer algo y ser digno de algo. Ya ha sido demostrado que no merezco una carrera deportiva como profesional. No merezco un premio Pulitzer. Si mereciera esas cosas sería porque habría *hecho* algo para obtenerlas. Smedes nos recuerda que la dignidad es diferente. Soy digno de algo no porque he *hecho* algo, sino porque *soy* alguien de increíble valor (*Vergüenza y gracia*, p. 121).

La gracia no dice: «Mira, has sido muy duro contigo mismo. Tienes virtudes secretas que no has descubierto en tu inventario personal». Dios, con sus ojos bien abiertos, acepta a sus hijos sin importar la belleza o la blasfemia, la virtud o el vicio que residan dentro de nuestros corazones. Somos amados por completo simplemente porque Dios nos ama por entero.

La gracia no hace que nuestras vidas se vean libres de problemas, pero nos quita de encima uno de los problemas que más nos presionan. *La gracia elimina nuestra ansiedad acerca de si Dios va a cambiar de un momento a otro su opinión en cuanto a quiénes somos.* Todos los días podemos saber quiénes somos. Somos siervos y discípulos de Jesucristo, profundamente amados.

Todavía hay esperanza para nosotros

Nunca voy a ser un Indianápolis Colt. Pero eso no me ha dejado fuera del campo de juego. Mi familia extendida ha establecido una tradición el Día de Acción de Gracias. En algún momento entre el pavo y la tarta de calabaza nos enfrascamos en un partido desordenado de fútbol americano en el jardín. Ahí estaba en un Día de Acción de Gracias reciente, alineado contra mis suegros y mis propios hijos. Se suponía que todo iba a ser simple y divertido. Y así fue... para todo el mundo menos para mí. No quiero decir que me volví competitivo en cualquier clase de esfuerzo deportivo, pero no había forma de que fuera a dejar a mi sobrino de nueve años atrapar un pase en mi lado del campo. Después Mary Sue sacudió la cabeza y dijo: «No puedo creer las cosas que estabas diciendo allá afuera». La verdad es que yo no tenía ni idea de qué estaba hablando.

Desafortunadamente, todo estaba grabado en vídeo. Después me senté a ver el partido. No podía creer cuántas oportunidades mostró el vídeo en las que yo habría podido portarme con deportividad, pude haber sonreído, haber pronunciado una simple palabra de aliento. En vez de eso, siempre parecía estar gritando: «¡El pino queda fuera de la cancha!» «¡Eh!, ¡esa no ha sido una atrapada legal!» Mientras veía el vídeo me encontré anhelando llegar a ser una persona mejor. «Vamos», me la pasaba pensando, «¡crece! El resultado de ese partido no importa. Estas *personas* son lo que importa». Cuando la cinta terminó me preguntaba si habría alguna esperanza para mí.

Hay esperanza para mí. Y hay esperanza para ti. Hay esperanza para todo aquel que está vivo por fuera pero muerto por dentro. Por medio de la gracia de Cristo podemos renacer a una identidad completamente nueva. Dios nunca se rendirá con respecto a nosotros. Somos siervos y discípulos del Rey, profundamente amados.

Preguntas para mayor exploración

De forma personal, en parejas o en grupos pequeños

1. ¿Qué trasfondo le das personalmente a la palabra discípulo? Si esta palabra ha sido usada en tu congregación, ¿qué quería decir?

2. ¿Cuál es tu opinión en cuanto al nivel del servicio en las iglesias occidentales? ¿Dónde has visto siervos en acción y dónde es mayor la necesidad?

3. ¿Qué vocaciones y roles reciben el honor mayor en tu comunidad? ¿Qué roles tienden a estar en el fondo de la lista?

4. En tu propia experiencia, ¿cuándo te has sentido como no suficientemente bueno a los ojos de Dios o de otros? ¿Cómo has manejado ese asunto?

5. ¿Alguna vez has tenido una experiencia de «vergüenza institucionalizada»? ¿Qué hacen las iglesias para hacer sentir a sus miembros menos que completos a los ojos de Dios? Si esta es la situación actual, ¿qué pasos pueden darse hacia ese estado de completitud completo?

Empecemos

Por ti mismo

Poner nuestros propios nombres en la Escritura es una forma poderosa de reclamar las promesas de Dios y entender la identidad que Dios por su gracia nos ha dado. Lee en voz alta en tu devocional un texto favorito, insertando tu propio nombre. Por ejemplo: «Señor, tú examinas a Bill, tú conoces a Bill. Sabes cuándo se sienta y cuándo se levanta Bill; aun a la distancia le lees a Bill el pensamiento» (Salmo 139). Los textos sugeridos pueden incluir el Salmo 23, Romanos 8, Efesios 1 y 1 Juan 3–4.

Como congregación

¿A quién le es dado honor de acuerdo tu congregación? Desarrolla un plan para levantar la visibilidad del servicio. Extiende palabras de agradecimiento cara a cara, por escrito o de las dos maneras a todo discípulo que esté involucrado en alguna forma de rol de servicio. Establece un ministerio de todo el año para decirles «gracias» a aquellos cuyo servicio está muy a menudo fuera de vista y por lo tanto fuera de la mente.

4

¿Quién es tu Bernabé?

La elección de muchos seguidores del baloncesto con respecto al entrenador de todos los tiempos es John Wooden, quien impulsó a los *UCLA Bruins* a un logro sin precedentes de diez campeonatos nacionales desde principios de la década de 1960 hasta la de 1970.

El entrenador Wooden nació tres años antes del primer ataque de la Primera Guerra Mundial. Su temperamento y estilo parecen completamente diferentes al estrambótico estilo de los entrenadores y jugadores de hoy. Él nunca perdió su frescura en el banco. Nunca les habría permitido a sus jugadores clavar el balón para anotar, regatear entre las piernas o mostrar irrespeto por sus oponentes.

Como le reveló Wooden al articulista de *Sports Illustrated*, Rick Rilley, él ha moldeado su vida en torno a unos pocos compromisos muy simples. El día veintiuno de cada mes le escribe una carta de amor a su esposa, Nellie. Le dice cuánto la extraña y cómo no puede esperar a verla de nuevo. Añade la carta a un paquete de otras cartas que le ha escrito mes tras mes desde que Nellie murió en 1985. Como una forma deliberada de mantener vivo su amor y respeto por ella, el entrenador Wooden nunca ha dormido en el lado que su esposa ocupaba en la cama.

La misma clase de disciplina caracterizó su entrenamiento en UCLA. La primera media hora del primer entrenamiento de cada año estaba dedicada a enseñarles a sus jugadores cómo ponerse las medias de la forma correcta. «Las arrugas pueden producir ampollas», les decía. Los jugadores nuevos inevitablemente se miraban entre ellos, volteando los ojos. Habían venido al más grande de los programas de baloncesto en la mejor época a portarse de manera espontánea y este viejo les estaba enseñando cosas de medias. Al final hacían lo que él les pedía. «Bien», decía. «Ahora vamos a hacerlo con el otro pié».

El entrenador Wooden les prohibía a sus jugadores dejarse la barba. Un día, Bill Walton, el centro más codiciado de la nación, integrante del equipo de las estrellas de Estados Unidos, de 2,10 metros de alto se presentó con barba. «Tengo derecho», anunció. Wooden le preguntó si de verdad creía eso. Walton le dijo que sí. «Eso es bueno, Bill», dijo el entrenador. «Admiro a las personas que tienen creencias fuertes y se aferran a ellas, de verdad. Vamos a extrañarte». Antes del final del día Walton se había afeitado la barba. Eso fue hace más de tres décadas. Walton aún llama por teléfono al entrenador una vez a la semana para decirle que lo ama (Rick Reilly, «The Back Page» [«La contraportada»], *Sports Illustrated*, marzo 20 de 2000).

Esos jugadores llegaron a entender que hacer las cosas correctas de la forma correcta marcaría toda la diferencia del mundo. A eso se le llama dominar las cosas básicas. Primero aprendemos cómo ponernos las medias. Luego aprendemos cómo ponernos los zapatos. Solo entonces aprendemos cómo correr, regatear, pasar y anotar.

El mayor entrenador de *fútbol americano* universitario bien puede haber sido Bud Wilkinson, quien condujo a los *Sooners* de Oklahoma a cuarenta y siete victorias consecutivas, un total que casi ciertamente nunca será sobrepasado. Cuando se le preguntó por sus principios de entrenamiento, Wilkinson mencionó solo tres puntos: (1) dígales lo que necesitan saber, (2) dígales lo que les dijo, (3) dígaselo otras mil veces más. Los ecos de un mensaje central repetido traen el éxito.

La historia ha demostrado que Wooden y Wilkinson alcanzaron algo mucho más allá de sus descripciones de trabajo. Ellos no enseñan solo habilidades deportivas, sino una forma de vida completa. Ellos siguen enseñando hoy día, incluso para una generación de discípulos que nunca tuvieron el privilegio de conocerlos.

Soy el discípulo de alguien

En su libro *The Divine Conspiracy* [*La conspiración divina*], Dallas Willard señala que todos nosotros aprendemos cómo vivir –para bien o para mal– de quienes nos enseñan. Cada uno de nosotros es el discípulo de alguien más. «No hay excepciones a esta regla porque los seres humanos son simplemente criaturas que tienen que aprender y seguir aprendiendo de otros cómo vivir» (Harper San Francisco, 1998, p. 271). La mayoría de nosotros hemos sido discipulados, conciente o inconcientemente, por una colección diversa de «alguienes» durante años.

Por ejemplo, sé que fueron mis padres quienes me enseñaron que ser honesto es más importante que llegar primero. Mi padre también me enseñó que el dinero es tan escaso que casi no debía gastarlo nunca o mostrarlo, que comprar postre en un restaurante es una opción reservada para los locos. Mi profesor de piano me enseñó que cuando simplemente simulas aprender puedes engañar a tu padre o a tu madre, pero no puedes engañar al profesor de piano. Mi maestro de los niños exploradores me enseñó cómo iniciar una fogata con un golpe, como mantener seco el interior de la tienda de campaña cuando llueve, y cómo despellejar una gallina... habilidades que no uso mucho ya.

Mis amigos del bachillerato me enseñaron que unas pocas palabras bien escogidas o una nota anónima desagradable son capaces de derrumbar a casi cualquier persona y hacerla llorar. Mis profesores de la universidad me enseñaron que no podía confiarse en Dios. Mi esposa me enseñó que se podía confiar en Dios más que en ninguna otra persona. Mis hijos me enseñaron que invertir en las relaciones es más importante que asistir a las reuniones del comité de la iglesia y que comprar postre en un restaurante es una de las cosas más divertidas que se pueden hacer.

Todos esos «alguienes» han tenido un rol en enseñarme cómo vivir. No valoro todas las lecciones. De hecho, uno de los momentos transformadores de la vida es el instante en que nos damos cuenta de que tenemos el poder para evaluar lo aprendido –de revisar la sabiduría popular, las verdades de Perogrullo, los prejuicios y los principios que conforman nuestras reglas para existir en este universo– y preguntarnos a nosotros mismos si no podría ser el momento de aprender de un nuevo maestro, de ponernos deliberadamente a los pies de un nuevo maestro.

Esa es la razón por la cual es maravilloso oír la invitación de Jesús a que lo sigamos. Esa invitación quiere decir que no estamos aprisionados sin esperanza por esas personas que hemos llegado a ser. Podemos empezar la vida de nuevo. Llegar a ser su discípulo quiere decir que podemos reaprender cómo vivir del mismo Hijo de Dios, de forma tal que nuestros pensamientos, palabras, acciones y motivos puedan llegar a ser gradualmente más como los suyos.

Hijo del aliento

¿Cómo tiene lugar este aprendizaje? Dios envía profesores especiales a nuestras vidas; hombres y mujeres que por uno u otro medio son llamados a demostrar, proclamar, interpretar y modelar los varios imprescindibles de la vida del discípulo. Para escalar unos pocos pies de altura en la pendiente espiritual necesitamos recibir el aliento y las manos extendidas de aquellos que están al menos unos pocos pies por encima de nosotros.

«Vuelo solo» no es un valor celebrado en la Biblia. La espiritualidad se imparte y se recibe a través de las relaciones. Las lecciones de liderazgo de Josué llegaron gracias a su asociación con Moisés. Rut miró a su suegra Noemí, Eliseo se convirtió en el protegido de Elías. María encontró aliento y cercanía ante el «problema del embarazo» en la compañía de un familiar mayor, Elisabet. Muchos de los misioneros de la segunda generación de cristianos, incluyendo a Tito, Epafras y Tíquico miraron a Pablo. Aquila y Priscila fueron los mentores de Apolo.

Es ampliamente conocido que la palabra «mentor» entró a nuestro vocabulario a través de la épica mitológica de Homero en *La Odisea*. Antes partir a la Guerra de Troya, Ulises dejó a su hijo bajo el cuidado de un anciano sabio, de nombre Mentor. Homero revela que la educación de Telémaco fue más allá del aprendizaje de los libros. Mentor también le dio al joven una saludable dosis de sabiduría callejera de tal forma que años después el hijo ya estaba listo para pararse junto a su padre en la batalla épica final para su propia familia.

La palabra «Bernabé» puede simplemente haber emergido tan fácilmente como nuestra palabra de todos los días para profesor personal. Bernabé también era un ciudadano del antiguo Mediterráneo, pero él no era un mito. Su nombre aparece por primera vez durante los días de la formación de la iglesia temprana en Jerusalén: «José, un levita natural de Chipre, a quien los apóstoles llamaban Bernabé (que significa: Consolador), vendió un terreno que poseía, llevó el dinero y lo puso a disposición de los apóstoles» (Hechos 4:36-37). Las palabras de franca alabanza son raras en la Escritura, pero Bernabé es posteriormente descrito como «un hombre bueno, lleno del Espíritu Santo y de fe» (Hechos 11:24).

Vale la pena anotar que el sobrenombre Bernabé en realidad quiere decir «hijo de la profecía», pero su reputación por elevar el nivel de entusiasmo de otras personas llevó a Lucas a interpretarlo de otra forma. Asi que él se convirtió en el Consolador.

Un mentor en acción

En ningún otro caso resulta eso más evidente que en su relación con Pablo. Habiendo sido llamado a la prestigiosa responsabilidad de ayudar a supervisar a los nuevos gentiles convertidos de Antioquía, Bernabé decidió reclutar a un compañero. Recordó al sitiado Saulo de Tarso. Saulo o Pablo nunca se había encariñado con la comunidad cristiana, incluso tras su dramática conversión. Tres años después de su dramática experiencia de Damasco, fue el generoso corazón de Bernabé el que asumió el riesgo, y llegó a ser el promotor de Pablo (Hechos 9:27). «Después partió Bernabé para Tarso en busca de Saulo, y cuando lo encontró, lo llevó a Antioquía. Durante todo un año se reunieron los dos con la iglesia y enseñaron a mucha gente» (Hechos 11:25-26). Al menos en una ocasión los dos viajaron juntos a Jerusalén como emisarios de la iglesia. El resultado fue que la credibilidad de la cual gozaba Bernabé llego a ser disfrutada por Pablo, abriendo así las puertas para que el liderazgo teológico y misionero de Pablo llegara a ser central para toda la iglesia.

Los eruditos bíblicos sugieren que se puede aprender algo de la progresión en la cual Lucas nombra a estos dos personajes. Las sucesiones rara vez son arbitrarias.

Al comienzo de su primer viaje misionero, se refiere «a Bernabé y a Saulo» (Hechos 13:7). Al final del viaje, no obstante, Pablo aparentemente ha asumido el manto del liderazgo de su mentor, como se ve en la referencia «Pablo y Bernabé» (Hechos 13:43,46,50). Los adoradores paganos de Listra, sin embargo, intentando entender las aparentes identidades mitológicas de los dos, deciden que Bernabé debe ser Zeus, el rey de los dioses, mientras que el conversador Saulo debe ser su confiable asistente Hermes, el mensajero del Olimpo (14:12). La iglesia de Antioquía empezó a ver de forma creciente a Pablo como el líder («Pablo y Bernabé» en 15:2), mientras que la iglesia de Jerusalén nunca dudó de la posición de autoridad del hombre a quien habían conocido durante mucho más tiempo («Bernabé y Pablo» en 15:12–25, RVR 1960).

Cuando llegó el tiempo de salir en un segundo viaje misionero, Bernabé exhibió su acostumbrada disposición afable. A pesar del hecho de que su primo Marcos había optado por marcharse del primer viaje misionero a mitad de camino, Bernabé le extendió su perdón y su mano. Pablo, actuando aparentemente por principios, espíritu práctico o ambas cosas, no pudo tolerar la presencia de Marcos. Un «conflicto ... serio» surgió entre ellos; evidencia de que incluso los «hermanos fundadores» de la iglesia del siglo I tenían dificultades para ver las cosas desde la misma perspectiva. Pablo y Bernabé escogieron seguir caminos separados, pero el evidente respeto de Pablo por su mentor todavía se observa en sus escritos posteriores (nota 1 Corintios 9:6).

¿Cuál es el legado de esta relación? Pablo necesitaba un mentor y Dios proveyó uno. La disposición de Bernabé para ver el potencial espiritual de otros llevó a Pablo desde el perímetro hacia el centro... y no hay evidencia de que Bernabé estuviera descontento con salir de la luz principal hacia la sombra de Pablo. Tal y como se cuenta la historia en el libro de Hechos, Bernabé llegó a ser uno de los principales medios que Dios usó para enviar a Pablo por el mundo.

Un llamado continuo

Esta relación creativa y poderosa no tenía el propósito de ser la excepción. El discipulado es la norma de Dios. Jesús se dio a sí mismo por completo a una docena de hombres. Vivió con ellos. Los amo. Les contó historias y extendió sus imaginaciones. Los regañó cuando se les endureció el corazón. Los invitó a caminar con él en situaciones que oscilaban entre lo ambiguo, lo controvertido y el peligro completo. A veces Jesús era formal («Ciertamente les aseguro...»). A veces era retórico («¿Dónde está el negocio de ganar el mundo entero si se pierde el alma?»). Frecuentemente orquestó oportunidades para que sus discípulos confiaran en Dios («Ve y encuentra algo para que estas cinco mil personas coman»). En una ocasión los doce le pidieron un entrenamiento específico: «Señor, enséñanos a orar». En toda ocasión Jesús estaba comunicando: «Déjenme que les muestre cómo vivir».

Es la ausencia de este rol de Bernabé –especialmente cuando se ofrece de modo intencional y se recibe con alegría– lo que empobrece la experiencia de discipulado de la iglesia contemporánea. Cuando se trata de pasar el tesoro de la gracia de Dios de una generación a otra, los seminarios han tendido a entrenar a unos pocos hombres y mujeres para pararse y enseñar. ¿Qué se supone que deben hacer los demás? Tomar notas. La experiencia ha demostrado que discipular a más de doce personas al mismo tiempo es de hecho un llamado de tiempo completo. Es obvio entonces que solo en una iglesia pequeña el pastor designado podría tener éxito verdadero al llevar toda la carga espiritual del discipulado. Casi sin excepción las iglesias norteamericanas están en necesidad de docenas de individuos que tendrán que oír y aceptar el llamado para llegar a ser Consoladores.

¿Hay un Bernabé en tu vida? Si las realidades espirituales y la comprensión espiritual se transmiten de una persona a otra, ¿de quién estás aprendiendo cómo amar a Dios y a las personas?

Esto no quiere decir que un único individuo debería (o podría) cumplir la misión entera de ayudar a otra persona a crecer en Cristo. La mayoría de los cristianos son discipulados por una colección diversa de «alguienes» que estuvieron disponibles por el Espíritu en varias encrucijadas de la vida.

Observar, ayudar, hacer

A veces nuestro aprendizaje tiene un sentimiento formal hacia él. Una de las tareas más desafiantes del trabajo pastoral es hacer llamadas telefónicas. Los hospitales pueden ser lugares prohibitivos. La gente que se encuentra en un cuarto de hospital no suele atravesar su mejor momento. Puede ser incómodo caminar hacia alguien que está pasando por dificultades tanto físicas como emocionales. Cuando yo tenía veinticinco años no sabía cómo dar aliento a los individuos hospitalizados.

No obstante, fui bendecido al tener un mentor. Él era el jefe del cuerpo pastoral de la iglesia en donde yo servía. Su nombre es Howard Lindquist. Howard sabe cómo convertir las visitas al hospital en momentos de gracia. Hacía dos meses que yo había salido del seminario cuando Howard me preguntó: «¿Por qué no vienes a dar una vuelta conmigo esta tarde? Podemos hacer juntos varias visitas al hospital».

Howard me mostró cómo entrar en un cuarto. Me ofreció un modelo de cómo orar por una persona seriamente enferma. Me señaló los mejores puntos de parqueo en el área hospitalaria de Indianápolis (y eso no es información trivial) y me mostró las puertas laterales y traseras que a la larga me ahorrarían quién sabe cuántos pasos durante el siguiente cuarto de siglo. Aun cuando alguna vez hubiera tomado notas de las clases sobre las visitas hospitalarias, nunca necesité consultarlas de nuevo. Howard me dejó caminar a su lado una tarde. Me mostró cómo cuidar de las cosas.

Hay un patrón muy usado para hacer discípulos que puede ser expresado en la siguiente sucesión de declaraciones:

- Yo hago y tú observas.
- Yo hago y tú ayudas.
- Tú haces y yo ayudo.
- Tú haces y yo observo.
- Tú y yo repetimos este patrón con alguien más.

Con frecuencia ocurre que no hay un patrón discernible, o incluso una intención, en el traspaso de las lecciones de la vida. A veces un «momento enseñable» se forma con una palmada en la espalda, un asentimiento, una mueca de desaprobación o una frase escogida de forma correcta que nunca será olvidada. Esto es especialmente verdad dentro de las relaciones familiares.

Alguien que cuide de mí

Hay un trío de razones por las cuales cada uno de nosotros necesita un Bernabé en la vida, es decir, un amigo espiritual que nos diga las cosas como son, que nos aliente y de quien oigamos la verdad. Primero: *Necesitamos a alguien a quien rendirle cuentas.* Dejados a nosotros mismos, nuestros planes espirituales se saldrán del camino. «El espíritu está dispuesto, pero el cuerpo es débil», dijo Jesús (Marcos 14: 38). Una de las provisiones de Dios para mantenernos yendo hacia adelante es la presencia de un abogado comprometido.

Durante el verano de 1999, cuando el equipo de fútbol femenino de Estados Unidos emergió de la oscuridad global para ganar la Copa del Mundo, millones de mujeres jóvenes estadounidenses decidieron que querían ser como la estrella delantera Mia Hamm. Para ser sinceros, una gran cantidad de hombres adultos se habrían contentado con una décima parte de la capacidad atlética de Mia Hamm. Las niñas en todas partes empezaron a practicar puntapiés con tijeras y a llevar el número nueve en sus camisetas.

Sin embargo, todas aquellas que han soñado alguna vez con ser Mia Hamm han tenido que enfrentar un importante aspecto de la realidad. Ninguno de nosotros puede ponerse los tacos de fútbol y empezar a marcar goles –no podemos desempeñarnos de la forma en la cual ella se desempeña– *a menos que decidamos vivir de la forma en la cual ella vive.* Mia Hamm ha organizado intencionadamente su vida en torno al único objetivo de llegar a ser campeona del fútbol. Eso ha requerido una estricta disciplina en cuanto a lo que come y deja de comer, a las horas gastadas en el campo de práctica, al cultivo constante del trabajo en equipo y a una miríada de actividades no relacionadas con el fútbol a las cuales ella debió decirles no durante muchísimos años.

A muchos de nosotros nos gustaría caminar triunfalmente con Cristo. Haríamos una fiesta si escucháramos una palabra clara de guía del Espíritu Santo. El problema, a menos que nos hayamos enfrascado de forma constante en las prioridades de Dios como estilo de vida, es que probablemente no seremos «todo oídos» cuando Dios esté hablando. Los discípulos son aquellos que intencionadamente organizan sus vidas en torno a la meta única de ser transformados a la semejanza de Jesús. Eso requiere tener un plan y aferrarse a él. Tal y como lo expresa Dallas Willard, el intento espiritual y el entrenamiento espiritual producen diferentes resultados (*The Spirit of the Disciplines* [*El espíritu de las disciplinas*], Harper San Francisco, 1988, p. 258ss). Rendirle cuentas a un Bernabé es la clave para discernir nuestra forma de avanzar... y de seguir en el camino.

Alguien que reavive mi fuego

Segundo: Los mentores elevan el nivel de nuestra energía para hacer la voluntad de Dios. Llevaba muchos años en el ministerio antes de darme cuenta de que la energía personal es un recurso renovable. Sin embargo, muchos de nosotros nos dirigimos regularmente hacia déficits de energía porque no entendemos cómo pueden llegar a drenarnos ciertas relaciones humanas y pasamos por alto esas relaciones especiales que están mejor posicionadas para renovar nuestros espíritus.

En un artículo del número de otoño de 1984 de *Leadership* [*Liderazgo*] titulado «Anatomy of a Spiritual Leader» [«Anatomía de un líder espiritual»], el pastor y escritor Gordon MacDonald concluyó que hay cinco clases de personas que afectan el nivel de su energía para Dios. Debe notarse que ningún ser humano está particularmente «clavado» en alguna categoría; en otras palabras, la misma persona cuya conversación tiende a ser desgastante para tu alma puede ser una fuente inagotable de inspiración para mí. MacDonald les asignó arbitrariamente un marcador de energía a cada uno de estos cinco grupos:

Personas muy emprendedoras. Una persona muy emprendedora es un Bernabé, alguien que casi siempre reaviva mi visión y le vuelve a dar potencia a mi entusiasmo por el ministerio. Nivel de energía (+3).

Personas muy importantes. Una persona muy importante es un compañero del ministerio, alguien que comparte mi pasión por una obra particular de Dios. Las personas muy importantes abundan en mi propia versión de Antioquía. Nivel de energía (+2).

Personas muy entrenables. Timoteo es el prototipo de una persona muy entrenable, alguien que me considera un Bernabé para el aliento y el discipulado espiritual. Nivel de energía (+1).

Personas muy agradables. Todo pastor puede testificar que una porción sustancial de su rebaño no es nada más y nada menos que «agradable»... al menos cuando se relacionan con el pastor. Las personas muy agradables son ciudadanos complacientes que permanecen en la fila, no alteran las cosas y dicen: «Fue un sermón muy bien pensado el de hoy», pero rara vez, si es que alguna, responden al llamado de Dios de tomar sus cruces e ir a cambiar el mundo. Nivel de energía (0).

Personas muy drenadoras. Las personas muy drenadoras pueden ser simultáneamente la misión, la obsesión y el estrés de los líderes eclesiales. Las personas drenadoras tienen una forma de desalentarnos y dejarnos exhaustos. En boca de Garth, de El mundo de Wayne: «¡Estás chupando mi voluntad de vivir!» Nuestro llamado no es a «curar» a la gente consumidora, ni a huir de ellas, como si esas cosas fueran posibles. El llamado de Dios es a amar a las personas difíciles. Nivel de energía (-1).

MacDonald notó que su propia tendencia en el ministerio era a enfocarse en las dos categorías de personas que tenían menos impacto positivo en su energía. Como la mayoría de los pastores, creía que motivar a la gente agradable y «ministrar con éxito» a las personas drenadoras era una estrategia que agradaría a Dios. Pasaba mucho menos tiempo con mentores, socios pastorales y aprendices espirituales. Después de una mayor reflexión se dio cuenta de que esta fórmula era completamente agotadora. Hoy en día él recomienda intentar alcanzar un equilibrio con respecto al tiempo invertido en cada una de las cinco áreas de relación (Vol. V, No. 4, Otoño 1984, p. 106).

Si estas observaciones son válidas, ignorar a un Bernabé potencial nos pone en peligro. El servicio es agotador a menudo. Muchas relaciones extraen nuestra energía y el entusiasmo por permanecer en la lucha. El fracaso en cultivar a esas pocas personas emprendedoras –hombres y mujeres que casi siempre «avivan nuestro fuego» y alientan nuestros corazones– va a comprometer al final nuestra habilidad para ministrar en el nombre de Jesús.

Alguien que le ponga atención a la presencia de Dios

En tercer lugar, *un director espiritual es una opción saludable para muchos discípulos*. No todo Bernabé necesita asumir este rol, y no todo cristiano necesita perseguir la dirección espiritual. No obstante, hay un gran poder en permitirle a otro ser humano que se dé cuenta del obrar de Dios en los rincones de mi vida aparentemente más pequeños y oscuros. En su libro *Working the Angles* [*Trabaja los ángulos*], Eugene Peterson sugiere estos límites:

> *La dirección espiritual tiene lugar cuando dos personas acuerdan darle completa atención a lo que Dios está haciendo en una (o ambas) de las vidas y procuran responder con fe. Con mucha frecuencia ... estas atenciones convergentes y devotas son breves y no planeadas; en otras oportunidades son conversaciones planeadas y estructuradas. Ya sean planeadas o no, hay tres convicciones que apuntalan estos encuentros: (1) Dios siempre está haciendo algo: una gracia activa está moldeando esta vida hacia una salvación madura; (2) responder a Dios no es un simple proceso de suposiciones: a lo largo de los siglos la comunidad cristiana ha adquirido sabiduría que provee guía; (3) cada alma es única: ninguna forma de sabiduría puede ser simplemente aplicada sin discernir las particularidades de esta vida, esta situación.*
>
> (Eerdmans, 1987, p. 150)

Encuentra a tu Bernabé

En resumen, los mentores espirituales son personas poco frecuentes y hermosas. No son fáciles de encontrar. No están disponibles al presionar un botón en las salas de chat de Internet. Hay un inconfundible grado de misterio en cómo los encontramos o cómo nos encuentran ellos. ¿Por qué mi corazón por Dios late mucho más rápido en la presencia de ciertos maestros, mientras que otros individuos –por muy comprometidos y dispuestos que sean– tienen poco efecto en mi vida interna?

A veces hacemos el feliz descubrimiento de que Bernabé ha estado frente a nosotros todo el camino y ni siquiera lo habíamos notado. Muchos hijos identifican a una madre o a un padre como la persona más determinante en su vida... por cincuenta años o más. Bernabé no tiene por qué estar en la cercanía (del espacio o tiempo) para alentarnos. Algunos de nosotros nos llenamos de energía en cada oportunidad en que tenemos acceso a nuestros recuerdos del primer maestro que nos desafió de verdad; el entrenador que nos modeló una integridad sin errores; el sargento estricto que nos forzó a repensar nuestra motivación; el consejero del campamento que nos enseñó a orar; el amigo que estuvo junto a nosotros durante las horas más oscuras de la ruptura matrimonial.

Algunas de las voces cristianas más activas y originales de los pasados dos mil años aún se oyen por medio del papel y la tinta. Una nueva generación de discípulos ha descubierto la sabiduría de los Padres del Desierto. Los protestantes han sido guiados por católicos y ortodoxos contemplativos de los siglos previos. La completa brillantez de Juan Calvino y C. S. Lewis, el celo interno de Teresa de Ávila, el testimonio de G. K. Chesterton, la pasión incansable de Hudson Taylor, el vigor homilético de C. T. Studd, la narración de historias que ensanchan el alma de Feodor Dsotoievsky, el enfoque láser de Jim Elliot... cada uno de esos fuegos santos aún está ardiendo en una biblioteca cerca a ti.

¿*Quién es tu Bernabé*? Tu respuesta a esa pregunta dice más que ninguna otra cosa acerca de tu intención de llegar a ser como Jesús. Que Dios te conceda la gracia de su gran generosidad al proporcionarte un Consolador.

Preguntas para mayor exploración

De forma personal, en parejas o en grupos pequeños

1. ¿Quién, más que ninguna otra persona, te enseñó cómo vivir? ¿De qué lecciones aún te estás beneficiando hoy?

2. ¿Qué maestro ha tenido la mayor influencia en tu vida? ¿Qué entrenador? ¿Qué pastor?

3. ¿Cuál es el halago más significativo y memorable que has llegado a recibir?

4. ¿Puedes identificar a alguien en tu vida para cada una de las cinco clases de personas según MacDonald? ¿Dirías que tus relaciones son equilibradas a ese respecto?

5. ¿Alguna vez has tenido un director espiritual? ¿Cómo conociste a esa persona? ¿Cuál es el legado de su influencia sobre tu vida?

Empecemos

Por ti mismo

Haz un recuento personal de los mentores en tu vida. ¿Qué individuos han moldeado tu vida con Dios en el pasado o lo están haciendo en el presente? Discierne en oración tu necesidad actual de ser llamado a un nivel más alto de discipulado. Pídele a Dios que te provea un Bernabé con quien puedas satisfacer esta necesidad. Haz una cita para reunirte con un mentor actual y expresarle tus esperanzas en esta área, o procura el del apoyo de otras personas (un pastor, el líder de un grupo pequeño o tus amigos) para ayudarte a identificar un mentor potencial a quien puedas acercarte.

Como congregación

Tal como los mentores bendicen a los individuos, las iglesias mentoras pueden ser poderosos recursos para otras congregaciones. ¿De qué iglesias ha aprendido la tuya en los años recientes? ¿Ha sido esto formal, informal o de líder a líder? Contempla la sabiduría de entrar en una relación de aprendizaje durante un período de tres a cinco años con una iglesia maestra nacional (que pueda proveer visión, seminarios y recursos) o una iglesia local (que pueda proveer amistad y consulta inmediata).

¿Por qué no las dos?

5

¿Quién es tu Timoteo?

*L*a iglesia es la única organización que existe para quienes no son sus miembros. Ese es un gran eslogan. Solo sé cuidadoso cuando lo menciones frente a los miembros actuales.

Hace pocos años fui invitado a hacerle una presentación al cuerpo de líderes de una iglesia que estaba determinada a llegar a enfocarse más hacia afuera. Revisamos juntos el relato de Jesús acerca de los dos hijos. Esa parábola de Lucas 15 es uno de los relatos más familiares de la Biblia. Sin vergüenza alguna, el hijo menor le falta el respeto a su padre, se lleva una buena porción de las riquezas de la familia, luego llega a casa dando tumbos con la ligera esperanza de al menos poder dormir afuera con el perro guardián. Si embargo, queda asombrado –como todos los demás– con la ilimitada gracia de su padre, quien lo recibe con los brazos abiertos y anuncia: «¡Qué comience la fiesta!»

Solo una persona no puede darse el permiso de pasar un buen tiempo en la fiesta. El hijo mayor está furioso. Su sentido de la justicia ha sido violado. ¿Cómo puede excusar esta solicitud de perdón de su hermano menor tanta desgracia para sí mismo y el resto de la familia y luego ni siquiera tener que *pagar* por su egoísmo? Peor aun, el hijo mayor rompe filas con su padre. Le reclama: «Este hijo *tuyo*...» (Queriendo decir, no te atrevas a ponerme en la foto familiar con este ingrato), mientras el padre le da vuelta al pronombre, buscando un poco de gracia en su hijo mayor: «Este, *tu* hermano...»

Yo estaba yo a punto de señalar que Jesús claramente pretendía que las «personas religiosas» se vieran a sí mismas en el carácter del hermano mayor para unirse después a Dios en la tarea de tomar la iniciativa para alcanzar a los «pecadores». De repente, uno de los líderes laicos de esa congregación dejó escapar: «¿Y en dónde quedamos nosotros?» Su cara estaba roja y las venas de su garganta se veían pronunciadas «¿Por qué se supone que cuidemos de una oveja que está allá afuera cuando ya hay noventa y nueve ovejas aquí y ahora para cuidarlas?» No era una pregunta. Era un proyectil. Después supe que él había perdido su trabajo esa semana. Le parecía imposible pensar en alcanzar un mundo herido cuando había tantas heridas en su propia vida.

Las iglesias en general hacen lo mismo. «Queremos alcanzar a las personas para Cristo... pero primero necesitamos estabilizar nuestro presupuesto». «¿Para qué ir tras jóvenes que no asisten a la iglesia cuando hay chicos de nuestra propia congregación que no se comprometen? Activarlos debería ser nuestra primera prioridad». «¿Más gente? Está bien. ¿Y dónde se supone que vamos a meterlos?» Apartadas de un compromiso inexorable hacia un enfoque externo, las iglesias inevitablemente son atrapadas en la corriente subrepticia mortal de los ABC –asistencia, buscar local y capitalizar– y encontrarán cien años de excusas para no establecer una estrategia para hacer discípulos.

Las famosas últimas palabras

Ser o no ser una bendición para quienes están más allá de nuestro círculo: *Esa es la cuestión*. Las buenas nuevas de Dios son buenas nuevas incluso cuando están en su camino por medio de nosotros hacia la siguiente generación de aprendices de toda una vida. La presencia de un Timoteo –alguien que esté recibiendo de nosotros los dones e ideas que nosotros hemos recibido de Dios– es la evidencia más segura de que en realidad creemos las «famosas últimas palabras» pronunciadas por Jesús al final de su ministerio en la tierra.

La gran comisión de Cristo –su orden de marcha para todas las generaciones, encontrada en varias formas al final de cada Evangelio y al principio de Hechos (pero tal vez más ampliamente citada en Mateo 28:19-20)– declara la razón de nuestra existencia. Nuestro llamado es a ser discípulos que hagan discípulos. Personas ordinarias, impulsadas por un Dios extraordinario, son llamadas a ir «a toda nación». Este es el cumplimiento directo y la extensión lógica de las promesas dadas por Dios primero a Abram (también conocido como Abraham) en Génesis 12:1–3. Puede argumentarse, de hecho, que el resto de la Biblia simplemente es un comentario largo de estos tres versículos.

A Abraham se le dice que sus descendientes llegarán a ser una gran nación, que heredarán un pedazo específico de geografía (uno aún en intensa disputa) y que él mismo será bendecido. El pueblo de Dios puede esperar recibir la bendición de Dios, la cual puede ser definida como la certeza de que Dios actuó y continuará actuando para satisfacer nuestras necesidades más profundas. Ser bendecido quiere decir que Dios ha asumido la responsabilidad personal por nuestro bienestar. Abraham no siempre se *sintió* bendecido por Dios, sino que muchas veces sintió como si su mundo estuviera colapsando. Pero Dios prometió bendecir a este hombre y su familia, y Dios cumplió su promesa.

Esa, sin embargo, no es la historia completa. Como resultado de la gracia de Dios hacia Abraham, este ciudadano honorable sería una bendición y «todas las familias de la tierra» serían bendecidas por medio de él. Dios bendice a la gente por una razón. No solo recibimos buenas cosas de Dios. Llegamos a ser conductos de esos buenos dones, de tal forma que puedan estar en tránsito *por medio* de nosotros hacia otras personas... incluso personas «en los confines de la tierra».

Bendecido para ser bendición

En términos contemporáneos, Abraham no estaba llamado a ser un «usuario final». No estaba llamado a ser un callejón sin salida espiritual, acumulando las mejores cosas de Dios y apropiándose de ellas para sus propósitos. La fórmula de la Biblia –primero declarada en Génesis y repetida a través de los dos testamentos —es esta:

(a) somos bendecidos

(b) para ser de bendición.

¿Cómo responde la gente a este llamado? Podemos dividir a grandes rasgos el mundo en cuatro campos.

Primero está la respuesta del *Cínico*. De acuerdo con la persona cínica ni (a) ni (b) en la «fórmula de bendición» de la Biblia pueden ser confiables. No hay bendición porque no hay Dios... o al menos un Dios acerca de quién podamos hacer finalmente alguna declaración definitiva. Por lo tanto, intentar bendecir a otros es una monumental pérdida de tiempo. Las otras personas deben tener sus propias respuestas y tomar sus propias decisiones.

El Cínico diría: Yo estoy a cargo de mi propia vida, soy mi propio proyecto personal, mi principal preocupación no es pasar un conjunto de valores y comportamientos perennes a algún Timoteo dispuesto a aprender. Como observa Os Guinness en su libro *Time for Truth* [*Tiempo para la verdad*], en un mundo postmoderno, caracterizado por contactos móviles, superficiales y desechables, yo estoy en el negocio del «manejo de la impresión». ¿Cómo me está saliendo justo ahora? El carácter es una preocupación de momento en momento (Baker, 2000, p. 45). Desechar la realidad tanto de una bendición como de un Bendecidor divino borra cualquier visión significativa para discipular a la próxima generación.

La segunda respuesta es aquella del *Idealista*. La gente idealista cree que la declaración (b) es la única. Sin importar si soy bendecido, mi meta es cambiar al mundo. El mundo necesita claramente ser cambiado. Las excavadoras, las cuentas bancarias y los misiles dirigen el mundo. El cambio va a requerir retórica, legislación, revolución o todas las cosas anteriores.

Pero ya sean seculares o religiosos estos esfuerzos, la historia ha demostrado que tales «transformaciones» son a menudo desastrosas. Fácilmente llegan a ser manipuladoras. Cada una de las grandes revoluciones del siglo pasado fue vendida como un intento de bendecir a la gente. Al final, poblaciones enteras fueron exterminadas. Cuando la declaración (a) se deja fuera de la ecuación –cuando intentamos servir a otros a partir del vacío espiritual en lugar de la plenitud espiritual– en última instancia les haremos daño a otros y nos lo haremos a nosotros mismos.

Más allá de la manutención propia

La opción número tres tiene un sentimiento famⁱ
posición del *asistente promedio a la iglesia*. La declarᵃ
por sí sola. Estamos aquí para disfrutar las bendiciones
to.

Las iglesias suelen comprenden bien la primera parte de la fórmula de la Biblia. Pero fallamos en cultivar una visión lo suficientemente grande de la segunda parte. Para seguir la sucesión de las seis preguntas planteadas en este libro es crucial saber que Cristo es el Señor. Resulta liberador descubrir que somos sus siervos y discípulos profundamente amados. Es transformador tener a un Bernabé por mentor. Pero... si eso marca los límites de nuestra experiencia, entonces estamos viviendo una versión mutada de la fe cristiana, que ha llegado a *girar solo en torno a nosotros*. Podemos estar seguros de andar seriamente a distinto ritmo que el Padre que extiende sus brazos al hijo perdido.

En una ocasión oí al escritor y evangelista Tony Campolo presentar la descripción de una fábrica, avanzando laboriosamente con una inmensa fuerza de trabajadores, con todos haciendo su trabajo. Un visitante que hace un tour por la fábrica resulta gratamente impresionado. Al final del tour, sin embargo, el visitante dice: «Esperen un minuto, no me han mostrado el departamento de envíos». «¿Qué departamento de envíos?», le pregunta el guía. «Bueno, pues ya sabe usted, el lugar desde donde envían todo lo que produce la fábrica». «Ah, nosotros no tenemos departamento de envíos. Lo realmente impresionante de esta fábrica es que es completamente autosostenible. Todo lo que producimos se usa para mantener la fábrica funcionando».

¿Cómo osamos hacer crecer iglesias con una visión no mayor que la manutención propia? *El cuerpo de Cristo no existe para poder estar en forma. El cuerpo de Cristo existe para crecer.*

La opción cuatro es la única fiel a la narrativa bíblica: nuestra experiencia de (a) –ser bendecido por Dios– debe llevarnos a la más completa expresión de (b), ofrecer nuestras vidas como bendición para las otras personas. Es seguro concluir que no más del diez al quince por ciento de los cristianos estadounidenses han dado el salto desde un enfoque espiritual interno a un enfoque de discipulado externo. Todos somos bendecidos... ¿pero con qué propósito?

Mi propia experiencia es que los cristianos temen las consecuencias de enfocarse en la declaración (b). Les preocupa que al intentar bendecir a otros, de alguna manera pierdan su propia bendición. «Estoy apenas comenzando a entender la Biblia. Denme unos cuantos años más y estaré listo para ayudar a alguien más... pero no antes». Las buenas nuevas de Dios son que el enfoque externo no disminuye nuestro crecimiento. Lo acelera. Obedecer a Dios nunca perjudica nuestra vida con Dios. La multiplica.

Vamos a necesitar un plan

Si los discípulos no son supercristianos, entonces los hacedores de discípulos no son superhéroes. Jesús asumió que sería un asunto normal que cada uno de sus seguidores le pasara el legado de la vida espiritual a otros. Él nos ha dado todos los recursos para este proyecto. «Se me ha dado toda autoridad en el cielo y en la tierra» (Mateo 28:18), y «les aseguro que estaré con ustedes siempre, hasta el fin del mundo» (28:20). No necesitamos nada más. Los estudiosos de la gramática señalan que el verbo central del pasaje de la gran comisión es «hacer discípulos». El mismo está modificado por las tres formas verbales: «ir» (el cual podría explicarse como «vayan»), «bautizar» y «enseñar». Dando los pasos de la vida diaria es que producimos, equipamos y enviamos nuevos discípulos al reino.

Al estar sentados en la iglesia es fácil olvidar que nuestros planes y nuestra oración deben tener esencialmente algo que ver con nuestros *próximos* cien miembros... no con los cien que ya están bajo cobertura. Una mañana de domingo, los asistentes al culto descubrieron que habíamos arrancado las páginas del directorio telefónico local, uno para un área metropolitana con más de un millón de personas. Cada boletín iba con una única página de números telefónicos residenciales.

«Dios cuida a cada una de estas personas», dije. «Estos son los seres humanos para quienes existe nuestra iglesia». Una dama, miembro de nuestra iglesia, comenzó a intentar contener las lágrimas mientras hojeaba la página que había recibido de forma arbitraria. Incluía el número telefónico de un antiguo profesor a quien no había visto en años, pero cuyo nombre había estado dando vueltas en su cabeza durante muchas semanas. En todo caso, quienes no están aún adorando y ministrando junto a nosotros no son «solo nombres». Son hombres y mujeres únicos por los que Cristo murió. ¿Cómo vamos a alcanzarlos? Vamos a necesitar un plan.

Zach Hample es un hombre con un plan: atrapar bolas de béisbol. Como Rick Reilly supo en una entrevista que le hizo para *Sports Illustrated*, Hample era aún un estudiante de veintitrés años de la ciudad de Nueva York cuando escribió *How to Snag Major League Baseballs* [*Cómo atrapar bolas de béisbol de las grandes ligas*]. Durante los once años anteriores había llevado personalmente a casa mil seiscientos ochenta bolas de las grandes ligas. En el momento de la publicación tenía una racha de doscientos sesenta y cuatro partidos en los cuales había atrapado por lo menos una. Lo más impresionante es que Zach promediaba seis bolas por partido; esto es, experimentaba seis veces en un lapso de solo unas pocas horas lo que la mayoría de nosotros consideraría un suceso de una vez en la vida.

¿Cómo lo hizo Zach? Tal y como lo explica en su libro, «usando la cabeza». Se encuentra en el lugar adecuado en el momento adecuado. Zach sabe cuándo cada estadio de béisbol abre para las prácticas de bateo, entonces él es el primero de la fila para atrapar una bola mal bateada en el entrenamiento. Zach ha memorizado a dónde envían la pelota ciertos bateadores cuando lo hacen mal. Si quieres atrapar una auténtica bola de béisbol real, ¿junto a quién te debes sentar? Zach sugiere: «Busque a una familia fascinada por el JumboTron o a gente muy anciana» (9 de abril de 2001, p. 100).

¡Ojalá la congregación promedio dedicara a hacer discípulos la mitad de la energía e investigación que Zach Hample dedica a atrapar bolas de béisbol!

Vamos a necesitar un plan.

Esto no es lo mismo que buscar un programa o un paquete, esa esquiva «bala mágica» espiritual que eliminará toda nuestra necesidad de orar, discernir la voluntad de Dios y confiar en la obra del Espíritu. No podemos pasar por alto nuestra necesidad fundamental de colocarnos, indefensa y humildemente, a la disposición de Dios. ¿Qué pasa si hemos planeado los próximos seis meses de ministerio de tal forma que Dios ni necesita aparecer para el funcionamiento exitoso de nuestros planes? ¿Nos sorprendería si después discernimos que nuestras tácticas y metas no estaban ni siquiera en la pantalla del radar del Espíritu?

Cristianismo uno a uno

Dallas Willard dedica el capítulo final de su libro *Renovation of the Heart* [*Renovación del corazón*] a varias cuestiones sobre cómo hacer discípulos en la iglesia local. Escribe: «Ni el talento especial, ni las habilidades personales, ni los programas educativos, ni el dinero o las posesiones se requieren para que esto ocurra». ¡Amén! Willard continúa: «Una meta simple para los líderes de un grupo particular sería llevar a todos los que están asistiendo a entender claramente qué quiere decir ser un discípulo de Jesús y estar sólidamente comprometido con el discipulado durante toda su vida ... No queremos ser fastidiosos en cuanto a los detalles de cómo se hace esto. Solo debe hacerse» (Navpress, 2002, p. 244).

¿Cómo te está llamando Dios a alcanzar a la próxima generación para Jesucristo? ¿Cómo vas a «lograrlo» donde estás viviendo, trabajando y yendo a la iglesia?

Nuestra iglesia ha escogido ubicar el hacer discípulos personalmente en el escenario central; declarar que una persona que ayuda a otra a llegar a ser más como Jesús realiza una actividad alcanzable, normal y deseable para todo afiliado a nuestra congregación. Estamos en las etapas iniciales de lo que esperamos sea al menos un proceso de diez años de cambiar la cultura en la Iglesia Presbiteriana de Zionsville. A través de una iniciativa llamada TrailBlazers [Hacedores de caminos], a los miembros de la iglesia de todas las edades les es dado un año entero de entrenamiento y dirección en los temas básicos de la vida cristiana. Dentro de los primeros tres meses de ese año a cada Hacedor de Caminos participante se le pide que encuentre un aprendiz, que se aproxime a otra persona y le diga: «¿Estarías dispuesto a reunirte conmigo de manera regular durante al menos los próximos doce meses, de tal forma que podamos aprender y crecer juntos en lo que sinifica seguir a Cristo?»

El dicho de los Hacedores de Caminos es: «Cristianismo uno a uno». Nuestra experiencia es como la de la mayoría de las iglesias: una talla única y un único estilo no se ajustan a todos cuando se trata de ayudar a los discípulos a avanzar con Jesús. Algunos de nuestros miembros aprenden mejor en ambientes de salón de clase. Otros responden bien al estudio privado dirigido. Incluso otros prefieren ambientes de grupos pequeños. Nuestra convicción es que la mayor oportunidad inexplorada para el discipulado en la iglesia promedio está en la clase de relación uno a uno, de Bernabé a Pablo o de Pablo a Timoteo, en la cual dos personas acuerdan como objetivo el crecimiento más profundo en las seis marcas de un discípulo por un período largo de tiempo.

Una frase de la propia mano de Pablo, más que ninguna otra, nos ayuda a entender qué quiere decir pasar el legado. Es 2 Timoteo 2:2: **«Lo que me has oído decir en presencia de muchos testigos, encomiéndalo a creyentes dignos de confianza, que a su vez estén capacitados para enseñar a otros».** Vamos a hacer una anatomía de este versículo al hacernos la siguiente pregunta: «¿Cómo es una relación de discipulado?»

El discipulado gira en torno a las relaciones

Nuestra primera observación es simple. El discipulado *gira en torno a las relaciones*. La gente aprende mejor cómo amar y seguir a Cristo en el contexto de una amistad enfocada. La segunda persona en 2 Timoteo 2: 2 se refiere al aprendiz espiritual llamado Timoteo y la primera persona se refiere a Pablo. Pablo ha reclutado a Timoteo al menos hace quince años en su segundo paso por el pueblo natal de Timoteo, Listra, en la provincia de Asia. Como Timoteo aún es descrito como «joven» en esta etapa de su vida (*ve* 1 Timoteo 4:12), debe haber sido una persona muy joven al principio de su amistad.

En las páginas del Nuevo Testamento tenemos el privilegio de ver cómo Timoteo, un reclutado inexperimentado y a veces dolorosamente tímido, crece gradualmente en su rol de aparente sucesor de Pablo. Él es sincero y devoto, pero a veces le intimidan los oponentes teológicos. Sufre al menos un revés ministerial en Corinto: intentar acorralar a esos creyentes beligerantes resulta ser solo un poco más fácil que pastorear gatos. Pablo lo describe tiernamente como «mi verdadero hijo en la fe» (1 Timoteo 1:2) e «hijo mío» (1 Timoteo 1:18), incluso les dice a los filipenses: «No tengo a nadie más que, como él, se preocupe de veras por el bienestar de ustedes» (2:20).

Pablo hace otra declaración en la cual confirma que él no fue la primera presencia de un mentor en la vida de Timoteo: «Traigo a la memoria tu fe sincera, la cual animó primero a tu abuela Loida y a tu madre Eunice, y ahora te anima a ti. De eso estoy convencido» (2 Timoteo 1:5). Ya había tres generaciones de fe bajo el techo de Timoteo. Varios de nuestros Hacedores de Caminos han descubierto que el aprendiz espiritual de la elección de Dios ya está sentado en su mesa a la hora de la comida cada noche.

El discipulado es personal

Timoteo no aprendió cómo seguir a Jesús tomando un curso en una universidad local y luego memorizando sus apuntes. En 2 Timoteo 2:2 Pablo se refiere a «lo que *me* has oído decir...» Los puntos básicos de la vida del discípulo están mediados por la personalidad y estilo únicos del mentor. Incluso los pocos detalles que tenemos a mano acerca de los primeros líderes cristianos revelan un amplio rango de temperamentos y métodos.

Esteban era un confrontador. Era bueno tener una forma de protección en la cercanía durante su predicación: «¡Tercos, duros de corazón y torpes de oídos!» (Hechos 7: 51). Si tú eres pastor y alguna vez has pensado: «¿Saben?, durante mi último sermón aquí me gustaría decir una cuantas cosas que tengo guardadas»... bueno, ese fue el *último* sermón de Esteban. Felipe prefería una aproximación más socrática: «¿Acaso entiende usted lo que está leyendo?» (Hechos 8:30). Epafras le permitía a la oración, su servicio y su trabajo duro hacer la predicación (Colosenses 4:12).

Las buenas noticias son que no necesitamos imitar o reproducir de manera esclavizada un método para levar a cabo el ministerio. Durante mis años de universidad pertenecía a una fraternidad que había logrado crear noches de miércoles para «contactos fríos» con la unión de estudiantes del campus. Semana tras semana cumplía las directrices del líder de mi grupo y seleccionaba individuos que estaban comiendo o estudiando solos: «¿Tienes un par de minutos para hablar de cosas espirituales?»

Aun cuando Dios obró a través de esas conversaciones, el legado a largo plazo de tales «corridas bomba» (aparte de los años de dolores estomacales postraumáticos por las noches de miércoles) fue una asociación fuertemente negativa con el hecho de compartir la fe. Me sentía como un fracaso. Me sentía culpable y con rabia también, hasta que entendí que Dios me había hecho especialmente para compartir mi fe por medio de un estilo de preguntas y respuestas, del dar y recibir que ocurre naturalmente durante las relaciones a largo plazo.

Discipular tiene un sustento teológico

¿Qué clase de herencia le está pasando Pablo a Timoteo? ¿Es un conjunto de habladurías espirituales que dejó salir durante un momento de inspiración espiritual? No, Pablo está entregando fielmente lo que él mismo recibió de «muchos testigos» o *marturiois* («mártires»). En el siglo I un mártir representaba a un testigo público de la verdad. La evolución de esa palabra a su significado presente es evidencia de que el decir la verdad cristiana puede ser muy costoso.

Teológicamente no reinventamos la rueda. Ayudar a otros a crecer en Cristo quiere decir guiarlos a lo largo de los caminos de las generaciones previas. Esto incluiría una experiencia de todas las seis marcas de un discípulo... no solo de una o dos que fueran las más fáciles y las más naturales al ajustarse con nuestro carácter y motivación presente. Las buenas nuevas siempre nos llegan de alguien más –en su camino hacia otro alguien– y somos responsables de asegurar la llegada del mensaje completo.

Pablo le dice a Timoteo que ha de confiar estas enseñanzas a otras personas. En griego la palabra «confiar» significa hacer una ida segura al banco para depositar un tesoro. Acá necesitamos ser cuidadosos para recordar que discipular a otra persona no es hacer una «descarga de información» a un cerebro particularmente capaz de aprender. Pablo conocía a Timoteo. Lo amaba. Los discípulos no son aparatos. Todo ser humano es un portador únicamente creado de la imagen de

Dios, y las formas en las cuales enseñamos, modelamos, oramos y compartimos la vida con esa persona siempre incluirán los elementos del mismo ministerio.

El discipulado es intencional

En *Holy Living* [*Vida santa*], Jeremy Taylor, un obispo anglicano del siglo XVII, escribió que «algunas amistades las ha hecho la naturaleza, algunas un contrato, algunas el interés, y algunas las almas» (Mead, Frank S. *12000 Religious Quotations* [*Doce mil citas religiosas*], p. 157). No toda relación de discipulado empieza a propósito. Las efectivas, no obstante, casi siempre están caracterizadas a largo plazo por con la intencionalidad. Timoteo y Pablo establecieron (o al menos sostuvieron), es obvio, una sociedad espiritual con el propósito expreso de ayudar al primero a entender lo que el segundo ya había recibido de otros.

Todos nosotros estamos involucrados en cientos de relaciones no intencionales cada semana. La mayoría de ellas son extremadamente breves. Pocas tienen el potencial importante de la transformación personal. Una relación de discipulado, por otra parte, asume una dirección propuesta y es alimentada con regularidad. Un pacto de un año es un buen lugar para comenzar.

Si hay un Timoteo en tu vida, no hay urgencia para «adentrarse en el currículo». Escuchar es más importante que hablar... y aprender cómo escuchar a un ser humano particular lleva mucho tiempo. Una de las razones por las cuales las relaciones son aventuras espirituales es porque nunca sabemos con precisión cómo va a obrar el Espíritu en el contexto de otra vida humana.

El discipulado es para transformación

Por la gracia de Dios nuestra intención es ayudar a presentar «todo el propósito de Dios» a la persona completa. Bob Jordan describe cuatro de las mayores áreas en las cuales puede tener lugar esta interacción transformadora.

Estudio: El mundo editorial ha producido una amplia gama de material útil para las relaciones de discipulado. Debemos buscar recursos apropiados para el viaje de nuestro aprendiz, además de un método de estudio. Los ejemplos incluyen estudios de la Biblia y de otros libros, conferencias y retiros, y aprendizajes de la naturaleza y el mundo en general.

Reflexión: El conocimiento es grandioso, pero la comprensión es aun mejor. Entender involucra a menudo ver las conexiones, y eso suele ocurrir mejor cuando bajamos el ritmo. Existen prácticas que han sido útiles para la mayoría de los cristianos en el pasado; incluyendo el ayuno, el silencio y la soledad, la simplicidad, la meditación, la lectura reflexiva, la oración y las conversaciones profundas.

Acción: Con frecuencia, las experiencias enseñan mucho en un período de tiempo relativamente corto. Las acciones nos solo ayudan a formar las ideas sino que las evalúan y nos ayudan a captarlas de forma comprensible: «cuerpo, mente, alma y fuerza». Las ayudas para la transformación tienen lugar mientras nos unimos a nuestro Timoteo en adoración, satisfaciendo las necesidades del prójimo, en pequeños viajes misioneros, en ministerios de equipo y trabajando con las misiones locales.

Recepción: En última instancia la transformación depende de la mano de Dios. Eso quiere decir que no siempre se requiere la actividad de quien está siendo cambiado a la semejanza de Cristo. En muchas ocasiones lo único que tenemos que hacer es recibir. Aquí tenemos en mente los sacramentos, ungir con aceite, la imposición de manos, la oración de sanidad, nuestra experiencia del amor de Dios y otras cosas (trabajo no publicado de Bob Jordan, pastor asociado para el discipulado, Iglesia Presbiteriana de Zionsville).

El discipulado es reproducible

Pablo le ordena a Timoteo confiar lo que él ha aprendido a «creyentes dignos de confianza» (*pistois*). ¿Dónde vamos a encontrar a esas personas? Por causa de la extraordinaria rapidez de la comunicación en nuestra cultura y del relativo aislamiento social de muchas vocaciones, el hecho de hacer discípulos será crecientemente observado dentro de las redes de relaciones existentes. Los agentes de bienes raíces ayudarán a cumplir la gran comisión al alcanzar a otros agentes de bienes raíces. Lo mismo se aplicará entre profesores de un distrito escolar concreto, entre representantes de ventas de toda la costa este de Estados Unidos, y entre «jugadores» en la Internet a quienes ya no les parece extraño estar en equipo en el ciberespacio con compañeros coreanos, rumanos y guatemaltecos.

La frase decisiva en 2 Timoteo 2:2 es la última: *que a su vez estén capacitados para enseñar a otros.* Hacer discípulos de manera efectiva involucra cuatro generaciones. En este versículo vemos a Pablo, que está invirtiendo mucho en Timoteo, que a su vez está haciendo lo mismo con unas pocas personas más –con la condición expresa de que Timoteo debe encontrar la forma de llevar a cabo esta misión de tal forma que la cadena no se rompa– para asegurarse de que la tercera generación levante a una cuarta generación. Nuestras iniciativas para hacer discípulos deben estar diseñadas no solo para ayudar a los discípulos a aprender, sino para ayudar a los discípulos a aprender cómo *enseñar* lo que ellos han aprendido. Una de las imágenes visuales más conmovedoras en los años recientes en la Iglesia Presbiteriana de Zionsville fue un grupo de cuatro mujeres que se pararon en el púlpito. La primera presentó a la segunda como su aprendiz espiritual... quien luego presentó a la tercera... quien entonces contó la historia de compartir su vida con la cuarta; todo durante un período de varios años.

En tanto tu «Timoteo» considera la posibilidad de comprometerse a discipular a otra persona, ¿qué dones estás tú, como mentor, dispuesto a proveer? Tú estarás en una posición especial para decir: «Haz por alguien más lo que yo he hecho por ti. Te voy a ayudar a comenzar. Puedes contar con mis oraciones, mi entrenamiento y mi apoyo. *Puedes hacer esto y el reino será más grande por causa de ello*».

La cosecha de las semillas plantadas años antes en las relaciones de discipulado es una de las grandes alegrías de la experiencia cristiana. Los profesores de la Escuela Dominical y los líderes de jóvenes a menudo se llenan de admiración y asombro mientras «sus niños» crecen, se casan, tienen hijos propios y navegan todos estos pasajes con corazones moldeados por la fe.

Más de una década después de haberme retirado de una posición particular de liderazgo juvenil, me encontré por casualidad con Mike, que siempre había sido uno de los estudiantes de secundaria más callados de mi rebaño. Mientras recordábamos los viejos tiempos, repentinamente hice una mueca y dije: «¿Sabes?, uno de los peores fines de semana de mi vida fue aquel viaje para esquiar que hicimos en febrero a Michigan cuando alcanzamos los sesenta grados. Terminé improvisando todo un retiro bajo techo. Qué fracaso. Nunca olvidaré cómo me sentí en el viaje en autobús a casa». Mike se quedó mirándome con incredulidad. «¿En serio? ¿Es que aún no lo sabes? ¿O sí? Ese fue el fin de semana que me hice cristiano».

Dios siempre está obrando en las amistades enfocadas espiritualmente... incluso cuando no tenemos los ojos para ver. ¿Has hecho un compromiso para ayudar a llevar a cabo el mayor deseo de Jesús para este mundo? Si no tienes ningún plan, ¿estás dispuesto a aprender uno? Si no tienes motivación, ¿estás dispuesto a buscarla? Si no tienes a un Timoteo, ¿vas a empezar a orar al respecto justo ahora para que eso suceda?

Preguntas para mayor exploración

De forma personal, en parejas o en grupos pequeños

1. ¿Tiene tu iglesia una «sección de envíos»? ¿Qué está saliendo actualmente?

2. ¿Puedes nombrar a alguien que haya aprendido algo acerca de seguir a Cristo por causa tuya? ¿Qué aprendió?

3. ¿Cuál ha sido la amistad más transformadora de tu vida? ¿Por qué?

4. Si en teoría una iglesia debe estar organizada en torno a las necesidades de sus próximos cien miembros, ¿a quién crees que van a necesitar los próximos cien miembros de la iglesia? ¿En qué se diferenciarían esas necesidades de las necesidades sentidas por los miembros actuales? ¿Qué se requerirá para alcanzar a esas cien personas?

5. De los cuatro campos de transformación (estudio, reflexión, acción y recepción) ¿cuál ha usado Dios más a menudo en tu propia vida?

Empecemos

Por ti mismo

Acercarte a un Timoteo potencial puede parecer intimidante. Empieza orando. Pídele a Dios que abra tus ojos a la presencia de alguien que haya estado orando, pidiendo conocer a alguien como tú. Sé simple y directo: «¿Estarías dispuesto a pasar tiempo conmigo durante el próximo año? Sería un privilegio compartir contigo algunas de las cosas que Dios ha estado compartiendo conmigo, y podríamos aprender el uno del otro». Pocas personas han escuchado alguna vez una oferta de gracia tan sorprendente. Confía en que incluso si la respuesta es No o Todavía no, Dios ha preparado a alguien para aprender de tu vida.

Como congregación

Una forma de lanzar una visión para la congregación del discipulado individual es presentar públicamente a varias «generaciones» espirituales. Reúne a tres, cuatro o cinco individuos que se han ayudado sucesivamente los unos a los otros a seguir a Cristo (A discipuló a B, B discípulo a C, etc.). Esto es particularmente vívido si uno de los discípulos es un miembro del cuerpo pastoral.

6

¿Dónde está tu Antioquía?

Justo ahora el lugar donde estás sentado puede parecerte absolutamente silencioso. Los físicos, no obstante, nos aseguran que está permeado por el sonido. Lo único que hace falta es el receptor correcto para seleccionar los incontables miles de mensajes que están esquivándote o moviéndose a través de ti en ondas de radio y ondas de televisión. Actualmente estás compartiendo el espacio con telenovelas, noticias de la CNN, partidos de fútbol, retransmisiones de «Betty la fea», comerciales para desodorantes, llamadas telefónicas a larga distancia y aparatos inalámbricos. En tu vecindad inmediata están Beethoven, Tony Bennett y Britney Spears, y los Baha Men están cantando «Who let the dogs out?» *Te aviso*: pensar en esto más de dos minutos puedes ser depresivo.

Pero lo bueno es que tú puedes decidir entre escuchar o no escuchar. Todo es cuestión de sintonización. De una forma análoga, el Espíritu Santo ha saturado tu realidad con la comunicación de Dios. El mundo invisible está vivo con el rey del universo. Tu trabajo es escuchar qué está diciendo el rey. Pero ¿cómo nos sintonizamos? Si Dios siempre nos está hablando, como afirman las Escrituras –y si podemos confiar en que Dios no está jugando el jueguito cósmico de esconderse y aparecer– ¿cómo y dónde oímos la voz de Dios?

Sintoniza con el Espíritu

Nuestros corazones llegan a sintonizar con la frecuencia del cielo cada vez que escogemos decir: «Señor, soy tu siervo. Tu siervo escucha. Háblame acerca de a dónde te gustaría enviarme y qué quieres que haga» (1 Samuel 3:10).

Durante su primer encuentro con Cristo, Pablo preguntó: «¿Qué debo hacer, Señor?» (Hechos 22:10). En esa ocasión oyó una voz del cielo. Dios también lo dirigió a través de las temblorosas manos de Ananías (9:17), la intervención protectora de la iglesia de Jerusalén (9:29–30), las palabras del profeta Ágabo (11:27–30), la dura realidad de la persecución (13:50–51), una cita oficial con una iglesia local (15:2), un bloqueo no especificado del Espíritu Santo (16:7–8), la visión del hombre de Macedonia (16:9–10, acerca de lo cual habrá más en el siguiente capítulo) y muchas cosas más, incluyendo sueños, desastres naturales, ser «llevado al cielo» (2 Corintios 12:3–4) y los edictos de las autoridades gubernamentales. No debemos omitir el don obvio de Pablo del discernimiento estratégico. Dios obró claramente a través de su habilidad para sacar ventaja de las oportunidades sociales, políticas y geográficas a mano, y luego para tomar decisiones sabias.

En resumidas cuentas, Pablo recibió dirección de Dios a través de miríadas de formas y circunstancias. No se quedó programando viajes por la autopista a Damasco con la convicción errónea de que «esta es la forma en la cual Dios siempre me habla». Parece que Dios le habló a Pablo de esa forma exactamente una vez. También vemos evidencia de que Pablo discernió principalmente lo que Dios estaba haciendo en su vida al mirar por el espejo retrovisor. De vez en cuando, él anunciaba confiadamente planes que no pudo llegar a concretar (Romanos 15:23–24 y 1 Corintios 16:5–9, por ejemplo). Solo al mirar en retrospectiva (2 Corintios 1:15–2:4, por ejemplo) tuvo la capacidad de ver que el Espíritu tenía diferentes objetivos para que él los cumpliera.

Hay un lugar que sobresale como un escenario donde el corazón de Pablo fue entrenado para «sintonizar» con la voz de Dios. Ese lugar fue Antioquía. Pablo pasó años ministrando allá. Disfrutó de la compañía de un grupo de compañeros espirituales que cuidaron de él. Antioquía fue la base de operaciones de Pablo. Sirvió como punto de lanzamiento de sus tres viajes misioneros. Antioquía fue donde el llamado supremo de Pablo fue tanto discernido como bendecido.

Cada uno de nosotros necesita una Antioquía: uno o más escenarios en los cuales podamos estar en la compañía de otras cuantas personas fieles. Seremos grandemente bendecidos si hemos encontrado al menos un lugar donde sea seguro «probar y comprobar» las visiones varias a las cuales Dios puede estar llamándonos; donde podamos oír la verdad acerca de nosotros mismos sin miedo, donde amigos confiables puedan ayudarnos a calibrar nuestros sintonizadores internos para oír la voz de Dios, y donde esos mismos compañeros estén dispuestos y tengan la capacidad de bendecir nuestro camino.

No un lugar especial sino personas especiales

Antioquía estaba situada cerca del Mar Mediterráneo, a solo quince millas del río Orontes. Sin embargo, no debemos pensar erróneamente que era un lugar ideal para ir de vacaciones. Se trataba de una ciudad grande –la tercera más grande del imperio después de Roma y Alejandría–, pero sus doscientos mil residentes estaban confinados dentro de un área amurallada de solo dos kilómetros por cuatro kilómetros escasos. Eso representa una densidad de población más alta que la de las superpobladas Calcuta y Ciudad de México de hoy en día, y se encontraba dos veces más poblada que Manhattan. La salubridad era horrible. Roedores, insectos y miles de animales domésticos compartían el espacio de la vivienda. Un tercio de los niños moría antes de su sexto cumpleaños y el setenta por ciento de los adultos perecía a la edad de veintiséis años. No es raro entonces que la palabra *necrópolis* («ciudad de la muerte») fuera una designación frecuente de las áreas urbanas en el mundo antiguo.

Antioquía era famosa por sus diversiones, incluyendo las carreras de carros y la adoración a Dafne. En la mitología griega, Dafne era una virgen que fue convertida en un árbol de laurel para ser salvada de las intenciones amorosas de Apolo. En los árboles de laurel de las afueras de la ciudad, la adoración a Dafne proveía amplias oportunidades para que prospectos de Apolo capturaran a las prostitutas locales. Fue en este ambiente –no exactamente adecuado para la reflexión monástica– donde Pablo y un grupo especial del compañeros del ministerio invirtieron años en enseñar y escuchar a Dios.

Nuestra propia «Antioquía», en otras palabras, no tiene por qué ser el cielo en la tierra. No necesitamos encontrar un escenario físico especial. Lo que importa es estar presente con unas cuantas personas especiales que estén comprometidas a escuchar al Espíritu Santo. Pablo fue bendecido con esa misma clase de consorcio durante los años de formación de su ministerio.

Escuchemos juntos a Dios

¿Cómo ha aprendido el pueblo de Dios a lo largo de los siglos acerca de los caminos de Dios? El autor de Proverbios 2:4–5 nos dice: «Si la buscas como a la plata, como a un tesoro escondido, entonces comprenderás el temor del Señor y hallarás el conocimiento de Dios».

Eso suena muy difícil. ¿Por qué Dios no nos provee simplemente con descargas cerebrales de sabiduría espiritual en base a nuestra necesidad? Así es como funciona en la película *Matrix*. ¿No sabes pilotar ese helicóptero? Podemos transmitirte la instrucción a tu cerebro en segundos. ¡Cuán conveniente sería orar pidiendo y recibir programas tales como «Cómo ser paciente cuando se estropea la secadora» y «Cómo hacer las paces con los vecinos irascibles». Dios nos creó, sin embargo, para crecer a semejanza de Cristo y oír la voz de nuestro Señor dentro de una red de relaciones vivas, con Dios y los demás. Dios no quiere ser solo perseguido, quiere ser perseguido por medio de nuestra experiencia como comunidad. *Juntos* necesitamos aprender cómo llegar a ser como Jesús y a discernir dónde nos va a enviar Jesús después.

¿Dónde está tu Antioquía? Con toda probabilidad no está solo en un lugar. Como pastor, paso regularmente tiempo con los siguientes grupos: mi propia familia, mi familia extendida, mis vecinos, una asociación de ministros locales, el cuerpo gubernamental de mi denominación, el personal fijo de mi iglesia, numerosos grupos, equipos, ministerios y clases dentro de mi iglesia, un grupo pequeño de cinco parejas, el club rotario local, un grupo de conversación regional de pastores y un grupo del pacto nacional de oración. ¿A cuál de todas esas asociaciones llamo yo «mi centro de operaciones espiritual»?

La respuesta es: «Depende». El Espíritu hace la obra de alentar, corregir, dar seguridad, transformar y guiar mi vida por medio de muchos de esos grupos en muchas situaciones diferentes. Todo depende de las circunstancias, los asuntos y el tiempo.

Una ilustración molecular puede ser de ayuda. En una molécula, las diferentes clases de átomos están ligadas las unas a las otras. Dependiendo de los componentes atómicos, algunas de esas ligaduras pueden ser frágiles. Otras pueden ser casi irrompibles. Por ejemplo, a pesar de vivir en la misma calle durante más de doce años, mis relaciones con los vecinos permanecen comparativamente débiles. Mi relación con mis cinco «hermanos del pacto», sin embargo, es intensa... aun cuando veo a estos hombres durante solo tres días al año. Nuestra meta no debe ser la de coleccionar tantos grupos como sea posible, puesto que la mayoría de esas relaciones terminarán siendo superficiales. En lugar de eso debemos tener la intención de estar «en» al menos un lugar donde la responsabilidad espiritual, decir la verdad y escuchar a Dios sean actividades prioritarias.

Idealmente, nuestra propia experiencia familiar debería ser una clase de Antioquía. Las descripciones favorables del matrimonio y la paternidad cristiana nos llevarían a creer que mucho de lo que necesitamos oír de Dios se transmitirá por medio de la familia como medio. Ese es el ideal. La realidad se queda corta. El grave nivel de rompimientos familiares dentro de la comunidad cristiana estadounidense nos lleva a esta triste observación: los desencantos profundos están dominando la agenda de demasiados hogares. Simplemente hiere estar en muchas de las familias que van a una iglesia. Hay una necesidad mayor que nunca de «hogares fuera del hogar» —grupos pequeños de apoyo y transformación personal— donde los miembros de la familia alejados de los suyos puedan reclamar su amor por sus esposos, padres e hijos.

¿Cómo fue en el caso del apóstol Pablo? Los detalles de su familia representan uno de eso «puntos ciegos» de su biografía. Aparte de la revelación de su soltería en el momento de escribir 1 Corintios (*ve* 7:7), nuestra información es limitada. Es interesante darse cuenta de que Pablo retornó a su pueblo natal de Tarso brevemente después de su conversión. Allá fue donde lo encontró Bernabé (Hechos 11: 25) para llevárselo a Antioquía, la ciudad que llegó a ser su base de operaciones espiritual durante el resto de su vida adulta.

En busca de la verdadera comunidad

El desencanto también es una experiencia común para quienes buscan comunidad en las reuniones de la denominación. Todos somos líderes del cuerpo de Cristo. Todos profesamos un amor por Dios. Entonces, ¿por qué son estas reuniones tan aburridas y predecibles? ¿Por qué no hay un nivel más alto de alegría, unidad y alabanza? Peor aun, ¿por qué nos salimos tan a menudo del camino por causa de la disensión y la politiquería? Es iglesia grande contra iglesia pequeña, izquierda contra derecha, generación contra generación. *¿Es que no podemos llevarnos bien?*

M. Scott Peck provee un remarcable conjunto de observaciones acerca de la comunidad en su libro *The Different Drum* [El tambor diferente]. La verdadera comunidad es rara. No es una cosa fácil de alcanzar. Casi todos los grupos, de todos los tamaños, se acomodan a lo que Peck llama «seudo-comunidad». En la seudo-comunidad todo el mundo juega bien. Incluso podemos ir a casa y decir: «Esa fue una buena reunión». Pero no fue una comunidad de verdad (Touchstone Books, 1998, múltiples páginas).

La unidad y el compañerismo auténticos con los otros seres humanos se caracterizan por el don divino de la paz o *shalom*. La comunidad real requiere *hacer* la paz, no *mantener* la paz. Hay un camino a la verdadera comunidad. Peck lo llama «caos». El caos tiene lugar cuando al menos una persona confronta un asunto que simplemente precisaba ser enfrentado. A partir de ahí esta persona quita el velo de seudo-comunidad y revela la obra de teatro que ha estado presentándose.

Pocas personas disfrutan la experiencia del caos. Por lo tanto, pocos grupos asumen el riesgo de la confrontación y el diálogo real, tan necesarios para producir la verdadera comunidad. Muchos esposos prefieren mantener controlada la emoción en cuanto a sus asuntos más explosivos. Se acomodan a un matrimonio de seudo-comunidad.

Los compañeros de trabajo pueden compartir el mismo espacio cuarenta horas a la semana durante muchos años sin hablar del elefante que hay en medio de la oficina. Un pastor y un comité pueden llegar a estancarse en asuntos menores porque es muy amenazante decir de forma dura: «Aquí tenemos un problema real».

No hay dudas de que Jesús llama a sus seguidores a una verdadera comunidad. En la Biblia hay cincuenta y ocho órdenes que combinan una forma verbal con las palabras «unos a otros» y «los unos a los otros». De forma interesante, todas están en el Nuevo Testamento. Ninguna de ellas es para cobardes: perdónense unos a otros (Colosenses 3:13), instrúyanse unos a otros (Colosenses 3:16), confiésense sus pecados unos a otros (Santiago 5:16), ámense los unos a los otros «como yo los he amado» (Juan 13:34): estos son los comportamientos valientes que nos liberan de la cortesía y nos conducen a un cierto desorden en las relaciones, pero que llevan consigo la promesa de la reconciliación y el entendimiento.

Las reuniones más grandes de cristianos –incluyendo cultos, conferencias y reuniones de denominación– proveen experiencias de comunidad, breves y casi evocadoras. Durante unos minutos dejamos caer las máscaras. Nos bajamos de nuestros grandes caballos. Sentimos de repente que «en realidad, el Señor está en este lugar, y yo no me había dado cuenta». Muy a menudo, no obstante, la gravedad de nuestros instintos de seudo-comunidad nos vuelve a lanzar a la tierra. ¿Dónde podemos ir para obtener una experiencia más profunda de franqueza y compañerismo con otros discípulos?

Hay cada vez más iglesias que hallan la respuesta en los grupos pequeños.

La promesa de los grupos pequeños

¿Qué sabemos acerca de los grupos pequeños? En primer lugar, tengo que avisarte de una cosa. Mis apreciaciones difícilmente le harán justicia a esta entidad siempre en expansión de la experiencia congregacional y a la investigación que está ocurriendo en esta parte de la iglesia más amplia. Te animo con insistencia a leer con amplitud a varios autores diferentes. La forma de la «espiritualidad de los grupos pequeños» en Estados Unidos aún está en etapa de formación. Sabemos que los grupos pequeños pueden, en general, ser descritos como intencionales, reuniones cara a cara de tres a catorce personas que se reúnen al menos una vez al mes (preferiblemente dos, tres o cuatro veces) para el propósito principal de ayudar a sus miembros a crecer en la aventura de llegar a ser como Jesús. Pueden clasificarse según tres figuras geométricas: grupos «redondos», enfocados en el estudio, donde se comparte la vida espiritual y los miembros se rinden cuentas entre ellos; grupos «cuadrados» centrados en las tareas, enfocados en las misiones o el gobierno; y grupo «triangulares», que priorizan la experiencia de la oración, la sanidad y el apoyo compartidos.

Tales minicomunidades siempre han sido parte de la historia cristiana. Jesús le enseñó a la multitud y participó en el ministerio con los Setenta, pero discipuló y compartió su vida con los Doce. Los grupos pequeños saludables pueden ser lugares seguros para que los discípulos trabajen con relación a los mandamientos del «uno al otro» y puedan proveer la intimidad y confianza necesarias para que los creyentes «[vivan] la verdad en amor» unos con otros.

Los grupos pequeños también son una forma preferida de evitar que una iglesia se haga más fría en tanto más crece. Al valorar las relaciones, estos grupos reflejan un compromiso más grande con las personas que con las tareas. El antiguo paradigma para la vida de la iglesia puede resumirse como: «Nos reunimos para hacer cosas, y para eso usamos a las personas». Una congregación vital espiritualmente debe afirmar lo siguiente: «Nos reunimos para edificarnos unos a otros, y el reino será edificado como consecuencia de eso». Los grupos pequeños son un lugar primario para que tenga lugar dicha edificación de las relaciones.

Durante la pasada década y media, muchas iglesias futuristas han reconocido que la congregación viable y transformadora de vida del siglo XXI será una iglesia *de* grupos pequeños, no solamente una iglesia *con* grupos pequeños. Reunirse regularmente con unas pocas personas no será un plato adicional en el menú eclesiástico. Más bien, la vida del grupo probará ser la única forma de más importancia para que la mayoría de las personas avancen en el discipulado. Algunos teóricos han ido más allá incluso. Le han confiado la casa a los grupos pequeños. Las reuniones intencionales de aproximadamente una docena de personas estarán en capacidad de llevar *toda la carga* del discipulado. La experiencia cristiana completa –alabanza, educación, compañerismo, cuidado pastoral, misiones y evangelismo– serán vividas en grupos pequeños.

¿Esa visión está probando ser una realidad? El jurado aún está deliberando. Nuestra propia experiencia es ambigua. Aunque nuestra congregación ha disfrutado la bendición de reunirse en grupos pequeños de muchas clases (incluyendo los redondos, los cuadrados y los triangulares), hemos llegado a la conclusión de que ellos no pueden llevar la principal carga del discipulado por sí mismos. Crecer hacia la vida completa de Cristo requiere niveles de aprendizaje, obra y riesgo que están más allá de la experiencia del grupo pequeño promedio... no de *todo* grupo pequeño, sino del grupo pequeño *promedio*.

Entonces, ¿qué hay que celebrar acerca de los grupos pequeños? Muchas cosas. Pueden ser lugares excepcionales para asimilar, construir amistades, realizar proyectos misioneros a corto plazo, compartir la responsabilidad, encontrar a un Bernabé o a un Timoteo (o a ambos) y aprender a oír la voz de Dios durante extensos períodos de tiempo. En breve, un grupo pequeño saludable puede ser una Antioquía maravillosa.

Un estilo no se ajusta a todos

Durante varios años tratamos activamente de crear un estándar para la vida de grupo en la Iglesia Presbiteriana de Zionsville, intentando hacer que los líderes y los participantes saltaran a través de los mismos aros de comportamiento. Hoy tenemos un enfoque mucho más definido según los participantes. A algunos individuos que son llevados a los grupos les gustan las estructuras, otros anhelan la espontaneidad. Algunos participantes necesitan aprender Cristianismo 101, otros están listos para serpentear a través de aguas más profundas. Algunos miembros del grupo están más ávidos de servir, otros están buscando dar o recibir cuidado intensivo. El Espíritu no debe ser reprimido por agendas artificiales o limitadas para los grupos pequeños.

El hecho es que los grupos pequeños son extremadamente útiles, pues logran la comunidad a un grado simplemente inalcanzable cuando solo un pastor es responsable ante el grupo. Los líderes de las congregaciones dicen a menudo: «No veo la relevancia o la urgencia de establecer una red de grupos pequeños. Solo tenemos setenta y cinco personas en los cultos». Eso presupone que un pastor único puede y debe estar disponible para dirigir las múltiples crisis y encrucijadas del crecimiento espiritual que serán típicas de setenta y cinco seres humanos promedios.

Cuanto más crecía nuestra iglesia, más lamentaba yo el hecho de que me encontraba apartado de las luchas y quejas espirituales diarias de la mayoría de nuestros miembros. Pero saqué valor del hecho de que durante cualquier semana hay numerosos grupos que se están reuniendo —fuera de mi vista, pero nunca fuera de la vista de Dios—, en los que se están dando la confesión, la confrontación, la oración, el aprendizaje y el aliento auténticos.

Con los años el único método para empezar nuevos grupos en la Iglesia Presbiteriana de Zionsville, el cual ha funcionado mejor que los otros, ha sido la identificación de un líder o pareja de líderes, que luego invitan a otros a una experiencia compartida. Los nuevos miembros terminan seleccionando y quedándose en un grupo pequeño concreto por la misma razón por la cual las personas son llevadas a una iglesia en particular: son invitadas por personas que ya las conocen y en quienes confían.

El liderazgo laico es la clave

La pieza clave en una iglesia de grupos pequeños es el liderazgo laico. ¿Cómo emergen los líderes de grupo llamados y dotados? En un estilo clásico del huevo y la gallina, observamos que los mejores líderes nuevos son los que están graduados de grupos saludables... pero no tendremos grupos saludables a menos que empecemos con líderes excepcionales.

Al principio experimentamos con un método de entrenamiento de liderazgo que ha sido llamado la estrategia de Johnny Appleseed.

Johnny Appleseed fue el primer estadounidense que cruzó el Medio Oeste plantando huertos de manzana. El fruto de su trabajo siempre aparecía años después de que él se hubiera mudado al siguiente condado. De forma semejante, en cuatro ocasiones reuní grupos de ocho a doce individuos y me comprometí a pasar hasta un año con ellos en una especie de grupos pequeños de prueba. Ellos tendrían que aprender sobre la marcha a liderar grupos, y luego salir a formar tales grupos por su propia cuenta, mientras yo «sembraba» el siguiente conjunto de aprendices. ¿Cuál fue la parte buena de esto? Que se trató de una forma genial de llevar a algunas personas muy capaces a la vida de los grupos pequeños. ¿Cuál fue la parte mala? Aunque sea un grupo de prueba, nadie quiere que se acabe. Últimamente Dios ha llevado a más de la mitad de esos participantes de grupos a desempeñar roles de liderazgo laico.

La verdad es que nunca ha habido un único día en el cual hayamos disfrutado de un exceso de líderes laicos. Parecemos siempre estar escribiendo un anuncio para tener cinco más. En ocasiones, el Espíritu nos presenta dramáticamente a unos pocos individuos que son altamente capaces y están disponibles para liderar. En otras ocasiones, el incubador de liderazgo tiene una población de cero personas. No nos desanimamos, sin embargo, porque sabemos dos cosas: (1) la tarea de desarrollar nuevos líderes *no puede* ser hecha a un lado, excepto a riesgo propio y (2) *Dios* al fin y al cabo es el responsable de llamar a los miembros del cuerpo a nuevas expresiones del ministerio... y ciertamente lo hará.

El grupo comprometido radicalmente

Hay una clase de grupo pequeño que se acerca más a la experiencia de Pablo en Antioquía que ningún otro. Es el cuadro de discípulos con opiniones semejantes, que intencionalmente se llevan unos a otros a estándares más altos. Se niegan a acomodarse a la seudo-comunidad. No están en el grupo para sí mismos, sino para los demás.

En Hechos 13:1–3, Lucas nos dice: «En la iglesia de Antioquía eran profetas y maestros Bernabé; Simeón, apodado el Negro; Lucio de Cirene; Manaén, que se había criado con Herodes el tetrarca; y Saulo. Mientras ayunaban y participaban en el culto al Señor, el Espíritu Santo dijo: "Apártenme ahora a Bernabé y a Saulo para el trabajo al que los he llamado. Así que después de ayunar, orar e imponerles las manos, los despidieron"».

A Bernabé y a Saulo ya los conocemos bien. ¿Quiénes eran los otros tres miembros del equipo de liderazgo de Antioquía? Simeón es un nombre judío, pero por su apodo el Negro (originalmente en latín), los académicos especulan que era de África. No solo eso, también Simeón bien pudo haber sido el «Simón de Cirene» de Lucas 23: 26, que había sido obligado por los romanos a llevar la cruz de Jesús hasta el Gólgota. En ese caso, él tenía realmente el testimonio más interesante. De Lucio de Cirene no se sabe nada más. Manaén es descrito como un *sintrophos* o «hermano adoptivo» de Herodes Antipas, el hombre que organizó la decapitación de Juan el Bautista y entrevistó a Jesús la noche en que fue arrestado. Ese pretendido Manaén tal vez tenía el *segundo* testimonio más interesante en el bloque.

Lo que sí conocemos de este grupo es su sinergia espiritual. Ellos buscaban la voz de Dios. Dios hablaba. Ellos respondían con fe. Ellos dividían su fraternidad de tal forma que el mundo pudiera ser bendecido. A lo largo del camino ayunaban (tanto antes como después de la comunicación del Espíritu), adoraban, proveían imposición de manos y luego enviaban a la pareja por su camino (el verbo griego para *enviado* tiene el sentido de «liberarlos de más obligaciones»).

Antioquía es el lugar donde, sabemos, estamos buscando la voluntad de Dios para nuestras vidas. Antioquía es ese pequeño círculo dispuesto a hacer cosas por nosotros para que podamos ser llamados y animados a hacer cosas por otros. Enviar es uno de esos majestuosos dones de una verdadera Antioquía.

No podemos hacerlo solos

Tengo el privilegio de disfrutar de algunas relaciones que demandan un gran compromiso radical y mutuo. La verdad, sin embargo, persiste en cuanto a que ninguno de nosotros va a experimentar un cambio significativo en la vida a menos que otras personas estén ahí para ayudarnos; desafiándonos, alentándonos y a veces diciendo: «¿Cómo pudiste hacer eso?» Llegar a ser como Jesús no es fácil. No puedo hacerlo por mí mismo. Si no vivo en comunidad con los otros discípulos, sé lo que va a pasar: voy a hacer trampa. Voy a pronunciar las palabras, pero no a vivir la vida. Fracasaré en mantener mi responsabilidad por las formas en que mi corazón errante persigue incurablemente aquello menor que lo mejor de Dios. Solo una vida examinada, y una vida examinada por otros en el mismo viaje, puede llegar a parecerse a la de Jesús.

Cuando era un cristiano joven descubrí que podía tener cierta cantidad de progreso espiritual solo al desear por mi propia cuenta el cese de unos pocos comportamientos y al adoptar varios otros «religiosos». Fue una época potente y emocionante. No duró mucho.

Me quedé anclado; anclado en el mismo nivel de obediencia a Dios (y el mismo nivel de desobediencia), año tras año tras año. Sacarme del estancamiento es la misión de varias personas muy importantes de mi vida. Estas personas tienen permiso para mirar mi alma y comentar qué ven. Me reúno con otros cinco hombres que viven en varios lugares de todo el país cada primavera durante tres días. Hemos hecho el pacto de orar los unos por los otros uno de cada dos días. Otro amigo, cada pocas semanas, me dice sin fallar: «Glenn, ¿estás viviendo seriamente esa vida? ¿Estás saliendo de tu zona de confort? ¿Qué estás haciendo justo ahora que te está forzando a una dependencia en Dios más profunda?»

Las amistades espiritualmente enfocadas no tienen precio. En un grupo pequeño saludable las personas pueden desafiarse unas a otras a ir detrás de un objetivo. Si has determinado hacer *bungee jumping,* ¿vas a ir tú solo? La mayoría de las personas que se lanzan a un abismo aseguradas solo por una cuerda elástica escogen ir acompañadas de una o dos personas que estén de acuerdo en compartir su terror y éxtasis. Ir más profundo en la vida espiritual es un salto certificable al vacío... y vale cada minuto del terror y el éxtasis producido.

Nuestros deseos y los deseos de Dios

Podemos hacer una observación final con respecto a Antioquía. No sabemos por qué cosas estaban orando Pablo, Bernabé, Lucio, Simeón y Manaén. No hay evidencia de que cuando el Espíritu Santo habló, Pablo y Bernabé pensaron: «Ah, por fin. Eso era lo que estábamos soñando». La voz del Espíritu bien puede haber sido una sorpresa. Nada en el texto revela que cualquiera de estos cinco hombres tuviera una pista de lo que iba a pasar después. Lo único que sabían era que comenzaba un viaje nuevo y que era el momento de salir.

Cuando buscamos la voz de Dios, nuestras oraciones deben tener un final abierto. No sabemos qué va a decir Dios. No sabemos cómo va a dirigir el Espíritu. Solo sabemos que podemos confiar en Dios, pues él es más grande que nuestras esperanzas, nuestros miedos y nuestra modesta comprensión de lo que está ocurriendo a nuestro alrededor.

Trescientos años después de Cristo, un adolescente rebelde, inmoral y, sin embargo, brillante llamado Agustín crecía en el Norte de África. Agustín llevó a su devota madre a estar de rodillas. Ella imploraba la llegada de Agustín a Cristo, pero él la rechazaba en cada oportunidad. Al final, él decidió irse del pueblo y navegar hacia mayores aventuras en Italia. Hoy eso sería semejante a un hijo adolescente diciéndole a su madre que se ha cansado de Des Moines y se quiere ir a vivir a Las Vegas.

Mónica pasó una noche en vela implorándole a Dios que bloqueara el camino de su hijo. «Por favor, permítele quedarse en África para que un día te pueda conocer y servirte». Sus oraciones no fueron contestadas. Agustín salió de viaje sin impedimentos, dejando a Mónica confundida e indefensa ante el completo silencio de Dios. Pero Dios era más astuto. En Italia, Agustín llegó a estar bajo la influencia de Ambrosio, el obispo de Milán, quien fue su mentor en una vida espiritual que bendeciría y transformaría la historia de la iglesia.

Posteriormente Agustín reflexionó sobre las sinceras oraciones de su madre aquella noche. Estaba agradecido; agradecido con Dios por no haber escuchado esas oraciones. Si Dios hubiera dicho sí a su deseo manifiesto, entonces el deseo real de ella con relación al despertar espiritual de él nunca podría haber sido satisfecho. Agustín escribió esta oración de agradecimiento: «Tú, en la profundidad de tu consejo, oyendo el punto principal de su deseo, no consideraste lo solicitado por ella entonces, para que tú, el más poderoso, me hicieras lo que ella siempre quiso».

Cuando buscamos la dirección de Dios no siempre oímos todo lo que nos gustaría. Pero podemos contar con esto: Dios nos será fiel. Cuando sea el momento para un nuevo viaje, Dios nos dirá exactamente lo que necesitamos saber.

¿Hay un lugar de tu vida donde unos pocos amigos fieles estén escuchando contigo esa palabra de Dios? *Si hoy no tienes una Antioquía, ¿estás dispuesto a ayudar a formar una?*

Preguntas para mayor exploración

De forma personal, en parejas o en grupos pequeños

1. Describe una experiencia personal en la cual Dios te haya guiado. ¿Cómo usó Dios a otras personas para comunicar su voluntad para tu vida?

2. ¿Dónde está tu Antioquía actual? ¿Tienes más de una? ¿Cuáles son los lugares formales e informales en los cuales te reúnes con otros que se están esforzando en vivir para Dios?

3. Describe una ocasión o época en la cual hayas experimentado la verdadera comunidad cristiana. ¿Ha sido un acontecimiento regular, intermitente o infrecuente en tu vida?

4. ¿A quién le rindes cuentas en este momento por el progreso de tu vida espiritual? ¿Cómo se divide esa responsabilidad entre grupos e individuos?

5. ¿En qué área o relación caes en cuenta de la necesidad de una comunidad mayor? ¿Qué «caos» estás resistiendo? ¿Qué temores tienes?

Empecemos

Por ti mismo

El criterio personal en las áreas de rendición de cuentas y consejería es no confiable de manera notoria. La mayoría de nosotros somos hábiles para engañarnos a nosotros mismos. Invita a otros discípulos a pasar tiempo contigo y a examinar tus relaciones y compromisos actuales. ¿Estás involucrado en el presente en un grupo que te esté desafiando lo suficiente? ¿A quién le es revelada regularmente la realidad interna de tu vida con Dios? ¿Quién tiene permiso para ayudarte a oír la voz de Dios en tu vida y hablarte acerca de ella con total franqueza? Oren juntos y formulen cualquier paso necesario para hacer más profunda tu experiencia de «Antioquía».

Como congregación

En el béisbol, si hay tres lanzamientos legales (*strikes*), estás fuera. Cuando se trata de empezar un ministerio de grupos pequeños en una iglesia, con tres *strikes* estás en el promedio. ¿Cuál es la historia del ministerio de grupos pequeños en tu congregación? ¿Cuáles han sido los falsos comienzos y los grandes éxitos? Y lo que es más importante, ¿en qué formas serían cruciales para el cumplimiento de tu visión las pequeñas reuniones intencionales de discípulos? Si los grupos pequeños todavía no son un componente clave de tu iglesia, dedícate a estudiar durante una temporada (al menos seis meses) para discernir el liderazgo de Dios en esta área.

7

¿Dónde está tu Macedonia?

El 11 de septiembre de 2001 el Vuelo 93 de *United Airlines* se estrelló en el oeste de Pensilvania, bien cerca del supuesto blanco de los secuestradores terroristas. Cuando los pasajeros se enteraron por medio de conversaciones telefónicas de que otros aviones habían sido usados esa mañana como misiles dirigidos, empezaron a idear un plan. Conocían la realidad de su situación. Tom Burnett, de treinta y ocho años, ejecutivo de una compañía de investigación médica, llamó a su esposa y le dijo: «Todos nosotros vamos a morir». Y luego dijo algo más. Todos los pasajeros del avión iban a morir, pero entonces señaló: «Varios de nosotros vamos a hacer algo al respecto».

Eso es teología motivadora. Todos vamos a morir. Pero antes de morir, ¿qué estamos dispuestos a hacer? ¿Qué pretendemos hacer con el increíble don de la vida entregado por Dios a nosotros?

Los pasajeros del Vuelo 93 tuvieron solo momentos para responder a esa pregunta. La mayoría de nosotros asumimos tener toda una vida. Tal vez en la próxima encrucijada importante haremos lo adecuado. Ahí es cuando tomaremos la decisión difícil. Pero cuanto más esperemos, menos oportunidades tendremos frente a nosotros. La oportunidad de marcar una diferencia empieza a deslizársenos por entre los dedos.

«Pasa y ayúdanos»

Año tras año el apóstol Pablo llegaba a encrucijadas donde la forma de su vida y la dirección de su ministerio podrían ir de un lado para el otro. Estuvo en una de esas coyunturas en la ciudad-puerto de Troas. Pablo nunca había estado tan lejos de casa. Como aprendemos de Hechos 16:6–10, él había utilizado su segundo viaje misionero como oportunidad para volver a visitar y alentar a quienes habían llegado a conocer a Cristo en su primer viaje. Luego se dirigió hacia el oeste.

Aparentemente Pablo tenía planeado seguir la Vía Sebaste hacia Éfeso, la capital romana de la provincia de Asia. Pero «el Espíritu Santo les había impedido que predicaran la palabra» ahí. Pablo y sus compañeros viraron hacia el norte, hacia los estratégicos puertos del Mar Negro en Bitinia, «pero el Espíritu de Jesús no se lo permitió». No sabemos con precisión cómo dirigió el Espíritu a Pablo en esas oportunidades. Pero él debió haberse preguntado a dónde lo estaba llevando Dios. Ante él yacía el Mar Egeo y más allá estaban Grecia y Roma.

Una noche en Troas, «Pablo tuvo una visión en la que un hombre de Macedonia, puesto de pie, le rogaba: "Pasa a Macedonia y ayúdanos". Después de que Pablo tuvo la visión, en seguida nos preparamos para partir hacia Macedonia, convencidos de que Dios nos había llamado a anunciar el evangelio a los macedonios» (Hechos 16:9–10). ¿Cómo experimentó Pablo esta visión exactamente? No sabemos. ¿Quién era el misterioso hombre de Macedonia? Los comentaristas han hecho su agosto. Es difícil dejar pasar el cambio de pronombre en el versículo diez: «Después de que Pablo tuvo la visión, en seguida nos preparamos para partir». Por primera vez el autor del libro de Hechos está escribiendo de forma autobiográfica. Desde este punto en adelante Lucas viaja con Pablo y compañía. Muchos han sugerido que el mismo Lucas era el hombre de Macedonia que le imploró a Pablo en la visión: «Pasa y ayúdanos».

Sin importar la identidad de la visión, la importancia de este momento no puede ser sobreestimada. Cuando Pablo navegó hacia Macedonia, estaba dejando un territorio conocido. Estaba cambiando para siempre el límite de la zona que le resultaba cómoda. En el *Expositor's Bible Commentary* [*Comentario bíblico del expositor*], Richard

N. Longenecker, erudito del Nuevo Testamento, escribe: «Los auténticos puntos de giro en la historia son pocos, pero con toda seguridad, entre ellos, la visión del macedonio ocupa un lugar alto. Por causa de la obediencia de Pablo en este punto, el evangelio fue hacia occidente y finalmente Europa y el mundo occidental fueron evangelizados. La respuesta cristiana al llamado de Dios nunca es una cosa trivial. De hecho, como en esta instancia, grandes asuntos y bendiciones inenarrables pueden depender de ello» (Vol. 9, Zondervan, 1981, p. 458).

Ser y hacer

Ninguno de nosotros va a salir vivo de este mundo. Todos vamos a morir. Pero algunos de nosotros, por la gracia de Dios, podemos hacer algo en el entretiempo. ¿Qué estás dispuesto a hacer?

¿Dónde está tu Macedonia? ¿Cuál es el campo de misión más allá de tu zona de confort? ¿Dónde está el lugar en el cual, sospechas, Dios te quiere... lejos de otro lugar donde hayas estado antes? Tal vez te has imaginado a ti mismo yendo allá... si el tiempo, el dinero y la seguridad no fueran tan importantes. Hasta que no confiemos en que Dios está en este llamado y demos un paso de fe en cuanto a que él mismo saldrá a nuestro encuentro al otro lado de la playa, Macedonia nos perseguirá mientras vivamos.

Existe la posibilidad de que tu Macedonia no sea un lugar real. No vas a necesitar hacer la maleta, empacar tu cámara y viajar por medio mundo. Dios es fiel para darnos los dones y las pasiones que pueden aplicarse a las relaciones y oportunidades que tenemos a mano. También es probable que tu Macedonia cambie de vez en cuando. La mayoría de los cristianos experimentan el llamado de Dios para sus vidas en una serie de pasos y transiciones a un número de ministerios interrelacionados. Estas son las buenas noticias para quienes han servido como chaperones declarados durante reuniones nocturnas de la escuela secundaria. Dios *extenderá* un nuevo llamado en tu vida... algún día.

Más aun, es probable que el lugar donde Dios te quiere sirviendo esté fuera de las paredes de tu iglesia. Dios ciertamente está obrando en y por medio de los ministerios de las congregaciones. Pero la mayoría de nosotros puede esperar encontrar nuestra Macedonia más allá de las paredes de la iglesia: en cualquier lugar en que los niños, adolescentes, vecinos o grupos completos de personas tengan una necesidad para la cual Dios nos ha equipado de forma única. Una necesidad que Dios nos ha equipado para satisfacer.

Antes de que naveguemos en dirección a Macedonia, no obstante, debemos saber por qué estamos en este viaje.

Muchas iglesias quedan ancladas en la arena movediza del Síndrome de Frack Sinatra: *hacer ser hacer ser hacer*. Ya sabes a lo que me refiero: *haces* algo para Dios, mientras que al mismo tiempo pretendes *ser* algo para Dios, y no importa qué se dé primero. Sin embargo, la Biblia dice que hay un orden. Ser viene primero. La única forma en la cual puedo hacer un ministerio que cambie el mundo es sabiendo que *soy bendecido* y escogido por Dios. No *hago* primero algo para obtener la atención y el afecto de Dios. El hacer siempre viene segundo. En otras palabras, no estoy viajando a Macedonia a «encontrarme conmigo mismo», sino a bendecir a otros en respuesta a las bendiciones que he recibido de Dios.

Las herramientas para la tarea

Para marcar una diferencia en Macedonia vamos a necesitar herramientas especiales. Dios insiste en dárnoslas. Gratuitamente.

Cuando Pablo se enfoca en 1 Corintios 12 en la cuestión de ejercer el ministerio, comienza con dos declaraciones en cuanto al «ser». En el versículo 7 escribe: «A cada uno se le da una manifestación especial del Espíritu para el bien de los demás». Después de enumerar varios dones espirituales, dice en el versículo 11: «Todo esto lo hace un mismo y único Espíritu, quien reparte a cada uno según él lo determina».

Estas dos declaraciones tienen similitudes importantes. Las dos nos dicen que los dones espirituales son las herramientas sobrenaturales *del Espíritu Santo* para ejercer el ministerio. Por lo tanto, no estamos hablando acerca de dotación genética, habilidades adquiridas o de los resultados de los programas de acondicionamiento, los entrenadores personales o los esteroides espirituales.

Los dos versículos también nos dicen quién está en el lado receptor de los dones espirituales. «Cada uno» quiere decir todo individuo que alguna vez se haya enrolado como discípulo de Jesús. Si tú eres un discípulo, entonces tienes la responsabilidad de ayudar a hacer otros discípulos. Y como esa es la esencia de la Gran Comisión, dada a nosotros por Jesús, tú has recibido un don espiritual para ayudarte a ayudar a otros.

Los dos versículos también nos dicen *cómo* llegan los dones espirituales. Son regalos. La palabra griega para regalo es *charis*, la cual se traduce con frecuencia como «gracia». En la Biblia hay una lista corta pero importante de cosas que Dios insiste en dar. Esas cosas nunca pueden ser obtenidas ni tampoco merecidas. En Juan 3:16 leemos: «Tanto amó Dios al mundo, que dio a su Hijo unigénito». Efesios 1:17 declara: «En él tenemos la redención mediante su sangre, el perdón de nuestros pecados». Efesios 2:8–9 dice: «Porque por gracia ustedes han sido salvados mediante la fe; esto no procede de ustedes». En 1 Corintios 12 se nos asegura que los dones espirituales son exactamente como fueron promocionados: son *regalos* que Dios da a cada uno de sus hijos.

Para resumir, ¿qué sabemos acerca de las mejores cosas de la vida? Las mejores cosas de la vida no son cosas, sino que vienen de Dios. Y Dios insiste en regalarnos esas cosas. En el libro *Hustling God* [*Apurar a Dios*], Craig Barnes dice que la gracia es como obtener el trabajo que siempre quisiste, hacerte un chequeo médico y oír que estás perfectamente sano y luego escuchar a tu hijo diciendo: «Mami, un señor llamado Ed McMahon está parado en la puerta de frente con un sobre»[1]... y todo eso el mismo día. «Cada mañana nos despertamos en un mundo no creado por nosotros para disfrutar una relación con Dios que posiblemente no podríamos obtener» (Zondervan, 1999, p. 121).

En lo profundo de nuestros corazones, Dios ha plantado un hambre por recuperar este mundo. El mundo de Dios ha sido lacerado por el pecado. Él nos ha configurado de tal forma que queramos establecer una diferencia. Soñamos con ser importantes. He aquí la pregunta difícil: ¿Estamos dispuestos a aceptar de Dios los recursos para lograrlo cuando, sabemos, no los merecemos?

1 Ed McMahon, comediante norteamericano, presentador del programa de televisión American Family Publishing, el cual se presentaba por sorpresa en las casas de las familias ganadoras (N. de la E.).

Somos personas muy extrañas. En una parte de nuestras cabezas sabemos que Dios puede hacer cualquier cosa. Dios puede hacer la Nebulosa del Cangrejo, y Dios puede darle forma al intrincado trabajo de una membrana celular semipermeable y Dios puede inventar más de seiscientas mil especies de escarabajos. Pero otra parte de nosotros dice: «Todo corre por mi cuenta, yo tengo que hacer el trabajo duro, Dios no debería *regalarme* nada».

A ti te corresponde llevar el balón

No nos parece fácil creer que Dios esté dispuesto a usarnos *—a cada uno de nosotros—* a construir su reino. Ahí debe haber gato encerrado.

En la mayoría de los equipos de fútbol americano que están a la cabeza solo unos pocos jugadores llegan a tocar el balón alguna vez. Son los llamados jugadores estrellas. Todos los otros individuos del equipo aceptan un rol de apoyo. De forma realista, los jugadores estrellas son los únicos miembros del equipo que tienen probabilidades de anotar o afectar radicalmente el resultado de un partido. Cada año en la final del campeonato de la liga, incluso tras una semana saturada con la cobertura de noticias, la mayoría de los hinchas del fútbol americano solo pueden nombrar a seis u ocho de entre los casi cien jugadores que fueron convocados al partido. ¿Eres atacante? Mejor deja de soñar con obtener una entrevista en ESPN[2] previa al partido.

En cada oportunidad que las iglesias imitan este «sistema de estrellas» tan típico de los deportes profesionales, nos encontramos a nosotros mismos en un serio problema. Empezamos a imaginarnos que solo unas pocas personas son espiritualmente capaces de llevar el balón. Hemos identificado a nuestros propios jugadores estrellas. El predicador está ahí, por supuesto. Y la solista soprano. No olvides al misionero o al mayor contribuyente, que ha llegado a ser la persona a la que acudir cuando están cortos de dinero. Y no olvides a esa madre que siempre está dispuesta a ser la chaperona declarada durante las reuniones nocturnas de la escuela secundaria. Estas son las personas que hacen las grandes cosas para Dios. El resto de nosotros

---

2 La ESPN es una cadena de la televisión norteamericana, especializada en eventos deportivos (N. de la E.).

vigila y ora. Nuestra oración es que ellos no vayan a ser transferidos el mismo mes.

¿Se encuentra esa descripción en alguna parte de la Biblia? Por supuesto que no. Lo dicho por la Palabra de Dios es que todo discípulo está llamado a establecer una diferencia. Si eres aprendiz de Jesucristo de toda una vida, entonces tú tienes el balón. De hecho, estás llamado a marcar goles. La completa verdad es que de cada seguidor de Jesús se esperan grandes cosas: afectar radicalmente el crecimiento del reino de Dios por medio de su presencia y fidelidad.

Esa es la esencia de lo dicho por Pablo en 1 Corintios 12:12: «De hecho, aunque el cuerpo es uno solo, tiene muchos miembros, y todos los miembros, no obstante ser muchos, forman un solo cuerpo». Pablo resume en el versículo 27: «Ahora bien, ustedes son el cuerpo de Cristo, y cada uno es miembro de ese cuerpo».

Los biólogos contemporáneos han aprendido que es algo grandioso ser incluso una parte pequeña de un ser vivo. Toda célula en un organismo vivo tiene exactamente el mismo ADN: la firma genética única de esa criatura particular. Si eres parte del cuerpo de Cristo, Dios ha implantado un ADN de discipulado en tu corazón y tu mente. Los biólogos saben que ellos pueden tomar el ADN de alguna célula de un organismo vivo, sin importar su función, y solo a partir de ella pueden reproducir un organismo saludable completamente nuevo. De la misma forma, si la declaración de la misión de lo que Jesús está intentando lograr está escrita en nuestros corazones, teóricamente Dios podría obrar por medio de cualquiera de nosotros al igual que obró por medio de Pablo... siendo pioneros en todo un proyecto nuevo de reclamación espiritual.

Los pastores pueden ser ministros con *m* mayúscula, pero todo aquel que ha hecho un compromiso con Cristo es al menos un ministro con una *m* minúscula. Como miembros de su cuerpo, todos somos responsables de hacer la obra de Jesús: formar, equipar y enviar nuevos discípulos a este mundo quebrantado. *Todos nosotros llevamos el balón.*

Tu don importa

Se cuenta la historia de una mujer que se encontraba en una situación precaria. Dejó sus llaves dentro del carro en una parte peligrosa de la ciudad solo unos minutos antes de una cita crucial. Llamó a la policía, pero en el teléfono le dijeron: «Señora, lo siento pero no podemos enviar a nadie por esa zona en menos de cuarenta minutos». Rápidamente ella oró: «Señor, yo creo que tú me quieres en esa cita, por favor envíame a una persona buena para que pueda volver a entrar a mi carro». En ese mismo instante un tipo de parecer intimidante, con chaqueta de motociclista, dio la vuelta en la esquina. Después de notar la situación preguntó: «Señora, ¿necesita ayuda?». Treinta segundos después la puerta de su carro estaba abierta.

Inmediatamente ella hizo una oración de agradecimiento: «¡Señor, gracias por enviarme a una persona buena!» Cuando oyó esa oración, el tipo de la chaqueta de cuero la miro avergonzado. «Lamento decepcionarla, señora, pero no soy exactamente una persona buena. De hecho, justo ahora estoy en libertad condicional por grandes robos de autos». La mujer reflexionó en ese momento y luego hizo una segunda oración: «¡Gracias, Señor, por enviarme a un profesional!»

Desafortunadamente, esta es la historia de la iglesia ABC. No estamos seguros de si los miembros en nuestras filas son «lo suficientemente buenos» para ejercer el ministerio auténtico, pero al menos tenemos a algunos profesionales. Tomamos la misión de la iglesia y se le entregamos a un puñado de especialistas que la ejecutarán de parte nuestra.

¿Alguna vez ha equipado Dios, en cualquier generación, a una persona sorprendentemente polifacética para asumir cien roles ministeriales diferentes? Expresándolo de otra forma: ¿Sabes qué es una pregunta retórica? La historia atestigua que Dios llama regularmente a cien personas diferentes para cien roles diferentes. En *Doing Church as a Team* [Hagamos iglesia en equipo], Wayne Cordeiro señala que tradicionalmente se espera que el pastor ejerza todo el ministerio de una iglesia concreta y que reclute al pueblo de Dios para ayudarlo. Pero la Biblia enseña con claridad que debe ser justo lo contrario. Todo el pueblo de Dios ha sido espiritualmente enlistado para hacer la obra del ministerio... y para hacer que el pastor *lo* ayude (Regal Books, 2000, p. 48).

Ser discípulos que hacen otros discípulos no es responsabilidad de unos cuantos individuos, sino el llamado sagrado de todo seguidor de Jesús. Pero, ¿qué pasa si estamos convencidos de que nuestros dones y nuestros roles, con toda la intención y buen propósito, son irrelevantes y nunca van a lograr un impacto duradero para el reino? Pablo escribe en los versículos 15 y 16: «Si el pie dijera: "Como no soy mano, no soy del cuerpo", no por eso dejaría de ser parte del cuerpo. Y si la oreja dijera: "Como no soy ojo, no soy del cuerpo", no por eso dejaría de ser parte del cuerpo».

El lugar correcto en el momento correcto

Dios se niega a permitirnos definirnos a nosotros mismos en términos de lo que no podemos hacer. «No tengo los dones histriónicos de otras personas. No puedo orar en voz alta, así que no me pidas que lo haga. Y nunca podría enseñarle relatos bíblicos a un niño. Me aterroriza estar en una situación de cuidado crítico y pasar tiempo con alguien a quien le acaban de dar malas noticias. *¡No puedo hacer nada!*»

Recuerda las palabras de Pablo: «A cada uno se le da una manifestación especial del Espíritu para el bien de los demás». Si tú confías en Cristo entonces el Espíritu Santo te ha dado estratégicamente al menos un don espiritual en el área donde tu iglesia te necesita para llevar el balón en este momento.

¿Cómo descubrimos nuestros dones espirituales personales? Es casi seguro que tu proceso involucre la oración, el estudio bíblico y hablar abiertamente con quienes conocen bien tu corazón. Un grupo tipo Antioquía sería ideal. Puedes hacer un inventario de dones espirituales. Ponle atención a qué actividades promueven tus más profundas experiencias de alegría y haz algunas pruebas personales de varias opciones ministeriales.

¿Qué pasa si ha transcurrido mucho tiempo y aún no has identificado tu don espiritual? No te desesperes. No necesitamos saber en cada momento lo que está logrando Dios por medio de nosotros exactamente. Lo único que tenemos que hacer es mantenernos confiando en él y obedeciéndole. En tanto nos mantengamos haciendo eso, terminaremos en los lugares correctos en los momentos correctos.

Arriesguemos nuestros dones para Dios

Cuando Dios coloca una Macedonia en nuestros corazones –un lugar de servicio más allá de nuestros niveles actuales de comodidad y experiencia– él es fiel para darnos las herramientas sobrenaturales necesarias. Pero se requiere otro elemento más. *Tenemos que arriesgarnos a seguir adelante.*

En la parábola de los tres siervos en Mateo 25:14–30 Jesús nos informa que llegará un día en que cada uno de nosotros tendrá una conversación con él acerca de qué hicimos con nuestras vidas... acerca de qué hicimos con los dones, recursos y oportunidades recibidos por cada uno de nosotros. Hablaremos con él acerca de si decidimos dar o guardar, ir hacia delante o quedarnos parados, arriesgarnos o acumular, vivir como sus siervos o disfrazarnos de nuestros propios dueños. Cuando oímos el llamado para navegar hacia Macedonia, ¿nos aferramos a la *tierra firme* o escogimos izar las velas? Lo descubierto en la parábola es que esta conversación del próximo mundo tiene varios resultados posibles, y la única persona que puede hablar a favor de tu futuro eres *tú*.

Los detalles de la historia son conocidos. El primer siervo se va a trabajar inmediatamente e invierte y arriesga las cinco mil monedas de oro recibidas. En su entrevista para rendir cuentas, presenta cinco mil monedas de oro adicionales. Recibe su recompensa en el versículo 21: «¡Hiciste bien, siervo bueno y fiel! En lo poco has sido fiel; te pondré a cargo de mucho más».

Una experiencia idéntica le espera al siervo que multiplica las dos mil monedas de oro recibidas. Fíjate en que el amo no pregunta: «¿Y por qué no llegaste con cinco mil monedas de oro?» Las recompensas de Dios están basadas en los recursos provistos por él, no en los recursos que no tenemos. El amo se enfoca principalmente en el grado con el cual estamos dispuestos a dar un paso al frente, confiar en él y asumir el riesgo para poder hacer avanzar sus intereses.

Eso se hace claro cuando llegamos al versículo 24, que recoge la conversación de Jesús con el tercer siervo. Este siervo prevenido le dice al amo «Señor yo sabía que usted es un hombre duro, que cosecha donde no ha sembrado y recoge donde no ha esparcido. Así que tuve miedo, y fui y escondí su dinero en la tierra. Mire, aquí tiene lo que es suyo». Y es evidente en este momento que el tercer siervo espera un aplauso. Esta esperando su «bien hecho». Su misión ha sido lograda: a pesar de todo lo que pudiera haber salido mal (comprar las acciones de Enron me viene a la mente), al menos él no falló. Él se aseguró de eso.

La sorpresa más grande de la vida viene a continuación: «Pues debías haber depositado mi dinero en el banco para que a mi regreso lo hubiera recibido con intereses». ¿Por qué está tan enojado el maestro? No es porque el siervo fuera un fracaso en la administración. De hecho, el fracaso habría estado bien. El fracaso habría indicado que se tomó algún curso de acción. Dios no se decepciona cuando sus siervos fallan, sino cuando deciden no dar un paso al frente.

A Henry Stanley se le recuerda principalmente por ser el periodista estadounidense que, en 1871, tras haber caminado por un claro de la selva en África central, vio a un único hombre con la piel pálida y dijo «Dr. Livingstone, supongo». Sin embargo, por sus propios méritos, él también fue un temerario explorador de territorios africanos no estudiados. Se presume que hasta la extraordinaria expedición de Stanley en 1876 ninguno —ni de dentro ni de fuera de África— había ido alguna vez aguas abajo por el traicionero río Congo con sus cañones, pasos y caníbales. Su viaje le tomó novecientos noventa y nueve días y estuvo lleno de inimaginables problemas.

Una noche las dificultades fueron tan extremas que Stanley se dio cuenta de la necesidad de tomar una decisión: o continuar avanzando hacia lo desconocido o regresar a la seguridad. Esa noche se acercó a su amigo y apoyo Frank Pocock. «Ahora, Frank, hijo mío, siéntate. Estoy a punto de tener una charla larga y seria contigo. La vida y la muerte —la tuya y la mía— penden de la decisión tomada esta noche». ¿Qué hicieron ellos?

Pocock y Stanley decidieron lanzar una moneda, una rupia india. Con cara continuarían avanzando, con cruz volverían a casa. El lanzamiento mostró cruz. Decepcionados lanzaron la moneda otra vez. Cruz. «¿Qué tal tres de cinco?». Una vez más fue cruz. De hecho, la moneda resultó cruz durante seis veces consecutivas. Los dos hombres decidieron escoger ramitas: con la ramita larga seguirían avanzando, con la corta regresarían. Pero cada vez que seleccionaban obtenían la ramita corta.

Stanley y Pocock finalmente se dieron cuenta de que ya habían tomado su decisión. No importaba «lo dicho» por las monedas o las ramitas, en sus corazones lo único que querían hacer era bajar por el río Congo hacia lo Gran Desconocido. Y así lo hicieron, haciendo historia en el proceso.

Nosotros no tenemos que lanzar monedas o seleccionar ramitas para saber qué hay en el corazón de Jesús. Él ya nos lo ha dicho. «Vayan por todo el mundo y anuncien las buenas nuevas a toda criatura» (Marcos 16:15). Ve adonde nunca has ido antes. Ve a la Macedonia que Dios sigue poniendo en tu corazón.

En la historia de Jesús el tercer siervo quiso jugar al seguro. Él pesa todas sus opciones y decide que dar un paso al frente, compartir lo que tiene, ir a trabajar de forma sacrificada a favor de los intereses del amo, era muy arriesgado. Le costará demasiado. Incluso se justifica pensando que le ha hecho un favor al amo al no perder lo que se le había dado. Irónicamente, al final, ¿qué le costó a él no avanzar? Le costó todo. ¿Y qué perdió? Perdió la oportunidad de cambiar el mundo. Al decirle sí al llamado de Dios, los discípulos cambian el curso de la historia todo el tiempo... y a menudo ni siquiera lo saben.

¿Estás listo?

Hace veintisiete años conocí a Ed Orme. Ambos estudiábamos biología en la Universidad de Purdue. Los dos nos habíamos criado en Indianápolis y nos gustaba hacer espeleología en las cuevas del sur de Indiana. Vivimos en uno de los lugares más primitivos conocidos por la humanidad —Cary Quad en Purdue— y parecíamos competir para ver quién podría montar en la bicicleta más desbaratada de toda la universidad. A los dos nos gustaba el grupo de tecno rock Emerson, Lake & Palmer. Era genial escuchar juntos la canción Are You Ready? [¿Estás listo?], porque comenzaba así: «¿Estás listo, Eddie, listo para el rock and roll?».

Ed era divertido. Era uno de los individuos más generosos que he conocido. También podía ser muy astuto. Una noche, poco después de haber anunciado mi compromiso matrimonial con Mary Sue, Ed vino a mi dormitorio con el pretexto de que necesitaba unos apuntes de clase. Por la sonrisa de su cara yo sabía que estaba tramando algo. De hecho, llevó a mi cuarto a un grupo de nuestros amigos comunes. Cada vez que leo el relato de Judas llevando la banda de soldados al jardín de Getsemaní, casi puedo describir la cara de Ed. Esa noche me ataron, me vendaron los ojos, me cubrieron de sirope y de plumas y me dejaron afuera con un letrero que decía simplemente: «Comprometido».

Y lo que es más importante: Ed y yo éramos cristianos jóvenes. Los dos creíamos haber sido llamados por Dios. Mi llamado me llevó a establecer una iglesia a unas quince millas del vecindario donde me crié. El llamado de Ed lo llevó hasta el extremo de la tierra. Ed y su esposa, Sue, llegaron a adquirir un compromiso apasionado con las misiones fronterizas, específicamente con llevar las buenas nuevas de Jesucristo a los musulmanes, uno de los campos de siega más desafiantes en el mundo.

Se entrenaron durante años para vivir en Pakistán, aprendiendo las lenguas nativas, una de las cuales era el urdu. Ed y yo pensábamos que era una revuelta haber ido a Purdue y ahora hablar urdu.[3] Era brillante con el idioma. Se fueron a vivir a Karachi, criaron a cuatro hijos y en el curso de una década y media, a través de una increíble paciencia, la oración, el amor y una profunda confianza en Dios, llevaron a Cristo a varias familias de musulmanes. Dios estaba usando a Ed para marcar una diferencia en Pakistán.

La canción decía: «¿Estás listo, Eddie?» Ed estaba listo... listo para vivir y morir por el pueblo de Pakistán, por la causa de Cristo. Y eso fue lo que hizo a sus cuarenta y seis años. Ed contrajo una fuerte malaria que segó su vida antes de que llegara la ayuda médica que podría haberlo salvado.

El funeral tuvo lugar en Indianápolis. Se preparó un micrófono abierto, de forma que quien lo deseara pudiera levantarse y testificar la

---

3 NT: Purdue y urdu tienen una pronunciación parecida en inglés; es un juego de palabras.

obra de Dios en sus vidas por medio de Ed Orme. El funeral duró dos horas y media. Mientras me sentaba miré a la derecha y vi que estaba a solo una silla de distancia de un orador cristiano bien conocido. El año anterior yo trabajé y esperé once meses para que fuera de visita a nuestra iglesia. Este mismo hombre había ido desde California solo para esperar su turno en el micrófono y hablar de Ed durante cinco minutos.

Quienes estuvimos en el servicio pudimos sentir que nuestras viejas y confortables comprensiones del mundo estaban siendo echadas por tierra. Se nos estaba desafiando. Nuestros corazones para Cristo y su obra estaban creciendo. Todo por causa de que Ed había respondido con fe al llamado de Dios para servirle.

Todos vamos a morir. Pero algunos de nosotros, por la gracia de Dios, vamos a hacer algo entre tanto. ¿Estás listo? ¿Vas a arriesgar lo que Dios te ha dado por la causa de Macedonia?

Preguntas para mayor exploración

De forma personal, en parejas o en grupos pequeños

1. Si los recursos fueran ilimitados. ¿qué es lo que más te gustaría hacer por la causa de Jesucristo?

2. Según dicha visión, ¿tu sueño ministerial de la pregunta número 1 está realmente limitado por los recursos? ¿Qué cosa o cosas te están evitando avanzar?

3. «Te toca llevar el balón». ¿Le ha comunicado tu iglesia este mensaje a todos los miembros? ¿Qué porcentaje lo cree? ¿Qué porcentaje lo está viviendo?

4. ¿Está tu Macedonia dentro de las paredes de tu iglesia o afuera? ¿Esperas que esto cambie en el futuro?

5. ¿Cuándo hubo una oportunidad en la cual supiste que estabas obedeciendo el llamado de Dios? ¿Cuándo hubo una oportunidad en la cual te resististe?

Empecemos

Por ti mismo

Los inventarios de dones espirituales han llegado a ser una forma probada de ayudar a discernir un sentido del llamado de Dios al ministerio. Si no has hecho un inventario de ese tipo en los últimos dos años es sabio hacerlo de nuevo... incluso como afirmación de lo que estás haciendo en este momento. Muchas de esas herramientas están disponibles. Quizá te sea de ayuda escoger un inventario diferente de una librería cristiana o uno que pueda estar disponible en línea.

Como congregación

Reúne a un grupo de líderes o miembros de la iglesia para orar y reflexionar sobre esta pregunta: *¿A quién en este momento podemos ver que nos esté llamando: «Por favor, vengan y ayúdennos»?* Intenta discernir qué grupo, vecindario, campo de misión o causa está esperando que tu iglesia avance y entre a una expresión del ministerio nueva y radical.

¿Qué harás con las respuestas que recibas?

PARTE II

Las seis marcas de un discípulo

Ser discípulos que hacen discípulos es una necesidad en esta y todas las horas. ¿Qué clase de discípulos tenemos en mente? ¿Cómo debe verse el típico seguidor saludable de Jesús? ¿Qué cualidades y comportamientos —sin importar el trasfondo, el contexto, la generación o la geografía— deben caracterizar la vida de alguien que trate de ser completamente como el Hijo de Dios?

Un perfil aceptable debería ser *bíblico* (esto es, un reflejo preciso de las propias enseñanzas de Jesús); *simple* (comprensible para adultos y niños por igual); *enseñable* (fácil de comprender y más aun de memorizar); *práctico* (útil para la evaluación propia de un discípulo); *equilibrado* (respetuoso con todas las escuelas históricas de pensamiento y práctica cristiana que nos han enseñado la riqueza de qué significa seguir a Jesús); y *visionario* (capaz de servir como punto de referencia y currículo de todo lo que pueda intentar hacer y ser una congregación).

El perfil que he hecho mío se llama «Las seis marcas de un discípulo». Incorpora las siguientes características del hombre o la mujer que está aprendiendo a vivir como Jesús:

Un corazón solo para Cristo

Una mente transformada por la Palabra

Los brazos del amor

Rodillas para la oración

Una voz para proclamar las buenas nuevas

Un espíritu de servicio y mayordomía

De forma realista, podríamos proponer doce marcas... o veinticuatro o treinta y seis. Creo, sin embargo, que esta media docena representa el mínimo común denominador del discipulado cristiano.

Por un lado, todos los otros atributos de la espiritualidad saludable se pueden contener en ellos; por otro lado, mayores reducciones usarían la violencia con el evangelio.

Las seis marcas representan la esencia y la razón de ser de las seis relaciones que ya hemos explorado. ¿Para qué fin tenemos un mentor, un aprendiz, un grupo al cual rendirle cuentas y un campo de misión? Todo está dirigido a la implementación de estas características del discipulado para la gloria de Dios. Por lo tanto, las marcas nunca están lejos de nuestras mentes en toda ocasión en la cual consideramos las relaciones, y nunca dejamos de pensar en las relaciones como el medio primario por el cual crecemos hacia la realidad de las marcas.

En tanto los siguientes capítulos exploran cada marca, habrá cinco áreas que merecen nuestra atención particular:

Visión. ¿Qué queremos decir exactamente con esta característica? Consideraremos la intrasigente enseñanza de Jesús en este aspecto de seguirlo.

Crisis. ¿Cómo nos hace la implementación de esta marca ir contra la cultura en extremo? Discutiremos los obstáculos gigantes para vivir como Jesús en el siglo XXI.

Huecos. ¿Qué cambios de paradigma deberán darse en mi vida para pasar de buscador a novato espiritual, a intermedio y a discípulo maduro en este ámbito de llegar a ser como Cristo? Verás que cada marca se dirige a un hambre interna y nos llama a embarcarnos en un viaje único.

Responsabilidad. ¿Qué significará mi obediencia a Dios y qué significará para mis compañeros discípulos mi fidelidad en esta área? Descubriremos que cada marca implica una doble rendición de cuentas.

Recursos. ¿Con qué herramientas y tácticas pueden contar para progresar y avanzar los individuos, grupos pequeños y congregaciones? Aquí aprenderemos cómo las seis relaciones primarias son determinantes por completo.

8

Un corazón solo para Cristo

*Jesús, como el único y unigénito Hijo de Dios, llegó a ser
la prioridad de toda la vida; lo adoramos con todo nuestro corazón,
mente, alma y fuerza.*

*«Si alguno viene a mí y no sacrifica el amor
a su padre y a su madre, a su esposa y a sus hijos,
a sus hermanos y a sus hermanas, y aun a su propia vida,
no puede ser mi discípulo. Y el que no carga su cruz y me sigue,
no puede ser mi discípulo».*

(Lucas 14:26–27)

La primera marca del discípulo auténtico es un corazón solo para Cristo. Las otras marcas pueden encontrarse en casi cualquier orden, pero la primera marca simplemente debe ser la primera. Su prioridad no puede ser negociada. Una vida bien vivida debe organizarse en torno a la certeza fundamental de que solo Jesús es el Dador de Significado a la existencia humana.

Sin dioses rivales

Jesús se presentó constantemente a sí mismo como el aspecto más crucial de la realidad. «Yo soy el pan de vida» (Juan 6:35). «Yo soy la resurrección y la vida. El que cree en mí vivirá, aunque muera» (Juan 11:25). «El Padre y yo somos uno» (Juan 10:30). Es acorde con la teología cristiana histórica declarar que Jesucristo es la realidad. Si la meta más grande de la vida es mantenerle el paso a lo que es real, entonces nuestro compromiso más estratégico sería invertir toda la vida en el crecimiento y desarrollo de un compromiso central con el único que es la realidad en la carne. Ignorar esto o negarse a esto es estar perdiéndole el paso a la realidad. Literalmente es estar loco.

Por supuesto, la modernidad tiene su propia idea de lo que constituye la locura. Un corazón solo para Cristo nunca tendrá sentido para el mundo. Nunca puede ser seguido y buscado únicamente con la mitad del corazón. La primera marca del discípulo, por lo tanto, representa un alejamiento completo de las voces actuales y los valores de la sociedad que nos rodea.

En nuestros días, pedirle a un aspirante a discípulo que haga crecer su corazón *solo* para Cristo parece algo enredado, irrazonable y por completo rudo. El mismo Jesús nunca pidió nada menos que eso. «Yo soy el camino, la verdad y la vida... Nadie llega al Padre sino por mí» (Juan 14:6). En Lucas 14:26 –27 él lo dejó completamente claro: a menos que nuestra fidelidad a él sea *anterior y superior* a cualquier otra relación o aspiración ofrecida por la vida, incluyendo los niveles más profundos de nuestro propio interés, estamos descalificados del discipulado aun antes de empezar.

A través de toda la Escritura, Dios grita que él no va a tolerar ninguna deidad rival, ningún sistema de verdad alternativo. «Así dice el Señor, el Señor Todopoderoso, rey y redentor de Israel: "Yo soy el primero y el último; fuera de mí no hay otro dios. ¿Quién es como yo? Que lo diga. Que declare lo que ha ocurrido desde que establecí a mi antiguo pueblo; que exponga ante mí lo que está por venir, ¡que anuncie lo que va a suceder! No tiemblen ni se asusten. ¿Acaso no lo anuncié y profeticé hace tiempo? Ustedes son mis testigos. ¿Hay algún Dios fuera de mí? No, no hay otra Roca; no conozco ninguna"» (Isaías 44:

6–8). Como un amante celoso, Dios barre la noción de que un enfoque en la verdad espiritual estilo cafetería de alguna forma es noble e iluminado.

Jesús dice en Juan 15:5: «Yo soy la vid y ustedes son las ramas. El que permanece en mí, como yo en él, dará mucho fruto». Si Jesús se hubiera detenido al final de esa frase difícilmente habría arqueado una ceja en el mundo de hoy. Jesús estaba reclamando una autoridad especial para nutrir espiritualmente a las personas. Eso lo hace uno entre cientos de otros que anuncian lo mismo, incluyendo a Mahoma, Krishna, Mary Baker Eddy, Buda, Sun Myung Moon, David Koresh y muchos otros. Solo en la India hay como trescientos millones de deidades «locales».

Con su siguiente declaración, sin embargo, Jesús traza una línea en la arena: «Separados de mí no pueden ustedes hacer nada». ¿Quién se cree que es? Jesús no está simplemente reclamando una parte del poder espiritual del mundo, sino que está anunciando que el poder espiritual empieza y termina solo con él. Para estar seguro de que entendemos esta afirmación, continúa: «El que no permanece en mí es desechado y se seca, como las ramas que se recogen, se arrojan al fuego y se queman». No es solo que escoger seguir a Jesús sea una cosa buena, sino que *no escoger a Jesús* es una cosa catastrófica.

No nos sorprende que los líderes religiosos digan: «Síganme y les enseñaré cómo encontrar la verdad». Jesús dice: «Yo *soy* la verdad» (Juan 14:6). Otros líderes religiosos dicen: «Únanse a mí y los ayudaré a llegar a ser unos iluminados». Jesús dice: «Yo *soy* la luz del mundo (Juan 8:12). Otros líderes prometen: «Síganme y yo les mostraré todas las puertas hacia Dios». Jesús dice: «Yo *soy* la puerta» (Juan 10:7). De acuerdo a Jesús, el significado de la vida es cultivar un corazón *solo* para él.

Ateísmo práctico

Una de las características más notables de la cultura contemporánea, sin embargo, es su abrazo de un punto de vista opuesto. La «modernidad» hizo grande la idea de que la presencia de Dios, incluso la existencia de Dios, es esencialmente irrelevante. La sociedad habla como si la realidad de Dios fuera innecesaria para nosotros en las próximas veinticuatro horas. No necesitamos a Dios para hacer nuestras operaciones bancarias, buscar trabajo, hacer el amor, llevar a cabo nuestras compras o hacer política. Ignorar las afirmaciones del Hijo de Dios ha llegado a no ser gran cosa. Decenas de miles de pequeños detalles componen nuestras vidas... y si por ventura nos ocupamos de ellos sin una sola referencia a Jesús de Nazaret, *no hay razón para creer que de alguna forma estemos algo menos que completos.*

Una de las sutiles tentaciones en Estados Unidos hoy es vivir, para todo intento y propósito, como un ateo. Incluso en nuestras iglesias Dios parece «sin peso». Hay un espíritu de familiaridad con Dios en nuestros cultos, pero poco sentido de temor y temblor. El Creador rara vez es descrito como «levantado y muy enaltecido», intensamente santo o rodeado de «gloria» (una traducción de la palabra hebrea *kaboth*, la cual en parte quiere decir «peso»). Dios y el Hijo de Dios rara vez son honrados como las realidades de más peso de nuestros corazones.

Por lo tanto, pocos desafíos son más duros para los discípulos futuros en el siglo XXI que afirmar la «unicidad» de Jesús. Incluso *pedir* semejante compromiso es arriesgarse a una seria mala interpretación. ¿Por qué hemos perdido tanto contacto con el espíritu en nuestros días? ¿Cómo podemos osar predicar que la lealtad a Cristo debe excluir otras perspectivas y opiniones acerca de la realidad espiritual?

En el otoño del 2003 el parlamento canadiense recibió el proyecto de ley C-250. Si pasaba, la Biblia sería clasificada como literatura de odio debido al hecho de que ciertos pasajes bíblicos parecen hablar contra las clases protegidas en la sección de «propaganda al odio» del código penal del país (Alice Martin & Jenni Parker, *Crosswalk.com*, octubre del 2003). Cuando su libro fuente espiritual es denunciado en público como inherentemente odioso, la iglesia en verdad está enfrentando una crisis cultural.

Se cuenta la historia de cierto hombre que, camino a su trabajo todas las mañanas, pasaba por la tienda de un fabricante de relojes. Formaba parte de su rito diario el hacer una pausa lo suficiente larga como para contemplar detenidamente el gran reloj antiguo ubicado en el escaparate de la tienda. Un día el fabricante de relojes, que había notado su comportamiento, salió y entabló una conversación. «Este en particular es una verdadera belleza, ¿no?», dijo señalando el reloj del escaparate.

«Desde luego», dijo el hombre de la calle. «Para decirle la verdad, en realidad yo tengo otro motivo para pararme acá cada día. Soy la persona que cronometra el tiempo en la fábrica local. Mi trabajo es producir un silbido exactamente a las cuatro en punto. Este reloj de mano mío es muy impreciso, así que cada día yo me detengo aquí y cuadro la hora con esta magnífica pieza de tiempo suya».

«¿De verdad?», dijo el relojero, que estaba comenzando a sentirse un poco incómodo. «Lamento decírselo, pero la razón por la cual este reloj antiguo no se vende es porque nunca he sido capaz de hacerlo funcionar de forma precisa. De hecho, yo lo reajusto cada día… ¡justo a las cuatro en punto, cuando oigo el silbido proveniente de su fábrica!»

Las preguntas más importantes de la vida son demasiado simples: ¿Qué hora es en este momento y quién tiene la autoridad de decirlo así? Nuestra cultura ha respondido de manera resonante: *No hay meridiano de Greenwich cuando se trata del significado de la vida*. No hay autoridad final. Todos silban al ritmo de su propio reloj y marchan a su propio horario.

Hace un par de años me encontré detrás de un auto manejado por una adolescente. Me fijé en la pegatina del parachoques: *Galileo estaba equivocado, el mundo gira alrededor de MÍ*. En el mundo de hoy eso tiene perfecto sentido risible. Si aparte de mí no hay nada eternamente válido o verdadero, entonces la pregunta de cómo obtengo mis reglas para vivir no tiene sentido. El mundo gira a *mi* alrededor. La «verdad» es lo que a mí me resulta cierto. Mis sentimientos, mis perspectivas y mi percepción de la realidad llegan a ser realidad en sí mismos.

En el mundo de hoy el pasillo de los cereales de una tienda de comestibles, completamente lleno de un montón de opciones coloridas tanto viejas como nuevas, es la metáfora de la toma de decisiones espirituales. Como Mike Starkey escribe en su libro *Dios, sexo y la búsqueda de la maravilla perdida*: «Si la teología es el estudio de Dios (de la palabra griega *theos*), entonces la espiritualidad más contemporánea es "mí-logia", el arte de tomar mis propios sabores, preferencias y modos y de crear una religión adecuada solo para mí» (InterVarsity Press, 1998, p. 115).

Jesús nos invita a descender por un camino diferente. «Ven y sígueme», dice. Hacerlo así es comenzar un viaje de rendición.

Cerremos los huecos

Una de las tareas del discernimiento espiritual es identificar la meta que Cristo ha determinado para nosotros, plantar una bandera donde estamos ubicados actualmente, y luego trazar un curso que borre la distancia entre esos dos puntos. Cerrar los huecos en nuestra experiencia y expresión de las seis marcas toma toda una vida. Nuestra imitación de Jesús no estará completa hasta que nuestro mismo Señor finalice el proceso. «Sabemos, sin embargo, que cuando Cristo venga seremos semejantes a él, porque lo veremos tal como él es» (1 Juan 3:2). Reconociendo el hecho de que no experimentaremos nunca toda la semejanza a Cristo en este mundo, estamos llamados a avanzar en sociedad con el Espíritu Santo con toda nuestra energía.

Un «análisis de los huecos» de la primera marca debe tener en cuenta el hecho de que el éxito se ve diferente en diferentes niveles de la madurez espiritual. Hemos encontrado útil iluminar cuatro etapas del camino. La primera es la del buscador, la persona que aún no ha hecho un compromiso con Cristo. ¿Cómo debo definir el crecimiento en la primera marca para alguien que está buscando la verdad espiritual?

De: Soy el líder de mi propia vida.

A: Me doy cuenta de que debo dejar a Jesús ser el líder de mi vida.

De acuerdo con la Biblia, esta es la transacción decisiva de la salvación. Un buscador debe creer las afirmaciones hechas por Jesús acerca de sí mismo y luego recibir el don de la vida, ofrecido de manera única por él (Juan 1: 12).

En el proceso hay un cambio de liderazgo. Como antiguo jefe de mi propia vida, debo hacerme a un lado. Un nuevo jefe tiene acceso a la silla del director ejecutivo.

De forma patente, la Biblia es clara acerca de quién hace el trabajo para llevar esto a cabo. Todo ser humano necesita ser espiritualmente rescatado, y nadie está equipado para hacer el trabajo por sí mismo. Nuestra relación con Dios no está solo un poco desalineada. Intentar complacer a Dios con más fuerza es fútil. ¿Qué pasa, entonces, con la opción popular de intentar mucho, mucho más fuerte? Fútil de nuevo. Toda opción religiosa no cristiana en este planeta cae en una proposición de «hágalo a usted mismo». De una u otra forma, somos invocados a librarnos a nosotros mismos de los problemas. Solo el cristianismo propone que la ayuda ha venido de más allá de nosotros.

El héroe de fuera del pueblo

El Dr. Dale Bruner es un maestro de la Biblia excepcional. Una vez le oí enfatizar este punto en un seminario, y reconozco que nunca se me había ocurrido a mí: *En las películas del Oeste, el héroe siempre viene de fuera del pueblo.* Las personas comunes y trabajadoras han hecho un desorden de las cosas, las personas malas se han hecho con el poder y ahora un extraño debe llegar a la escena para organizar las cosas.

Decidí hacer lo que había hecho el Dr. Bruner, ver por mí mismo si esto es realmente cierto. Fui al club de vídeo y alquilé *Raíces profundas*, un clásico del oeste de los años 1950. La película empieza mostrando una pequeña familia de granjeros ubicados contra el trasfondo magnífico de las Montañas Rocosas. El niño pequeño de la familia alza la mirada y ve a un jinete solitario aproximarse a la granja. Pronuncia las primeras palabras de la película: «Alguien viene, pá».

Alan Ladd, en el papel de Shane, camina ociosamente y dice: «Espero que no les importe que atraviese por su lugar». Antes de que pasen diez minutos, los malos –la banda de Ryker– ya han aparecido en escena. Miran de forma sospechosa a Alan Ladd y gruñen: «¿Quién eres tú, forastero?» Helo ahí. Toda la trama de la película se ha presentado en menos de diez minutos. Tenemos propiedad en disputa, los malos con pistolas y un extraño que al final será el salvador.

¿Funciona esta fórmula para los dibujos animados del oeste?

Revisé *Fievel va al oeste*, donde un ratón étnico del sur de Nueva York va al oeste a limpiar un pueblo liderado por gatos malos. ¿Y qué pasa con las comedias del oeste? En *Shangai Noon*, Jackie Chan, el maestro de las artes marciales, viaja desde China para golpear a algunas personas de Carson City, Nevada, porque no saben cómo resolver sus propios problemas.

El Dr. Bruner señaló que los estadounidenses no parecen notarlo, pero todas las películas del oeste narran la historia del evangelio. La gente de la tierra tiene problemas. Hemos hecho un caos de las cosas. Le hemos entregado nuestra libertad a los poderes destructivos. La solución debe venir de alguna otra parte, más allá de nosotros mismos. Necesitamos a un héroe de fuera del pueblo.

Eso es lo dicho por Juan al comienzo del libro que lleva su nombre. Es la historia de cómo llegó Jesús a nuestro mundo como el extranjero heroico: «En el principio ya existía el Verbo, y el Verbo estaba con Dios, y el Verbo era Dios» (Juan 1:1). En Juan 1:10 leemos: «El que era la luz ya estaba en el mundo, y el mundo fue creado por medio de él, pero el mundo no lo reconoció». Aquí está la afirmación de que el Hijo de Dios vino a la tierra como un extraño.

Juan continúa: «Vino a lo que era suyo, pero los suyos no lo recibieron. Mas a cuantos lo recibieron, a los que creen en su nombre, les dio el derecho de ser hijos de Dios. Éstos no nacen de la sangre, ni por deseos naturales, ni por voluntad humana, sino que nacen de Dios» (Juan 1:11–13).

El clímax tiene lugar en Juan 1:14: «Y el Verbo se hizo hombre y habitó entre nosotros [o *se mudó al vecindario*, como lo pone coloridamente Eugene Peterson en *The Message* (El Mensaje), Juan 1:14]. Y hemos contemplado su gloria, la gloria que corresponde al Hijo unigénito del Padre, lleno de gracia y de verdad». Jesús vino de fuera del pueblo para rescatar a un mundo entero de personas heridas.

Amado por los «perdedores»

En los Evangelios vemos que quienes eran más conscientes de su propia necesidad de ser rescatados eran aquellos a los que Jesús más les daba la bienvenida. Ellos eran atraídos a él como alfileres a un imán.

Las personas que se veían a sí mismas como espiritualmente «completas», sin embargo, se sentían profundamente amenazadas por Jesús. Eso va contra la corriente. Tú pensarías que si el hombre más santo en la tierra viene al pueblo, la asociación de ministros le brindarían una abundante comida en el club campestre más bonito, mientras todos los rechazados de la sociedad mantendrán un perfil bajo. Pero eso no fue lo ocurrido. Jesús compartió con prostitutas, leprosos, soldados paganos y una mujer de raza mezclada que se había divorciado cinco veces. Ellos no podían decir suficientes cosas buenas acerca de él. El establecimiento religioso sostenía reuniones para averiguar cómo liquidarlo.

La verdad es que no podemos ser curados hasta que nos ingresemos en la sala de urgencias. Debemos unirnos al grupo de los «rechazados» espirituales que dicen: «Tengo un problema que está lejos de solucionarse con curitas». Eso nos coloca exactamente donde Dios nos quiere, pues lo aprendido en la Escritura es que Jesús ya ha ejecutado el procedimiento radical más necesario para nosotros con su muerte en la cruz.

¿Qué se les pide hacer a los buscadores? Están llamados a ser «activamente pasivos» a la hora de recibir la salvación lograda por Jesús, entregado su propio cetro, de forma que el verdadero Rey pueda comenzar un nuevo reino. Somos rescatados no porque seamos inteligentes, merecedores o industriosos hasta el sacrificio, sino por la gracia de Dios. Si se da un mal paso en esta coyuntura crucial —si hay una mala comprensión en nuestras mentes de por qué somos tan privilegiados para tener una relación con Cristo— entonces cualquier otro paso en el viaje nos llevará en la dirección errada.

Una jornada de entrega

Un novato en el discipulado es alguien que ha recibido a Jesús como su líder y su perdonador y reconoce que todo esto ocurrió por causa de la gracia. A la hora de tratar de expresar un corazón solo para Cristo, ¿cuál es el hueco que se extiende ante el novato?

De: Jesús es el líder en algunos aspectos de mi vida

A: Jesús es el líder de todos los aspectos de mi vida.

La verdad es que la mayoría de los asistentes a la iglesia en Estados Unidos son novatos en la primera marca de un discípulo. Eso es porque la iglesia en general ha fallado en demostrar la afirmación del señorío de Cristo sobre todas la cosas... *y luego exigirla como un absoluto para la vida cristiana normal.*

Una relación con el hijo de Dios ha sido principalmente retratada como una jornada de entrega intelectual. Se nos presenta un conjunto de afirmaciones espirituales. Investigamos su validez, llegamos a estar convencidos de su veracidad y en oración aclamamos a Jesús como el Señor justo del universo. Si se hiciera un censo religioso, ahora podríamos poner una señal en la casilla donde dice «cristianos». Este es solo un comienzo a grandes rasgos de lo que quiere decir tener un corazón solo para Cristo.

La entrega debe incluir cada parte de lo que significa ser humano. La subcultura cristiana de Estados Unidos es crecientemente ciega a un gnosticismo progresivo tanto en la teología como en la práctica. Las primeras herejías cristianas fueron de sabor gnóstico; esto es, a la mente se le daba un valor excesivo por encima del cuerpo. Lo físico era asumido como un área secundaria de la obra de Dios, si es que de verdad Dios cuidaba «esa cosa fea» de mi cuerpo. Los primeros gigantes teológicos de la iglesia se unieron para declarar que la encarnación es el regalo de Dios, quien creó la tierra y nuestros cuerpos y dijo de ellos que era «buenos».

El espíritu de nuestros tiempos, a menudo asociado con la ideología de la Nueva Era, está vivo con las sensibilidades gnósticas. La «verdadera espiritualidad» concierne a mi vida interior, no a cómo hago las cosas externas. El progreso en mi vida con Dios está relacionado con la actitud, lo emocional, lo extático o lo cerebral... no con ayudar a mi vecino a limpiar su garaje. La espiritualidad contemporánea, en otras palabras, es asumida como una experiencia invisible, personal e interna. Un gran número de cristianos han llegado erradamente a la conclusión de que si le damos el asentimiento espiritual a Jesús, entonces lo que hacemos «en nuestro propio tiempo» —comercial, física y socialmente— es por completo asunto nuestro.

Pablo, escribiéndole a una audiencia que había venido bajo la influencia de las enseñanzas proto-gnósticas, dijo: «Y todo lo que hagan, de palabra o de obra, háganlo en el nombre del Señor Jesús, dando gracias a Dios el Padre por medio de él» (Colosenses 3:17). Toda la persona le pertenece a Dios. Todos los detalles de la vida deben ser llevados bajo el señorío de Jesús. ¿Cómo puede ocurrir esto?

Podemos invitar a Jesús a caminar con nosotros, pedirle que venga junto a nosotros durante nuestras visitas de rutina a todos nuestros lugares de rutina. Pídele a Jesús que se siente contigo en la sala familiar mientras ves televisión. ¿El vídeo que alquilaste está en consonancia con la vida a la cual te ha llamado él? Invita a Jesús a mirar tu carpeta de acciones. ¿Tus inversiones están en consonancia con la perspectiva del reino? Abre tu chequera y pregúntale qué piensa de las compras que hiciste durante los pasados treinta días. Ve con Jesús a tu oficina. ¿Qué piensa él sobre tus estrategias para adelantarte a tus competidores? Camina con él por tu barrio pidiéndole que te deje ver a las personas de tu calle a través de sus ojos. ¿Qué relaciones necesitan restaurarse? ¿Qué actos de bondad han sido aplazados? ¿Reflejan el corazón de Dios mi armario lleno de cosas, mi calendario, mi refrigerador, mi lista de lectura y mi recreación?

Renunciar al liderazgo en cada área de la vida no es una experiencia tipo «ya lo he hecho». Es un proceso que no termina nunca. La vigilancia y la intención no pueden ser dejadas de lado. Por ejemplo, al comienzo de mi caminar con Cristo encontré liberador y sorprendentemente fácil renunciar a mi gusto por decir palabrotas. Nunca me he sentido fuertemente tentado a regresar a ese terreno por mi cuenta. Otra área de la comunicación, sin embargo, me ha desafiado en todos mis intentos de transformación. Disfruto enviando golpes verbales. A veces son juguetones y bienvenidos. Otras veces atravieso la línea límite del buen juicio como si no estuviera ahí. En esas ocasiones mis palabras pueden ser cínicas e hirientes. Cultivar un corazón solo para Cristo en la forma en que hablo es, hasta la fecha, un proyecto de treinta años. Por la gracia de Dios ya he avanzado comparado con hace treinta años atrás.

Confrontemos la idolatría

Más allá de la etapa inicial de rendir nuestras vidas al liderazgo de Cristo, confrontamos un hueco inmediato. Se ve de la siguiente forma:

De: Jesús puede liderar toda mi vida de acuerdo con mis directrices.

A: Jesús puede liderar toda mi vida de la forma en que él desee.

Esta distinción es sutil pero dice mucho. No podemos declarar: «Señor, tú estás a cargo de mi vida», y luego estipular: «Pero recuerda, *yo quiero* amor en mi vida. Estar solo en esta época... no puedo manejarlo y tú lo sabes». Dios conoce infinitamente más de lo que nos alcanza la vista. El viaje de la entrega en este punto no se trata de si Dios está *ahí*. Ni el asunto primario es si Dios será fiel. Nuestras luchas vienen de si lo que Dios escoge es *aceptable*. Dios vendrá, ¿pero nos gustará lo que nos entregue?

Aparte de la doctrina de Dios, el asunto citado más frecuentemente en toda la Biblia es la idolatría (por definición, cualquier cosa adorada en lugar de Dios). Los feos ídolos de piedra o metales preciosos son siempre fáciles de identificar. No obstante, el dios falso de mi tarjeta de crédito tiene una apariencia más placentera y menos perturbadora. Los ídolos de mis sueños y prejuicios más antiguos son, para toda intención y propósito, invisibles para mí… con todo, esas son las deidades malignas ante las cuales me inclino vigorosamente.

En este punto estoy casi impotente para auto–diagnosticar mi condición. ¿Quién puede discernir esa vena de orgullo cuidadosamente oculto que me hace susurrar: «Esta organización tiene suerte al contar con alguien como yo»? ¿Quién puede invocar la envidia que siento por el éxito de aquel vecino… y esa forma insidiosa en la que lo atribuyo a que hizo algo incorrecto o superficial en lugar de bendecir a Dios? ¿Quién puede absorber los efectos venenosos del odio que aún hierve en mi espíritu hacia un miembro de la familia que me hirió cuando yo era niño?

Solo un mentor con el estilo de Bernabé, un consejero con permiso para mirar a través de mi vida, o un grupo de amigos confiables –que se suponen que funcionan como mi Antioquía– están estratégicamente posicionados para decirme la verdad. *Decirme la verdad es su llamado de Dios.* Yo soy capaz de engañarme a mí mismo espiritualmente por el resto de todos mis días. Apartado de relaciones redentoras que incluyan un elemento primario de rendición de cuentas, «un corazón solo para Cristo» nunca será nada más que un mantra. El dominio de

Cristo sobre el centro de mi existencia nunca llegará a ser un don para compartir con el mundo.

Por supuesto, compartimos con el mundo cualquier cosa que hay en nuestros corazones. Nuestro Timoteo, conciente o inconcientemente, imitará el grado en el cual nos hemos entregado al control de Jesús. Lo modelado por nosotros grita más fuerte que lo dicho. El mundo observador estudiará nuestras respuestas y verá evidencia del discipulado transformando una vida humana, o tendrá aun más confirmación de que la iglesia es un bastión de la falsa propaganda. «Un árbol bueno no puede dar fruto malo, y un árbol malo no puede dar fruto bueno» (Mateo 7:18).

Mencionando nuestros falsos dioses es por donde comenzamos. Por la autoridad de la Palabra debemos revelar las mentiras en las cuales están apoyados estos ídolos y luego derrocar su autoridad al descubrir, afirmar y vivir la verdad. La avaricia, por ejemplo, hace cheques para la seguridad y la importancia que no puede pagar. Solo Dios puede cumplir las promesas hechas por el dinero, y solo Jesús es digno de nuestra más profunda confianza. ¿Cómo pueden los individuos y las congregaciones confrontar a este dios falso?

Afirmar la verdad es el primer paso. «No se puede servir a la vez a Dios y a las riquezas» (Mateo 6:24). Un individuo puede decidir memorizar este versículo y ponderar sus ramificaciones inmediatas. Una junta eclesial puede utilizar a uno o dos de sus miembros para servir como «campeones» de este concepto, manteniéndolo al frente en sus reuniones por al menos un año. El segundo paso es hacer una ruptura decisiva con el falso dios. Los individuos pueden participar en una experiencia de entrenamiento en mayordomía tal como los Ministerios Crown, la cual tiene aplicaciones desarrolladas en cada paso. Una junta eclesial puede necesitar reescribir sus propias leyes y procedimientos presupuestales para asegurar que la perspectiva de Jesús en las finanzas sea públicamente honrada. Finalmente, sostener el señorío de Cristo requiere una rendición de cuentas permanente. Un individuo puede hallar unos pocos confidentes espirituales que le ofrezcan el don de la amistad y la supervisión. Una junta necesitará programar oportunidades para detenerse literalmente y preguntarse: «¿Estamos haciendo lo que decidimos hacer? ¿Cristo está siendo honrado por nuestras elecciones fiscales?» Confrontar a los ídolos —cambiar por completo los patrones de largo plazo de creer las mentiras espirituales– no es fácil. Pero es un trabajo en el cual podemos esperar la colaboración más entusiasta del Espíritu Santo.

El legado de una vida entregada

¿Y qué pasa con las personas a quienes hemos descrito como espiritualmente maduras? Aún hay un hueco que debe cerrarse:

De: Le di todo a Jesús para estar completo.

A: Le di todo a Jesús para su gloria.

Desde el principio hasta el final la verdadera espiritualidad no gira en torno a mí. Gira en torno a aquel que es el Señor de todo. He aquí la gran ironía: al permitirle a Cristo ocupar su lugar correcto en el centro de mi existencia, soy enriquecido como nunca antes. La bendición más grande no viene de buscar la bendición por sí misma, sino de desarrollar una pasión vitalicia exclusiva por aquel que bendice. El legado de esa rendición es una confianza creciente en Cristo… en la vida y en la muerte.

Lyman Coleman, fundador de los recursos Serendipity para grupos pequeños, que han bendecido a tantos cristianos durante los pasados cuarenta años, perdió a su esposa, Margaret, en el otoño del 2000. Meses después, Lyman envió una carta en la cual intentaba poner en palabras lo experimentado por él durante el invierno siguiente:

> *No creo que el dolor de haber perdido a Margaret me golpeara hasta que me encontré conduciendo de vuelta a Denver el fin de semana del Año Nuevo. Habrían sido tres días de comunión con mi amada. Me encontré a mí mismo yendo a los «pozos de agua» donde parábamos a lo largo del viaje y caminando sin comer. En las semanas siguientes perdí doce kilos. Leí el correo. Respondí el teléfono. Hice cualquier cosa. Afortunadamente, vivo en una comunidad de casas compartidas donde la gente nota si no estás ahí. Los vecinos supieron mi caso. Uno de ellos me dijo: «En los próximos seis meses vas a tomar la decisión de vivir o de morir».*

Mientras la carta continúa, Lyman describe el agonizante proceso de avanzar, de decidir si su vida es digna o no de vivirse. Y concluye:

> *Con el dinero enviado por la gente para la ceremonia fúnebre compré cientos de bulbos de narcisos y se los di a los vecinos para plantarlos. Ha sido un frío invierno y los narcisos aún están bajo tierra, pero dentro de poco tiempo ellos florecerán en toda su gloria. También ha sido un invierno muy largo para mí. Siento como si no perteneciera a ninguna parte. A nadie. Estoy solo. Perdido. Pero la Pascua está llegando. Estaremos juntos de nuevo. Jesús lo prometió. Yo lo creo. Los narcisos florecerán de nuevo.*

Lyman Coleman escogió vivir. ¿Basándose en qué? En que Jesús no solo está vivo, sino que es el Señor del universo. Por lo tanto, Margaret Coleman, seguidora de Jesús, todavía está viva. Lyman ha anclado su vida en eso.

¿Anclaremos nuestras vidas en la afirmación de Jesús de ser el amo de este mundo y del siguiente? Si es así, no hay misión más grande en este día que avanzar más profundamente en la cuestión de hacer que nuestro corazón sea solo para Cristo.

Preguntas para mayor exploración

De forma personal, en parejas o en grupos pequeños

1. ¿Dónde te ubicarías a ti mismo en los «huecos» de esta marca: como buscador, novato, intermedio o discípulo maduro?

2. ¿Estás de acuerdo con que la «unicidad» de Cristo como la forma de conocer a Dios resulta un escándalo para la gente contemporánea? ¿Qué ejemplos de tu propia experiencia te vienen a la mente?

3. Las encuestas muestran que cerca del noventa y cuatro por ciento de los estadounidenses cree en Dios. ¿Estás de acuerdo, no obstante las normas de «ateísmo práctico» que gobiernan la actualidad, con que la mayoría de las personas está viviendo como si no hubiera Dios?

4. ¿Cuál es tu propia experiencia de conocer a Jesús? ¿Fue un proceso a largo plazo o un desarrollo repentino?

5. ¿En qué área te has entregado sustancialmente al liderazgo de Cristo? ¿En qué área continúas luchando?

Empecemos

Por ti mismo

Hay en juego un millón de dólares. Bueno, la verdad es que vamos a subir las apuestas. La eternidad está en juego. El presentador del concurso se inclina hacia ti y te dice: «Necesitamos su respuesta final. ¿Quién es exactamente Jesucristo y has escogido ser su discípulo por el resto de tu vida?» Escribe tu «respuesta final» personal a esa pregunta de dos partes.

¿Qué cosa, si hay alguna, evita que tu respuesta sea la final? ¿Qué preguntas o preocupaciones deben enfocarse? ¿Qué planeas hacer al respecto?

Como congregación

Un ídolo es cualquier cosa que reciba la atención u honor debidos solo a Cristo. En una reunión de líderes o miembros de la iglesia, formula con franqueza la siguiente pregunta: ¿Ante qué se está inclinando nuestra iglesia que sea menor que Dios? ¿Cómo hemos llegado a semejante situación? ¿Estamos dispuestos a mencionar en voz alta nuestro ídolo, a dejarlo de lado deliberadamente y a darle total atención al Señor?

¿Cuál es nuestro próximo paso y cómo debemos avanzar asumiendo que no todos identificarán el mismo ídolo?

9

Una mente transformada por la Palabra

Progresivamente llegamos a ver el mundo
como Dios lo ve, dejando de lado los valores del mundo
mientras nuestras mentes son continuamente
renovadas por la Palabra de Dios.

Si se mantienen fieles a mis enseñanzas, serán realmente mis discípulos; y
conocerán la verdad, y la verdad los hará libres

(Juan 8:31–32)

Uno de los líderes cristianos que emergió en Europa Oriental tras el colapso del comunismo a finales del siglo XX ha reflexionado de la siguiente manera: «Durante muchos años conocí el significado de estar preparado para morir por Jesús. Ahora conozco lo que significa tener que vivir para Jesús. Te lo aseguro: es mucho más difícil vivir para Jesús que morir por él».

Es difícil vivir para Jesús.

Una razón es que nuestras mentes, moldeadas como están por una cultura que niega nuestra necesidad de una dependencia activa de Dios, no están a la altura de la tarea. No están lo suficiente inmersas en la Palabra de Dios. No podemos «vivir la verdad con amor» si no conocemos la verdad. «La verdad los hará libres» permanecerá como un slogan inalcanzable si no desarrollamos los hábitos que nos ayuden tanto a aprender como a actuar con base en los mandamientos de Dios. Ese sermón dominical de veintitrés minutos, finamente elaborado, tiene pocas posibilidades contra la marea creciente de toda una semana repleta de comerciales, telenovelas, comedias, películas, vallas publicitarias, revistas para adolescentes, Internet, noveluchas, infomerciales y charlas de radio que promulgan un mensaje frecuentemente antitético al nuestro.

Piensa en la dependencia obsesiva de nuestra cultura en las pantallas para recibir información, diversión y guía. En el libro *Todos los hijos de Dios y zapatos azules de ante*, el crítico cultural Ken Myers escribe: «La televisión no es de este modo el medio dominante de la cultura popular, es la única realidad de mayor importancia compartida por toda nuestra sociedad. La cristiandad era definida como una región dominada por el cristianismo. No todos los ciudadanos de la cristiandad eran cristianos, pero todos entendían el cristianismo, a todos les influían sus enseñanzas, todas las instituciones debían contender con él. El cristianismo era la gran suposición de la cristiandad. No me viene a la mente ninguna identidad capaz de semejante rol unificador culturalmente excepto la televisión. En la televisión vivimos, somos y nos movemos» (Crossways Books, 1989, p. 160).

La televisión ha ayudado a promover un sentido de desconexión. Pasamos rápidamente de una experiencia estimulante a la siguiente. Los canales de noticias frecuentemente se apoyan en tres palabras para enlazar sus historias. El locutor dice: «Y ahora esto». Hemos estado hablando acerca de una cosa. Ahora estamos hablando acerca de la siguiente. Lo oído antes ya ha llegado a ser noticia vieja. *Y ahora esto:* he aquí las nuevas noticias. En un mundo que rechaza un estándar final de la verdad, o incluso un filtro interpretativo que nos ayude a diferenciar los hechos importantes de los menos importantes, ¿quién va a decir cuáles noticias en realidad importan?

Perdidos en una selva de información

Un amigo mío del norte de Indiana se fue a caminar por los bosques cercanos a su casa. No tardó mucho en darse cuenta de que no tenía ni idea de dónde estaba ni en qué dirección estaba caminando. Lo que le vino a la mente fueron las palabras sabias de su padre, pronunciadas años antes: «Cuando estés perdido en los bosques, hijo mío, siempre puedes encontrar el norte mirando un árbol. El musgo siempre crece hacia el lado norte». Con obediencia se acercó a un árbol grande. Para su desgracia descubrió que había musgo creciendo por todas partes. «¡Ay, Dios mío!», se lamentó, «estoy en el Polo Sur!»

En el mundo de hoy las marcas antiguas están fallando. La gente está perdida en un bosque de información interminable. Todo parece confuso. ¿En qué dirección vamos? ¿Es mejor una dirección que la otra? En la Era de la Información hay muchas variables que considerar y muchas cosas que saber. Sospechamos que solo unas pocas cosas son dignas de saberse. Pero, ¿qué cosas? Este año se publicarán al menos ciento treinta mil libros nuevos. ¿Cuántos de ellos serán «literatura esencial»? ¿En quién debemos confiar para navegar entre los océanos de información de tal forma que podamos descubrir qué es lo que necesitamos saber?

La respuesta cristiana a este estado de perplejidad es el cultivo de una mente transformada por la Palabra. La Biblia no separa por puntos la información específica requerida para lograr cada tarea en el mundo moderno. Pero suplementa todo lo necesario para que cualquier generación viva la «buena vida» de acuerdo al buen Dios que nos ha dado la vida como regalo.

No dominio, sino transformación

La Biblia es el libro más sorprendente del mundo. Si cien mil personas compraran ejemplares de una novela nueva o del último plan dietético, esas publicaciones automáticamente alcanzarían el estatus de *best sellers*. La Biblia, en comparación, ha sido el libro más vendido cada año desde la invención de la imprenta. Más de mil millones de copias han sido puestas en circulación. Este es un libro sin semejanza con algún otro. Este es un libro que *debemos* conocer, por dentro y por fuera.

Pero seamos sinceros. Aun cuando hay un promedio de seis Biblias por hogar en Estados Unidos, nuestra ignorancia colectiva de lo que contienen sus páginas es asombrosa. En la era de la revista

People y de los sitios de Internet interactivos y multifacéticos, este libro, con sus dos mil páginas sobre grupos de gente arcaica (la mayoría de ellos ya ni existen) y sin fotos, diagramas de barras o trivialidades para ayudarnos por el camino, parece muy oscuro e intimidante para ser comprendido.

Nuestra intención, sin embargo, no es tener un domino completo. A lo largo de la historia son pocas las personas que han dominado el contenido de la Biblia. No se trata tanto del conocimiento como de la transformación: la reformación de nuestras mentes de acuerdo a una perspectiva en consonancia con la mente de Dios. El proceso por el cual esto tiene lugar puede ser descrito como un viaje de renovación.

Pablo desafía a sus lectores en Romanos 12: 2: «No se amolden al mundo actual, sino sean transformados mediante la renovación de su mente». Las palabras en inglés para «conformar» y «transformar» traducen verbos de raíces griegas completamente diferentes. «Conformar» se deriva del sustantivo *schema*, el cual para los griegos se refería a la apariencia externa y siempre cambiante de la persona. Nuestro *schema* se cambia por algo tan simple como un nuevo estilo de peinado. «Transformar», por otra parte, se deriva de la palabra griega *morphe*, la cual habla de la verdadera identidad no cambiante de una persona u objeto. De acuerdo con este versículo, el auténtico cambio espiritual no tiene que ver con adoptar nuevos hábitos o alteraciones cosméticas: estamos llamados a ser transformados («metamorfoseados») en el mismo centro de nuestro ser. La puerta de entrada a tal cambio es la renovación –hacer nueva– de la mente.

«Yo creo...»

¿Cómo empezamos? Empezamos al notar que el típico buscador espiritual, para poder entrar en la experiencia cristiana, debe cerrar un serio hueco de información:

De: Mi entendimiento del Jesús de la Biblia es insuficiente para hacerme querer darle mi vida.

A: Sé bastante del Jesús de la Biblia para pedirle que sea el líder y perdonador de mi vida.

Jesús se dirigió entonces a los judíos que habían creído en él, y les dijo:

—Si se mantienen fieles a mis enseñanzas, serán realmente mis discípulos; y conocerán la verdad, y la verdad los hará libres (Juan 8:31–32).

¿Cómo llegamos a tener la libertad espiritual prometida por Jesús? Regresemos a estos dos versículos. La libertad viene de conocer la verdad. ¿Cómo conocemos la verdad? Al descubrir lo enseñado por Jesús y «aferrarnos» a ello. ¿Y dónde encontramos lo enseñado por Jesús? Solo hay una fuente en el mundo que afirma de manera creíble presentar el mensaje completo de Jesús: la Biblia. Hay una necesidad ampliamente sentida de tener un acceso más fácil a este libro. «¿Cuándo va a salir la versión en película?», es la pregunta operativa de nuestra época.

Hace pocos años presentamos un minicurso por las noches y entre semana llamado La Biblia para tontos. ¿Qué clase de personas serían lo suficiente vulnerables o estarían tan desesperadas como para asistir a una clase con semejante título? *Toda clase* de personas asistieron: miembros fundadores de la iglesia, cristianos nuevos, introvertidos, extrovertidos, escépticos y estudiantes veteranos de la Biblia. Nuestra experiencia es que hay casi un hambre espiritual por un mejor manejo de la Palabra. Los líderes de las iglesias ya no pueden dar por hecho que cuando dicen: «Por favor, abran el libro de Efesios», la mayoría de los oyentes sabe dónde encontrarlo.

Los buscadores espirituales tienen una pregunta específica: «Si hago un compromiso con Cristo, ¿Qué va a seguir a las palabras *yo creo?*» ¿Cuál sería un resumen apropiado de la amplitud de la Escritura? Una declaración con brevedad y precisión suficientes se llama credo, un término derivado de la palabra latina *credo*, la cual quiere decir «yo creo».

En el libro *Speaking As One* [*Hablando como uno solo*], Scott Hoezze señala que los credos no son propiedad privada de los grupos religiosos. El Dr. Timothy Leary, el gurú contracultural de los años sesenta, que abogó por el uso personal de drogas, resumió sus creencias en tres frases cortas: *sintoniza, inicia, abandona*. El credo del famoso ateo Robert Ingersoll podría expresarse en cuatro frases:

La felicidad es el único bien.

El lugar para ser feliz es aquí.

El tiempo para ser feliz es ahora.

La forma de ser feliz es hacer felices a otros.

(Eerdmans, 1997, p.7–8)

Incluso los «no creyentes» tienen algo en lo que creen. Todos deben preguntarse: «¿Qué es digno de mi máxima lealtad? ¿Qué credo es digno de que se viva para él y qué creencias son dignas de que se muera por ellas?» Los aprendices vitalicios de Jesucristo están convencidos de que una mente continuamente expuesta a la narrativa, la poesía y la proclamación del Antiguo y Nuevo Testamento será cada vez más capaz de distinguir lo que es eternamente importante de lo que es trivial.

Nuestro dilema, por supuesto, es que la Biblia es un libro enorme. Quienes están explorando las afirmaciones del cristianismo necesitan una «versión corta» con la cual puedan envolver sus mentes. Aquí no necesitamos reinventar la rueda, puesto que la iglesia lleva dos milenios trabajando en este proyecto. Yo pertenezco a una tradición cristiana que reconoce y celebra once declaraciones históricas de la fe. Algunas son antiguas y concisas (*el Credo de los apóstoles y el Credo Niceno*), algunas hablan a la mayoría de los aspectos grandes del pensamiento y la vida cristiana (*La Confesión de Fe de Westminster*), otras han sido escritas en nuestra época.

En los años recientes, los estadounidenses se han emocionado menos con los credos que con ubicar «los diez versículos principales de la Biblia» o presentar «el camino romano a la salvación», un manojo de declaraciones seleccionadas de la carta de Pablo a la iglesia de Roma. La última versión corta de la Biblia es esa señal pintada a mano que se ondea en las graderías durante los partidos de fútbol americano televisados para toda la nación: *Juan 3:16*. ¿Qué necesitan saber exactamente los buscadores? Tienen que entender cómo y por qué Jesús afirmó ser la respuesta eternamente correcta a la pregunta: *¿Quién es tu Señor?* Lo que esto implica variará de persona a persona. Una cosa podemos decir con certeza: saber uno que otro versículo y recitar alguna que otra doctrina no es a lo que Pablo se refiere con la renovación de la mente. Eso va a requerir un encuentro mucho más exhaustivo con la Palabra.

Llegar a lo resaltado

Pedro, escribiendo para un grupo de principiantes en el camino del discipulado, ofreció este consejo: «Deseen con ansias la leche pura de la palabra, como niños recién nacidos. Así, por medio de ella, crecerán en su salvación» (1 Pedro 2:11). Acá está el hueco a ser cruzado:

De: La Biblia es abrumadora

A: Entiendo la historia básica y las enseñanzas de la Biblia.

Llegar a conocer la Biblia es como llegar a familiarizarse con una ciudad grande y vibrante. Vamos a considerar Chicago, la tercera área metropolitana más grande de Estados Unidos. Si fuéramos completamente extranjeros en Chicago, ¿Cómo podríamos avanzar en la tarea de descubrir la ciudad?

Podemos empezar por un sobrevuelo. Si has estado en un jet a diez mil metros de altura sobre la Ciudad de los Vientos, has entendido de forma preliminar el gran tamaño y la complejidad del área. Pero mirar por la ventana de un avión no puede confundirse con «conocer» la ciudad. Para entender de primera mano el aspecto, el sentir y los valores de Chicago, tendríamos que conducir por sus calles y entrar en contacto con sus residentes. Esa es la tarea del estudio bíblico. Una visión a vuelo de pájaro no es suficiente. Nuestro llamado es a experimentar estas páginas por nosotros mismo.

¿Cómo comenzamos? ¿Arrancamos con el primer versículo de Génesis y leemos derecho a partir de ahí? Francamente, eso sería como empezar por el sur de Chicago y zigzaguear de ahí para arriba cada calle y pasaje hasta llegar a Evanston, Illinois, en el costado norte. ¿Podríamos recordar de alguna manera cómo distinguir esas calles y al llegar al final del camino discernir cuáles eran las más importantes?

Tal vez este es el año en el cual decidiste que lo harías. Empezando el 1 de enero ibas a leer derecho toda la Biblia y disfrutarías los últimos párrafos del libro de Apocalipsis con Dick Clark en la noche de Año Nuevo. Los más ávidos lectores de la Biblia, sin embargo, se estrellan en el mes de febrero, más o menos cuando se encuentran el Código de Santidad del libro de Levítico... también conocido como el Departamento Principal de Tachones: «No cocines el cabrito en la leche de su madre», «no planten en su campo dos clases distintas de semilla», y así sucesivamente.

No te desanimes si has intentado la Gran Expedición de Leer la Biblia y has fracasado. La Biblia es un libro de historia –es una historia real enraizada en el espacio y el tiempo relacionada con gente real– pero no debe leerse sucesivamente para ser entendida. Si estuvieras visitando Chicago por primera vez, el mejor consejo sería experimentar varias cosas que resaltan. Ve al Shedd Aquarium. Sube en el ascensor hasta la parte más alta de la Torre Sears. Camina alrededor del Museo de la Ciencia y la Industria. Pide una hamburguesa con queso y un batido en Ed Debevic, el restaurante al estilo de los años 50.

Ese es un plan funcional para hacer tu primera visita a la Biblia también. Algunos capítulos e historias son mucho más importantes y accesibles que otros. Ve a esos primero. Al final de este capítulo hay una lista de las cuarenta principales «direcciones» de la Biblia de textos bien conocidos y citados a menudo. En tu búsqueda de familiarización con la Escritura, empieza por visitar lo que resalta.

Vayamos detrás de bastidores

Los ciudadanos de Chicago no dudan en reconocer que una parte de su ciudad es la más estratégica. Se trata del distrito de negocios llamado The Loop. Los cristianos identifican también una clase de «distrito de negocios» espiritual en la Biblia. Es el Nuevo Testamento, particularmente las cuatro biografías de Jesús, conocidas como los Evangelios: Mateo, Marcos, Lucas y Juan. Adquirimos práctica inicial para el estudio de la Biblia en esos cuatro libros porque ellos son la clave para todo lo demás. Solo ellos nos informan sobre Jesús, el Mesías predicho en el Antiguo Testamento. Y ellos nos proveen del contexto necesario para entender el resto del Nuevo Testamento.

En el libro *Hearing God* [Oyendo a Dios], Dallas Willard le escribe a la persona que adopta un enfoque Tipo A para adentrarse en toda la Biblia en un año: «Puedes disfrutar de la reputación... y puedes felicitarte a ti mismo. ¿Pero llegarás a ser más como Cristo y más lleno de la vida de Dios? Es mejor tener diez versículos buenos en un año transferidos *a la sustancia de nuestras vidas* que tener un ramalazo de cada palabra de la Biblia ante nuestros ojos» (InterVarsity Press, 1999, p. 163).

Con el tiempo nos sentiremos llevados a salir de los textos familiares para experimentar lo que hay detrás de bastidores. Si de verdad queremos conocer Chicago, después de todo, no podemos pasar todo nuestro tiempo en el lobby del Planetario Adler. Debemos visitar los distritos históricos de la ciudad y experimentar los viejos vecindarios donde no es raro adentrarse en un mundo completamente diferente solo por cruzar al otro lado de una sola calle.

De la misma forma, los estudiantes de la Biblia tienen su intención de conocer acerca de «los distritos históricos» de la Palabra de Dios. Esa es la razón por la cual vamos a querer leer a lo profetas… para descubrir por qué Ezequiel se acostó sobre su lado izquierdo durante meses sin cambiar solo para hacer un punto memorable. Querremos viajar con Pablo y Timoteo en sus misiones de predicación para oír por qué lo políticos envidiosos decían: «Estos que han trastornado el mundo entero han venido también acá». Querremos conocer a Sansón, el tipo con una musculatura impresionante pero nada en el cerebro. Y finalmente querremos leer por nosotros mismos esas regulaciones sorprendentemente específicas dadas por Dios a Israel, las cuales en realidad solamente eran su forma de decir: «Si quieren acercarse a un Dios santo, acá está la forma en la cual deben vivir».

No tenemos que emprender esta búsqueda por nosotros mismos. En los años recientes el número de herramientas y oportunidades de estudio bíblico simplemente ha explotado. Siglos de reflexión cristiana ahora están a solo cuatro clics de distancia en nuestros computadores. Nuestro recurso más grande, sin embargo, es el privilegio de estudiar la Escritura en comunidad. Dentro de nuestras «Antioquías» podemos reunir a un grupo de compañeros aprendices; ya sea un grupo pequeño el cual está labrando su camino a través de una parte específica de la Biblia, o un formato de presentación más grande que nos permita experimentar los frutos del estudio de alguien más. Resulta especialmente efectiva una combinación de estas dos estrategias.

Anhelemos los mandamientos de Dios

La jornada de la renovación llama a un compromiso personal siempre creciente con la revelación de Dios:

De: A menudo dejo que la Biblia informe mi entendimiento y elecciones.

A: Estudio la Biblia apasionadamente, permitiéndole moldear totalmente mi comprensión y mis elecciones.

De acuerdo al paradigma del cristianismo, la calidad de nuestra vida espiritual depende de la forma en la cual respondamos a las primeras dos preguntas de relación: ¿quién es mi Señor? y ¿quién soy yo? Apartadas de un compromiso tenaz a estudiar y obedecer las Escrituras, nuestras respuestas serán suposiciones en el mejor de los casos... y sueños diurnos de autocomplacencia en el peor.

Numerosos textos nos dicen que la Biblia debe ser tenazmente consumida para moldear nuestros mundos internos. Dios le dijo a Josué: «Recita siempre el libro de la ley y medita en él de día y de noche; cumple con cuidado todo lo que en él está escrito. Así prosperarás y tendrás éxito» (Josué 1:8). «Dichoso el hombre... que en la ley del Señor se deleita, y día y noche medita en ella» (Salmo 1: 1–2). «Jadeante abro la boca porque ansío tus mandamientos» (Salmo 119:131). «Al encontrarme con tus palabras, yo las devoraba; ellas eran mi gozo y la alegría de mi corazón» (Jeremías 15:16). «[Los de Berea] eran de sentimientos más nobles que los de Tesalónica, de modo que recibieron el mensaje con toda avidez y todos los días examinaban las Escrituras para ver si era verdad lo que se les anunciaba» (Hechos 17:11).

Meditar, deleitarse, devorar, respirar, anhelar, examinar con avidez. Una iglesia hacedora de discípulos debe crear y sostener una cultura en la cual la gente arda de pasión por conocer y aplicar la Palabra.

Inmersión diaria

Para llegar a ser como Jesús debemos vivir de la forma en que vivió Jesús. Para tener una mente transformada por la Palabra debemos sumergirnos en la Palabra, como lo hizo Jesús. Cuando él dice: «Si se mantienen fieles a mis enseñanzas, serán realmente mis discípulos» (Juan 8: 31), debemos estar de acuerdo con él en cuanto a que «mantenernos fieles a» su enseñanza es algo más que aprender *acerca de* ella; la obediencia quiere decir hacer de la instrucción de Jesús una parte diaria y real de la rutina de la vida. La transformación requiere un plan para empezar y perseverancia para mantenerse en el camino.

Un buen lugar para empezar es apartar una porción específica de cada día para leer la Biblia y simplemente reflexionar sobre ella. No hay prisa. No se trata de una carrera. Muchos discípulos han identificado los elementos esenciales de esa clase de tiempo:

Detente

Sin falta, aparta un período de tiempo de quince a veinte minutos para sentarte en la presencia de Dios cada día.

Ponlo en mudo

Presiona el «off» del control remoto de tu televisor; dale la bienvenida al silencio en tu vida en vez de al ruido de fondo.

Ora

Ríndele todo tu corazón y toda tu mente a la obra del Espíritu de Dios, pidiéndole al Espíritu que te ayude a ver los detalles de tu vida desde la perspectiva de Dios.

Lee

Escarba en la Biblia, unos pocos párrafos cada vez.

Aplica

Diariamente, pon en práctica al menos una cosa que hayas aprendido; medita o rumia una palabra, frase o versículo.

Este patrón de compromiso personal intencionado con la Palabra ha sido transmitido, vida a vida, por cientos de generaciones espirituales: Bernabé a Pablo, Pablo a Timoteo, Timoteo a «creyentes dignos de confianza, que a su vez estén capacitados para enseñar a otros» (2 Timoteo 2: 2). Sostener este patrón afirma nuestra esperanza de que la siguiente generación espiritual conozca la libertadora verdad de Cristo *de primera mano*.

Para poder avanzar no hace falta que resolvamos todo tema, duda y pregunta respecto a los detalles de las Escrituras. Pascal tenía razón: «El corazón no puede creer lo que la mente sabe que es falso». Las preguntas sinceras merecen respuestas sinceras. Pero no podemos poner permanentemente nuestra vida espiritual en «neutro» mientras esperamos respuestas satisfactorias a cada consulta. Los cristianos de todas las épocas, aunque reconocen el menú siempre cambiante de las preguntas difíciles, han estado de acuerdo en que ya tenemos a mano suficientes razones para confiar en Dios. Billy Graham dijo una vez: «Un cohete que siempre está colocado en la plataforma de lanzamiento, siendo recargado de combustible, nunca debe preocuparse por la guía, porque no está yendo a ninguna parte. Pero si el cohete es lanzado, su sistema de guía se activará, tal como fue diseñado». Mientras damos un paso al frente y ponemos en práctica lo que estamos aprendiendo, incluso si solamente sabemos el principio de lo que Dios nos está llamando a hacer y ser, Dios ha prometido transformar nuestra voluntad en la renovación de nuestros mundos internos.

En ocasiones el paso de esa transformación puede parece lento, como la formación de las placas tectónicas. Por otra parte, esas placas se las arreglaron para hacer surgir las Montañas Rocosas. Dios es fiel. Mientras alineemos nuestras mentes con la Palabra, vamos a ser cambiados.

Significados siempre más profundos

El discípulo maduro al final llega a un lugar donde un enfoque académico a las Escrituras es suplantado por una experiencia mucho más rica:

De: La Biblia es algo para ser estudiado.

A: La Biblia es algo para ser respirado.

¿Hasta qué punto quieres conocer Chicago? Si quieres conocerlo bien, no solo aparecerás de visita de vez en cuando. *Múdate allá.* Hazte residente. Ese es nuestro llamado cuando se trata de la Palabra de Dios. ¿Por qué ser turistas cuando podemos vivir en medio de estas palabras y ellas pueden vivir en nosotros el resto de nuestras vidas? En particular, queremos asegurarnos de que nuestro aprendizaje de la Biblia no se entierre en nuestras cabezas de forma que nunca encuentre su camino a través de nuestros corazones y manos. Date cuenta de que en Josué 1:8 el propósito esencial de esta meditación diaria era que él pudiera cumplir con cuidado toda cosa extraída por él de la Palabra.

Cuanto más avancemos como discípulos, más descubriremos que Dios nos habla a través del mismo texto de las Escrituras en formas siempre dependientes. Justo después de que Josué recibiera los mandamientos de meditar en la ley de Dios, oyó estas palabras: «Ya te lo he ordenado: ¡Sé fuerte y valiente! ¡No tengas miedo ni te desanimes! Porque el Señor tu Dios te acompañará dondequiera que vayas».

Año tras año, mientras seguimos volviendo a ese versículo, descubrimos las nuevas dimensiones de la realidad de Dios en nosotros. Muchas cosas pueden ocurrir entre las visitas a Josué 1:9. Podemos haber terminado con alguien a quien amábamos. Tal vez perdimos el trabajo que pensábamos iba a ser para siempre. Tal vez hemos visto colapsar los rascacielos de Nueva York. Ahora, cuando leemos una vez más que no necesitamos aterrorizarnos o desanimarnos, recibimos esa noticia con una profundidad totalmente diferente de gratitud y maravilla. Solo una mente transformada por la Palabra sabe que todos los terrores terrenales no tienen fundamento, y que ninguna forma de desánimo debe ser la final. Podemos conocer la verdad. Y como dijo Jesús, es solo esa verdad la que nos hace libres.

La historia de una búsqueda

Se cuenta la historia de un joven que le anunció a su padre que iba a comenzar estudios teológicos en un seminario concreto. Su padre, que sentía un gran respeto por la autoridad de las Escrituras, tenía sus dudas acerca de dicho seminario. Era la clase de institución que podría desacreditar los relatos de milagros bíblicos. Él le dijo a su hijo: «Solo espero que cuando vuelvas, la historia de Jonás y el pez todavía esté en tu Biblia».

Tres años más tarde, cuando el hijo había completado sus estudios, esa fue la pregunta precisa que le hizo sus padre: «Entonces, ¿todavía está Jonás en tu Biblia?» «Dios mío, papá, ¿Por qué preguntas eso?, Jonás ni siquiera está en *tu* Biblia». «¡Claro que está!», respondió el padre. «Entonces muéstramelo», le respondió su hijo. Durante varios minutos el padre esculcó afanosamente su Antiguo Testamento en busca de Jonás. «No está ahí, papá», le dijo el hijo. «El día que me fui para el seminario abrí tu Biblia y le recorté el libro de Jonás. Ahora dime: *¿Cuál es la diferencia entre no creer que es verdad y ponerle tan poca atención que ni siquiera te das cuenta de su ausencia?*

Esa es la cuestión que revolotea alrededor de la segunda marca de un discípulo. ¿Estamos dispuestos a aprender *–y a poner en práctica–*las palabras precisas de Dios? Se requiere de toda una vida, pero puede hacerse. Y ninguna labor es más digna de nuestro tiempo.

Los «cuarenta principales» de la Biblia

1. La creación, el Edén y la caída (Génesis 1–3).

2. Noé y el arca (Génesis 6–8).

3. Abraham y el sacrifico de Isaac (Génesis 22).

4. La historia de José y sus hermanos (Génesis 37–45).

5. Moisés en el Nilo y la zarza ardiente (Éxodo 1–4).

6. Las diez plagas, la Pascua y el mar Rojo (Éxodo 7–14).

7. Los diez mandamiento (Éxodo 20).

8. Josué se enfrenta a las murallas de Jericó (Josué 1–6).

9. Las desventuras de Sansón (Jueces 13–16).

10. La historia de amor de Rut (Rut 1–4).

11. David contra Goliat (1 Samuel 17).

12. La dificultad de Job y la respuesta de Dios (Job 1–3, 38–42).

13. El salmo del pastor (Salmo 23).

14. La confesión personal de David (Salmo 51).

15. Los salmos de adoración y alabanza (Salmo 93–100).

16. El cuidado y el amor íntimo de Dios (Salmo 139).

17. Levantando las alas como las águilas (Isaías 40).

18. El Mesías como siervo sufriente (Isaías 53).

19. La predicción del Nuevo Pacto (Jeremías 31).

20. Tres hombres en el horno (Daniel 3).

21. Daniel en el foso de los leones (Daniel 6).

22. La historia de Jonás, el predicador reluctante (Jonás 1–4).

23. La historia de la Navidad (Mateo 1–2, Lucas 1–2).

24. El Verbo hecho carne en Jesús (Juan 1).

25. El sermón del monte, de Jesús (Mateo 5–7).

26. Jesús alimenta a cinco mil y camina sobre el agua (Marcos 4).

27. Jesús habla con Nicodemo (Juan 3).

28. Las parábolas del buen samaritano y el hijo perdido (Lucas 10, 15).

29. La predicción de Jesús sobre el final del mundo (Mateo 24).

30. El domingo de ramos, la última cena y la crucifixión (Marcos 11–15).

31. Jesús resucita de entre los muertos (Lucas 24, Juan 20).

32. El Espíritu Santo llega en Pentecostés (Hechos 2).

33. Pablo se encuentra con Jesús en el camino a Damasco (Hechos 9).

34. Nada nos puede separar del amor de Dios (Romanos 8).

35. El amor es la cualidad más grande (1 Corintios 13).

36. El fruto del Espíritu Santo (Gálatas 5).

37. Alegrarse en el Señor siempre (Filipenses 4).

38. El Salón de la Fama de la fe (Hebreos 11).

39. Como Dios amó al mundo, debemos amarnos los unos a los otros (1 Juan 3–4).

40. Nuestro futuro en el cielo (Apocalipsis 21–22).

Preguntas para mayor exploración

De forma personal, en parejas o en grupos pequeños

1. ¿Dónde te ubicarías en los «huecos» de esta marca: como buscador, principiante, intermedio, o discípulo maduro?

2. «Es duro vivir para Jesús». ¿Cuál es en tu opinión la cosa más difícil en la cuestión de vivir para Jesús en el mundo de hoy?

3. ¿Alguna vez has tenido un hambre voraz por la Palabra de Dios? ¿Qué lo produjo y cuál fue el resultado?

4. ¿Qué está en boga en cuanto al estudio bíblico justo ahora en tu iglesia? ¿Cuál es, en tu opinión, la necesidad del momento?

5. ¿Te viene a la mente algún texto de la Biblia cuyo significado haya cambiado o crecido en importancia en tu propia experiencia con el paso de los años?

Empecemos

Por ti mismo

La transformación de la mente a través del estudio de la Palabra de Dios no puede lograrse por medio de atajos. Va a requerir tiempo. Determina la cantidad de tiempo en minutos y horas que le dedicas actualmente a cada gran actividad que forma parte de tu rutina. ¿Cuánto tiempo por semana estás dedicando en el presente al desarrollo espiritual personal y el estudio bíblico? ¿Cuánto tiempo crees que Dios te está llamando a dedicar? Haz una lista de las prioridades y actividades que necesitarán cambiar para poder cumplir el llamado... y siéntate y comparte tu plan de acción con alguien más.

Como congregación

A toda la iglesia se le presenta el desafío de enseñarles a sus afiliados la línea histórica básica de la Biblia. Si tu iglesia nunca ha identificado el amplio espectro y los principales puntos del Antiguo y Nuevo Testamento, crea un equipo que produzca esas declaraciones. Este proyecto puede llevar varios meses. Si tu iglesia ya ha identificado la narrativa esencial de la Escritura, investiga si los grupos por edades en tu rebaño —niños, adolescentes, adultos jóvenes, personas en la mitad de su vida y adultos mayores— están oyendo este mensaje de forma repetitiva y si ya «lo han hecho suyo».

¿Cómo planeas hacer el paso crucial de la evaluación?

10

Los brazos del amor

Como manos y pies de Jesús en el mundo, llegamos junto a quienes
están en necesidad, a extender la compasión, a darle la bienvenida
al extranjero y a vivir en una comunidad de cuidado mutuo con otros discípulos.

Estamos en una jornada de amor incondicional.

De este modo todos sabrán que son mis discípulos,

si se aman los unos a los otros

(Juan 13:35)

Hace unos pocos años me encontré en necesidad de pasar cinco minutos en el vestíbulo de una cafetería. Mis ojos fueron llevados a una máquina de aspecto extraño que en letras rojas brillantes plateaba una pregunta intimidante: «¿Qué clase de amante eres?». Saliendo de la máquina había una mano de plástico de tamaño real. Leí las instrucciones. Si depositaba veinticinco centavos y apretaba la mano, esta haría moverse un puntero que proveería una valoración de cuán vaporosa era mi vida amorosa.

Se me ocurrió, debido a mi necesidad de saludar con un apretón de manos los domingos, que esta podía ser una información útil. A menudo me he preguntado si la gente que sale de nuestros cultos piensa: «Ese fue el apretón de manos de una persona que ama mucho». Mirando a la escala, asumí que probablemente registraría en alguna parte entre *Cálido* y *Macho*.

El otro lado de la escala, no obstante, se veía mucho menos amistoso. Dependiendo de cómo asiera esa mano de plástico podía terminar en *Debilucho* o *Sr. Hielo*. ¿Qué estaba buscando la máquina? ¿Debía apretar fuerte, como una persona que se dedica a hacer yunques, o debía asumir una posición más sensible? Al final no hice ninguna de las dos cosas. Llegué a la conclusión de que sería mala mayordomía gastar veinticinco centavos en apretarle la mano a una máquina en una cafetería solo para descubrir que soy un debilucho.

La obsesión de nuestra cultura por el amor se ha ido claramente de las manos, sin ser irónico. Las canciones, las películas, la ropa, las fragancias, la publicidad, los automóviles e industrias enteras prometen la liberación de relaciones intoxicantes. En la película *La princesa prometida*, el héroe sufre una muerte trágica. Pero espera. Puede resucitar si en realidad estaba persiguiendo una causa digna. «El verdadero amor» es la misión que lo devuelve a la vida. En nuestra sociedad el verdadero amor es el premio por antonomasia. Si la Biblia dice que Dios es amor, en Estados Unidos se dice que el amor es Dios. Sería trágico vivir y morir sin experimentar el verdadero amor. ¿Cómo podemos estar seguros de no perdérnoslo?

¿Reúnes calificaciones para el amor?

Para esa pregunta sincera la cultura occidental ha desarrollado, durante los pasados trescientos años, una cruel respuesta de cuatro partes. Para experimentar el verdadero amor debes reunir calificaciones de acuerdo con al menos uno de los siguientes parámetros. Primero, *sé hermoso*. Esto es casi tan frustrante como decirle a quienes quieren ser jugadores de baloncesto: «Ahora asegúrate de crecer mucho». Nadie se da el lujo de escoger selectivamente sus cromosomas, y los conceptos culturales de belleza cambian cada poco tiempo de cualquier forma.

Así que intenta el número dos: *ser adorable*. Sé la clase de persona que otros quieren tener cerca. Desafortunadamente, esto genera preocupación con preguntas como: «¿Cómo resulto? ¿Soy inteligente? ¿Soy gracioso? ¿Soy divertido?» Las otras personas llegan a tener un enorme poder sobre mí: sus opiniones determinan literalmente si hoy voy a ser feliz.

Si fallamos en los estándares relacionados con ser bellos y adorables, siempre podemos intentar *ser fascinantes*. Cuando la genética y el temperamento se quedan cortos, podemos buscar la química, los cosméticos y los accesorios que hagan juego con el color. Las líneas de productos prometen hacer retroceder el reloj y abrir los ojos ciegos de compañeros potenciales. Recientemente me topé con un anuncio publicitario llamado *Love's Bouquet* con el encabezado: «¡Nunca volverás a estar solo!» La publicidad decía: «Lo único que necesitas para cautivar a un nuevo compañero o revivir un romance que desfacellece es un toque o dos de esta poderosa "poción de amor en una botella". *Love's Bouquet* contiene una fórmula química ferozmente irresistible la cual LLEVA al sexo opuesto hacia ti sin que sean conscientes de estarlo haciendo. Jennifer de Wisconsin dice: "Los hombres que eran tímidos, ahora son realmente incapaces de alejarse de mí"». Me quedé pensando: ¿Será que unas gotitas de *Love's Bouquet* en el vino de la comunión es la respuesta a la búsqueda de nuestra iglesia para un compañerismo mayor?

Cuando todo está dicho y hecho, la prescripción del mundo para encontrar el verdadero amor es la cuarta: *ten suerte*. El amor existe, pero en la lotería de la vida no hay garantía de que vayas a estar en el lugar correcto y en el momento correcto para recibirlo. ¿Qué pasa cuando llegamos a creer que la experiencia que más valoramos —ser amados— está limitada a la belleza física, las habilidades sociales o la estúpida suerte? Terminamos viviendo en una clase de desespero, invirtiendo en apariencias superficiales y fracasando frecuentemente en desarrollar la belleza de nuestro verdadero yo.

La impresionante fuente del amor

La iglesia enfrenta una tarea monumental. Nuestra cultura canta *lo único que necesitamos es amor*. Nuestro llamado es enseñarle a la cultura una nueva canción. Lo necesitado por todos, más que cualquier otra cosa, es una devota pasión por Jesucristo. Irónicamente, pretender el amor casi garantiza no recibirlo. Pretender a Jesús provee al amor, y esa es la ventaja más obvia de esa relación. Descubrir el origen del verdadero amor es el «hueco» primario que debe ser sorteado por el buscador espiritual.

De: Mi búsqueda del amor está limitada por mis propias emociones, relaciones y experiencias personales.

A: Sé que Dios me ama incondicionalmente y entregó a su Hijo para que muriera por mí.

Lo que aprendemos de las Escrituras es que el amor real no está relacionado en absoluto ni con la química ni con los sentimientos. No es una gran ola de sentimientos románticos que nos deja desesperados de una experiencia a otra. Si existe de verdad una poción que traiga a otras personas a nuestro lado en contra de sus voluntades, entonces podemos estar seguros de que no es el amor lo que los está dirigiendo. La Biblia nos asegura que el verdadero amor no llega a nuestro camino porque seamos muy lindos, muy inteligente o *muy* cualquier cosa. Somos amados porque Dios nos ama. Punto. «En esto consiste el amor: no en que nosotros hayamos amado a Dios, sino en que él nos amó» (1 Juan 4:10).

¿Qué tal si solo tuviéramos una descripción del amor en la Biblia y esa fuera lo leído dos frases antes en 1 Juan 4:8?: «El que no ama no conoce a Dios». Si tenemos completamente en cuenta nuestro fracaso constante para amar a quienes están a nuestro alrededor, entonces podríamos llegar con seguridad a la conclusión de que ninguno de nosotros «conoce a Dios». Debemos mirar aun más allá en la narrativa de Juan, al versículo 19: «Nosotros amamos a Dios porque él nos amó primero». Dios es la fuente de todo amor en el universo. Dios no nos ama porque «seamos los primeros». Dios es el iniciador. De hecho, la forma verbal en 1 Juan 4:8 es traducida mejor así: «El que no *se mantiene escogiendo el amor de forma activa…*». Nuestra relación con Dios —«conocer a Dios»— es revelada por un impulso constante y siempre creciente de amar a otros, aun cuando regularmente nos quedemos cortos en ese ideal.

El significado de ágape

Los griegos tenían un vocabulario amplio para su experiencia del amor, y el apóstol Pablo podría haber escogido una buena cantidad de palabras para expresar los sentimientos de un ser humano por otro. Pero cuando llegó el momento de declarar la esencia del amor de Dios por nosotros –y la clase de amor que Dios nos ha mandado a *escoger*– Pablo procuró una palabra difícil usada en la cultura griega, tal vez porque era difícil imaginar, que semejante cosa pudiera ser posible. Pablo escogió la palabra *ágape*, la cual describe un amor sin condiciones o límites. Cada vez que vemos la palabra «amor» en la muy celebrada discusión de este asunto en 1 Corintios 13, estamos viendo una traducción de la palabra *ágape*.

¿Qué sabemos de esta palabra extraordinaria? De acuerdo a la Biblia, *ágape* viene de una y solo una fuente en el universo. La fuente es Dios. Si nuestros corazones están llenos de *ágape*, es solo porque Dios lo ha ubicado ahí. Todos nosotros somos capaces de recibir y llevar el amor *ágape* de Dios, pero es igualmente cierto que todos tenemos goteras. Necesitamos recargas con regularidad. No es como si hubiéramos recibido en 1989 todo el amor que íbamos a necesitar siempre. El *ágape* debe ser hecho pleno cada día. Llenar nuestros corazones del amor de Dios es un poco como viajar a las cataratas del Niágara para llenar un cántaro de agua. No hay una posibilidad seria de que el agua se gaste antes de llenar los cántaros, no importa cuantas veces hagamos el viaje.

Más aun, aprendemos que Dios no puede ser disminuido por compartir su *ágape* con nosotros. «[El amor] todo lo disculpa, todo lo cree, todo lo espera, todo lo soporta. El *ágape* jamás se extingue» (1 Corintios 13:7–8). A veces nosotros los seres humanos tenemos miedo de amar. Hemos quitado los sujetapapeles y llevado a cabo un inventario interno meticuloso. Hemos medido exactamente cuánto amor tenemos en el tanque de reserva y sabemos que no hay forma de tener suficiente como para seguir andando. Dios debe dejar de enviar personas nuevas a nuestras vidas porque estamos asustados de amar de una forma plena a muchas personas, pues nos quedaremos por completo vacíos.

Las parejas y los grupos de amigos íntimos pueden ser especialmente vulnerables a este concepto. Temen ampliar el círculo de su afecto por miedo a que su amor pueda diluirse. Un esposo y una esposa que están esperando un hijo a veces tienen escalofríos al pensar cómo va a afectar el nuevo bebé el equilibrio del amor en el centro de la relación. Los padres que ya tienen un hijo, al cual adoran absolutamente, no pueden imaginarse compartir ese amor con un segundo hijo. Simplemente nos enredamos con las matemáticas. Si hemos estado experimentando este gran amor incondicional y la familia está creciendo ahora de tres a cuatro, eso quiere decir que todos van a recibir el treinta y tres por ciento menos de amor. El hijo mayor, por supuesto, anticipa la posibilidad de ver su amor disminuido siquiera en un uno por ciento.

¿Qué pasa de verdad, sin embargo, según nuestra propia experiencia? Podemos preocuparnos por las divisiones, pero el *ágape* tiene que ver por completo con la multiplicación. Cuando Dios es la fuente, siempre hay suficiente amor para continuar. Siempre hay suficiente espacio para ampliar nuestro círculo de amigos. Los hijos que tienen diez hermanos y hermanas reportan con frecuencia que su casa era donde más se notaba el amor en toda la cuadra.

Cautivados por el amor de Dios

Algunos de nosotros tendemos a decir en este momento (aunque no en voz alta): «Gracias por tal teología llena de inspiración, pero no es de eso de lo que tengo hambre. Anhelo el afecto y la alegría de la seguridad que se da solo en las relaciones íntimas». A esto Dios responde: «Sí, te creé con esa hambre: un hambre de amor que se llena solo en una relación conmigo». Los creyentes de las generaciones previas han entendido la intimidad con Dios como el fin de la búsqueda del amor real. El poeta del siglo XVI, John Donne, compuso estos impresionantes versos de pasión:

> *Golpea mi corazón, Dios tripartito,*
> *llévame a ti, cautívame, porque yo*
> *a menos que me encierres, no he de ser libre*
> *ni casto a menos que tú me ates.*

La Biblia declara que el «verdadero amor» está siendo cautivado por el amor de Dios. Conocer el amor de Dios con nuestros corazones y nuestras mentes es la más alta experiencia de la vida y su mayor recompensa. Y la mejor noticia es esta: no debemos ser hermosos o tener suerte para recibir lo que Dios nos ha dado de forma gratuita. De este modo, Jesús llama a sus discípulos a extender sus brazos de amor precisamente de la misma forma... proactivamente compartiendo lo recibido de Dios con quienes están a nuestro alrededor. Ese es el hueco que los discípulos novatos ven desplegándose ante ellos.

De: Dios me ama.

A: Dios me ama incondicionalmente y así ahora yo puedo y debo amar a los otros incondicionalmente.

El camino más excelente

Veintitrés veces en el Nuevo Testamento se nos manda a amarnos los unos a los otros. ¿Pueden ser mandados los sentimientos? Por supuesto que no. Pero los comportamientos sí, y las actitudes pueden ser cultivadas deliberadamente. En la Biblia el amor quiere decir buscar el bien de otras personas, incluso si nunca tenemos sentimientos cálidos o positivos hacia ellas. Para muchos de nosotros eso puede incluir a los miembros de la familia.

No amamos a otras personas porque sean atractivas o adorables. Los amamos porque Dios ha derramado su amor en nuestros corazones. Pablo dice que el ágape es «el camino más excelente» para que estemos en relación con otras personas (1 Corintios 12:31), para buscar su mayor bienestar tal como Dios busca nuestro mayor bienestar en cada aspecto.

En cualquier situación que estés enfrentando en este momento, el amor es la respuesta correcta. El amor es el camino más excelente, porque el amor es el único camino de Dios. En el párrafo inicial de 1 Corintios 13, Pablo presenta tres alternativas tentadoras: dones sobrenaturales, inteligencia superior y compromiso supremo. Y tres veces pregunta: «¿Es a esto a lo que se parece el éxito? ¿Es esta la forma en la cual se pueden experimentar los mayores tesoros de Dios?» Las tres veces él responde su propia pregunta diciendo: «¡No! el amor es más importante que cada una de esas cosas. El amor es el único camino».

Primero él escribe en el versículo 1 que los dones sobrenaturales no son la prioridad más alta de la vida cristiana. «Si hablo en lenguas humanas y angelicales, pero no tengo amor, no soy más que un metal que resuena o un platillo que hace ruido». Pablo elabora su segundo punto en el versículo 2: «Si tengo el don de profecía y entiendo todos los misterios y poseo todo conocimiento, y si tengo una fe que logra trasladar montañas, pero me falta el amor, no soy nada». La inteligencia superior puede parecer una cosa impresionante. Sin embargo, sin amor, resulta ser un cero espiritual.

La inteligencia superior nunca ha sido la forma de avanzar de Dios. En *The Letters to the Corinthians* [Las cartas a los corintios] el comentador bíblico William Barclay escribió: «Más gente ha sido llevada a la iglesia por la belleza del verdadero amor que por todos los argumentos teológicos del mundo, y la mayoría de las personas se han alejado de la iglesia más por la dureza y fealdad del así llamado cristianismo que por todas las dudas del mundo» (Westminster, John Knox Press, 1975).

Tercero, Pablo dice que el compromiso supremo ocupa un lugar menor al número uno en el panteón de valores de Dios. Él escribe en el versículo 3: «Si reparto entre los pobres todo lo que poseo, y si entrego mi cuerpo para que lo consuman las llamas, pero no tengo amor, nada gano con eso». A una cultura de opulencia le impresionaría alguien dispuesto a liquidar todos sus activos y luego expedir el cheque más generoso que jamás haya recibido la asociación de caridad local. ¿O qué tal algo más dramático? Aparentemente, Pablo se había encontrado con un monumento en la ciudad de Atenas en memoria de un hombre que se había quemado vivo como forma de demostrar su absoluto compromiso con sus creencias. ¿Qué cosas extremas podrías hacer en el nombre de Jesús para obtener sesenta segundos de cobertura en la CNN esta noche?

Todo carece de sentido, dice Pablo, a menos que escojamos el amor. El escándalo del cristianismo ABC en Estados Unidos es no vivir como si creyéramos esto. Con seguridad, Dios estará impresionado con nuestras estadísticas de bautismos. Los periódicos notarán cuando hagamos algo en un ala nueva. La directora de jóvenes obtendrá un aumento porque dobló el número de estudiantes en el campamento del verano de este año. *Pero todo eso es menos que nada si no se trata del ágape desde el principio hasta el final.*

El mundo necesita ahora una iglesia con brazos para amar.

El amor es según lo que el amor haga

El amor que los discípulos comparten no es un sentimiento. En los versículos 4–7 de 1 Corintios 13 se enumeran quince comportamientos específicos. Tales acciones implican lo que significa amar. Los «grandes amantes» no son quienes «no pueden estar lejos del otro». Son personas que, por la gracia de Dios, aprenden a controlar su rabia… son más pacientes de lo que nunca se imaginaron… se emocionan con que otra persona tenga un gran día… y se rehúsan a mantener un registro de las heridas emocionales. Cuanto más le demos la bienvenida al amor de Dios en nuestros corazones, más poseemos el poder de tener esperanza. Buscamos señales de vida en todas nuestras relaciones y damos lo mejor de nosotros para alentarlas… rehusándonos a poner fechas límites o calendarios. El amor nunca se rinde, porque su fuente y su seguridad son Dios, y no las posibles respuestas de las otras personas. *El amor es según el amor haga.*

Una mañana de domingo invitamos a nuestra congregación a proveer respuestas a esta pregunta: *¿Estarías dispuesto a compartir una experiencia en la cual otro miembro o amigo de la Iglesia Presbiteriana Zionsville llegó a ser un siervo en tu vida por medio de un acto de amor, apoyo o simplemente un «acto de bondad casual»?* Recibimos dieciséis páginas de relatos personales de bondad ofrecida y recibida. El momento extraordinario vino cuando hicimos públicos estos reportes anónimos. Lejos de solo servir para teologizar o predicar, constituyeron la visión de nuestra iglesia al ser las manos y los pies de Jesús. Quédate conmigo para compartir algunos de esos mensajes aquí.

Como madre soltera sin familia por aquí, una madre muy amable y atenta nos pidió que nos reuniéramos con su familia extendida en un almuerzo el Día de la Madre. Habría estado sola de nuevo en un día en mi honor. ¡Cuánto aprecié ese gesto!

Un domingo el mensaje trató de la gracia de Dios y me conmoví profundamente con ese mensaje. Durante el sermón se me saltaron las lágrimas mientras finalmente empecé a entender las bendiciones que me habían sido dadas y que necesitaba hacer más para servirle a Dios con esas bendiciones. Una mujer después caminó hacia mí en el lugar de reunión y me dio un abrazo. Simplemente dijo: «Solo quería darte un abrazo». Se fue tan rápido como llegó. Me sentí parte de esta iglesia. Fue una verdadera bendición.

¡Cuando nuestro hijo nació, los miembros de la iglesia nos dieron más comida de la que podríamos haber consumido toda nuestra vida! También nos dieron cupones de comida rápida (certificados de regalo) para mi esposo, que es muy quisquilloso para la comida. ¡Qué forma de esforzarse para asegurarnos que todos estábamos hechos para sentirnos muy especiales!

Varias personas escribieron acerca del poder de recibir sacrificios inesperados:

Le agradezco a alguien que cortó el césped todo el verano tras el ataque al corazón de mi esposo ... a quien decoró el exterior de nuestra casa una Navidad cuando él estaba enfermo ... a quien envió tarjetas en ocasiones «no oficiales».

Durante una época extremadamente difícil en lo emocional y lo físico ... llegué a ser incapaz de cuidar a mi familia en lo absoluto. En ese tiempo, varias parejas «adoptaron» a mi familia, los alimentaron, cuidaron a los niños, corrieron a ayudarnos, hicieron todo lo que era necesario.

Durante una época en la que me estaba sintiendo muy mal, perdido y solo, una miembro de la iglesia se acercó —trajo comida, me envió notas y sacó tiempo para caminar y hablar conmigo— y el aliento de ella a través de sus amistades, la oración y de oírme me mostraron cuán generoso es el amor de Dios.

Los actos de amor, más que cualquier otra cosa, regeneran la esperanza perdida:

El primer domingo que vine estaba en un punto muy bajo de mi vida. En el mensaje oí que cuando estábamos al borde de un abismo podíamos caer o devolvernos y considerar nuestras opciones. Ese día decidí intentarlo de nuevo, no rendirme y continuar.

Tuve la experiencia de enseñar en la Escuela Dominical. Un niño con un problema de aprendizaje tenía dificultades para colorear. Me aseguré de ayudarle cada domingo. Hemos llegado a ser grandes amigos. Su madre me dijo una vez: «Si alguna vez te preguntas si has marcado una diferencia en la vida de alguien, la has hecho». Este es mi mayor logro hasta hoy.

En la tarde de Nochebuena una persona especial que atiende la Iglesia Presbiteriana Zionsville me sorprendió con una llamada telefónica pidiéndome el favor de unirme a ella y su familia extendida todo el día de Navidad: desde el desayuno hasta la cena. Gracias al corazón especial de esa mujer no me quité la vida. Dios me gritó que me necesitaba.

Cada vez que damos un paso en el nombre de Jesús con los brazos del amor, *Jesús mismo está dando el paso.* Dios está gritando: «¡Te necesito!» en todo lugar en que sus siervos escojan llevar ese mensaje. Nuestro próximo desafío es extender nuestro círculo de cuidado más allá de las oportunidades convenientes para nosotros.

De: Amo incondicionalmente en palabra y acción a quienes no me cuesta mucho amar.

A: Creciente e incondicionalmente amo en palabra y acción a quien sea que Dios ponga en mi camino

Aprendamos a amar a la gente difícil

Ágape es el amor que Dios tiene para cada uno de nosotros, y este es el amor que él nos ordena estar dispuestos a compartir con otros… no solo si lo sentimos o cuando lo sintamos (porque rara vez será así), y no porque veamos la sabiduría en ello (porque francamente a menudo pensaremos que el ágape es una completa locura), sino simplemente porque Dios nos dice: «Así es como vivo todo el tiempo, y quiero que seas igual que yo».

El verdadero amor se aferra a eso —incluso con personas difíciles— aun cuando las circunstancias impulsan a otros a irse. Vivimos en una nación que ha llegado a asumir el hecho de hacerse a un lado como normal. Estamos acostumbrados a oír historias acerca de atletas profesionales del equipo que invirtió en ellos porque alguien les está ofreciendo unos pocos dólares más; o del creciente número de personas que aceptan invitaciones para asistir a fiestas y a bodas pero que luego prefieren hacer otra cosa cuando de verdad llega el sábado; o de los trabajadores profesionales que firman un contrato para terminar un trabajo, pero luego ignoran la fecha de entrega. Ya no nos parece sorprendente que la gente de repente cambie de iglesia, comience a trabajar para su antiguo competidor de negocios, o aparezca con un nuevo compañero sentimental.

Ágape, sin embargo, es esa extraordinaria cualidad del amor de Dios que hace una promesa y luego la cumple, que empieza a andar por un camino valioso y luego se queda en él, incluso cuando las emociones y las buenas intenciones que existían al comienzo de ese viaje han desaparecido hace rato. Vamos a descubrir también que en cada oportunidad en la cual intentamos generar estos sentimientos por nosotros mismos, estamos en problemas. No se trata solo de la existencia de personas allá afuera que sean particularmente difíciles de amar. *Todo* ser humano es difícil de amar y ninguno de nosotros es experto en entregar un nivel de gracia al estilo de Dios.

El valor infinito de la vida humana

Los discípulos que extienden sus brazos de amor a todo el mundo, sin importar la condición, están haciéndole una declaración dramática a nuestra cultura acerca de la consideración tenida para cada persona. El científico británico Richard Dawkins, un darwinista declarado, escribió lo siguiente en su libro *The Selfish Gene* [El gen egoísta]: «Somos máquinas de supervivencia, vehículos robots programados a ciegas para preservar de forma egoísta las moléculas [de ADN] conocidas como genes» (Oxford University Press, 1976, pp. 2–3). En otras palabras, el único propósito de la vida humana es la supervivencia del ADN. Una persona no es sino la forma en la cual el ADN produce nuevo ADN. La vida es materia y solo materia. Por lo tanto, *nosotros* como personas, no importamos.[4] Cuando los científicos anuncian públicamente tales «descubrimientos» como la verdad irrefutable, no es sorprendente que haya ramificaciones para la sociedad. No produce asombro que cuando las personas son declaradas máquinas, empecemos a tratar a otros como si lo fueran. Empezamos a relacionarnos los unos con los otros como si no tuviéramos valor. Los frágiles, los débiles y los rechazados se ven inevitablemente comprometidos. Son sacados gradualmente de la mesa de la vida.

---

4 NT: «Materia» e «importar» son la misma palabra en el idioma inglés: matter. Es un juego de palabras del autor.

La perspectiva bíblica es que todo hombre y toda mujer, como portadores de la imagen de Dios, tienen un valor infinito. No existimos separada o independientemente, sino que somos creados para estar en comunidad unos con otros. Cambiamos a otros y nosotros mismos somos transformados por la maravillosa experiencia de establecer en relaciones: relaciones alimentadas y sostenidas por el don *ágape* de Dios.

Cargas frescas del amor de Dios

Las Escrituras también nos dicen que el amor *ágape* no puede ser falsificado... al menos no durante mucho tiempo. Pablo escribe en 1 Corintios 13:4: «El ágape es paciente, el ágape es bondadoso. El ágape no es envidioso ni jactancioso ni orgulloso». Hay todo un mundo de diferencia entre intentar parecer paciente y bondadoso y de verdad *ser* paciente y bondadoso porque el amor de Dios ha encontrado un hogar en trasformación dentro de nuestros corazones.

La autopista que pasa por nuestra iglesia fue sujeta a un proyecto de construcción de dos años... un proceso que en retrospectiva parecía especialmente diseñado para moldear mi carácter. Una vez, durante el proyecto, tenía prisa y aceleré hacia una intersección particular para alcanzar a atravesar el semáforo en verde. Me encontré, sin embargo, detrás de un carro rojo cuyo conductor parecía confundido por las barricadas de la construcción. Disminuyó la velocidad, escogió un carril, luego el otro carril y finalmente terminó en la mitad de los dos carriles disponibles... y yo no pude pasar en verde. Me senté furioso en mi carro. Quiero decir, ¡vaya imbécil! ¿Por qué no se hizo a un lado y me dejó pasar? Cuando el semáforo se puso verde y él de verdad se colocó en un único carril, le deje saber qué pensaba al acelerar con todo el afán. Inmediatamente pensé: «¿Qué estoy haciendo? ¿No puedo extender la gracia ni siquiera medio minuto? Ojalá que nadie haya visto lo ocurrido».

Dos días después recibí un mensaje de voz de un miembro de nuestra iglesia. Él decía: «Glenn, no tendrás ni idea de esto, pero el otro día en la Avenida 96 mi esposa y yo estábamos justo detrás de ti cuando llegaste detrás de ese carro rojo. Solo quería llamar y decirte algo. Nos sentimos muy conmovidos por la forma en que extendiste tu gracia y te mostraste paciente. Yo me habría vuelto loco. Pero la forma en la cual respondiste ha sido un ejemplo para mi esposa y para mí durante estos dos días pasados».

¿Sabes qué? A veces es posible imitar las cualidades del amor *ágape* sin tener ni la menor pizca de *ágape* en nuestros corazones. A veces hasta nos podemos engañar a nosotros mismos. Pero no podemos engañar a Dios. La única forma en la cual conoceremos la realidad de Dios es haciendo una elección. Cada día debemos escoger recibir una carga fresca de este *ágape* y pedir gracia para aprender a amar cuando amar no es fácil.

El amor que cuesta

La expresión madura de la tercera marca de un discípulo es uno de los mayores dramas de la vida. En un mundo quebrantado, podemos estar seguros de que seremos desafiados a cerrar el siguiente hueco con regularidad:

De: Creciente e incondicionalmente amo en palabra y acción a quien sea que Dios ponga en mi camino.

A: Por causa de Cristo en mí, amo a otros a pesar del costo.

Algunas veces el costo es más de lo humanamente previsto.

Durante los días siguientes a los ataques terroristas del 11 de septiembre del 2001, la gente, airada, pedía venganza. Fue aquí cuando «QHJ» fue repentinamente elevado de un eslogan en un brazalete a una pregunta muy seria. *¿Qué haría Jesús?* En Mateo 5:38-39 Jesús dijo: «Ustedes han oído que se dijo: "Ojo por ojo y diente por diente." Pero yo les digo: No resistan al que les haga mal. Si alguien te da una bofetada en la mejilla derecha, vuélvele también la otra». ¿Estaba enseñando Jesús que una nación no debía responder nunca a los actos del mal?

Nota las palabras específicas escogidas por Jesús en este párrafo crucial del sermón del monte. «Si alguien te da una bofetada en la mejilla derecha... ». En el mundo antiguo, ser diestro era algo que se asumía. Las mamás y los papás trabajaban horas extras para hacer diestros a sus hijos zurdos por naturaleza. Entonces, ¿cómo podría golpearte una persona diestra en la mejilla derecha? ¿Sería con el puño cerrado? No, sería una cachetada con el dorso de la mano. La enseñanza de Jesús en este párrafo se dirige a la situación específica de un insulto personal. ¿Cómo respondemos a quienes nos insultan en público, a los compañeros de trabajo que conspiran para interceptar nuestros halagos y nuestras promociones, a los vecinos que estarían encantados de vernos caer? Nos rehusamos a tomar represalias. Jesús dice: «Vuelve la otra mejilla». Eso es amor en acción, incluso cuando el costo es alto.

Pero eso no es todo lo que dice la Biblia acerca de la venganza. El apóstol Pablo escribe en el capítulo 13 de Romanos: «Todo el que se opone a la autoridad se rebela contra lo que Dios ha instituido. Los que así proceden recibirán castigo. Porque los gobernantes no están para infundir terror a los que hacen lo bueno sino a los que hacen lo malo ... [Una autoridad gobernante] está al servicio de Dios para tu bien. Pero si haces lo malo, entonces debes tener miedo. No en vano lleva la espada, pues está al servicio de Dios para impartir justicia y castigar al malhechor» (Romanos 13:2–4).

Los gobernantes son llamados por Dios –por medio de los jueces, los creadores de las leyes, la policía y los soldados- a actuar en beneficio de los individuos y de grupos enteros de personas que han sido maltratadas. El estado, en palabras de Pablo, «no en vano lleva la espada». Eso lleva a una agonizante pregunta. ¿Es permisible de alguna forma que un cristiano, usando la violencia, le quite la vida a otro ser humano? Lo es, en tanto que el cristiano esté actuando de manera obediente como un agente del estado en una misión para lograr la verdadera justicia. Pero nunca se debe usar esa clase de poder sin sentir gran tristeza porque esos actos horribles a veces lleguen a ser necesarios en un mundo caído. Y el cristiano nunca debe ser consumido personalmente por el odio o el deseo de venganza.

Aprendamos a amar a quienes nos hacen daño

La historia nos enseña que responder al mal con malicia en nuestros corazones, inevitablemente genera un mal mucho mayor. Esa es la razón por la cual Jesús nos llama a amar a nuestros enemigos.

Los últimos seis versículos del capítulo 5 de Mateo representan una de las enseñanzas más reconocidas del cristianismo para los que están fuera de la fe, pero tal vez es la enseñanza menos popular para quienes están adentro. Todos sabemos que Jesús nos ordena amar a nuestro prójimo. Este esfuerzo no es muy difícil de llevar a cabo. El corolario lógico de amar al prójimo es odiar a nuestros oponentes, resistir a nuestros enemigos y trabajar por la derrota de la gente destructiva. Pero Jesús dice: «No, ese no es el camino a la vida de verdad. Más bien, amen a sus enemigos y oren por quienes los persiguen». ¿Por qué? Porque esa es la forma en la cual el mismo Jesús se relacionó con la gente destructiva. Dada la oportunidad en el jardín de Getsemaní de llamar a las legiones de ángeles que lo podrían liberar de la captura de los fariseos y acabarían con los romanos que estaban a punto de calvarlo en una cruz, Jesús, de forma increíble, oró por quienes lo odiaban. «Padre, perdónalos». Él nos pide hacer lo mismo.

Toda religión del planeta nos informa que tiene sentido amar a quienes también nos aman. En Mateo 5:43–48, Jesús pregunta: «¿Qué tiene eso de impresionante? Incluso los vendedores de droga se cuidan las espaldas. Si tú vas a ser un miembro de mi reino, tu bondad deberá ser radicalmente diferente. Necesitarás sobresalir. Necesitarás ser… como *yo*».

Solo Jesús puede ayudarnos a amar a nuestros enemigos. Pero, ¿por dónde empezamos? Aquí es donde podemos estar completamente agradecidos porque la noción bíblica del amor no es difusa, abstracta, está más allá de nuestro acceso o empacada en resbaladizas emociones. Nuestro amor debe involucrar tanto la oración como la acción. Las dos están en consonancia con la forma en la cual Jesús se enfrentó a sus enemigos.

Jesús dice: «Amen a sus enemigos y oren por quienes los persiguen» (Mateo 5:44). Resulta certero decir que no podemos odiar a alguien a quien regularmente estamos levantando en oración. Ora para que la crudeza del amor de Dios y la gracia de Dios penetren en las vidas de cualquier persona que esté intentando hacerte daño. Ora por sus familias, para que la siguiente generación conozca al Príncipe de Paz y por lo tanto escoja hacer la paz en lugar de la guerra.

¿Qué acciones debemos tomar? Por la gracia de Dios, buscamos oportunidades para bendecir a quienes se han rehusado a bendecirnos. Hacemos lo hecho por Dios con cada uno de nosotros: buscamos su bienestar más grande. Con seguridad habrá oportunidades en las cuales nos descubrirnos a nosotros mismos pensando: «¡Esto es una locura! ¿Por qué debo orar pidiendo que alguien que ha intentado herirme deba incluso tener una posibilidad de recibir la gracia de Dios y encima calmarlo con actos de bondad?» En ese momento, sin embargo, debemos escuchar otra voz, una voz silenciosa que dirá: «Esto es lo que quiere decir vivir como mi Hijo. Esto es lo que quiere decir ser un auténtico discípulo». Dios, que observa los corazones humanos, promete: «Voy a ver lo que haces, haré que estas decisiones difíciles hagan crecer tu corazón, y traeré una sanidad que nunca podría haber tenido lugar de otra forma».

La mayor bendición está reservada para quienes ni siquiera lo saben. *El mundo literalmente reconocerá la vida de Jesús dentro de nosotros mientras derramamos esta clase de amor a otros* (Juan 13:35). Lo único que necesitamos es amor, ¡sí! Y la única forma de estar tan lleno es recibirlo de alguien que declaró de sí mismo *ser* el amor.

Preguntas para mayor exploración

De forma personal, en parejas o en grupos pequeños

1. ¿Dónde te ubicarías en los «huecos» de esta marca: como buscador, como principiante, como intermedio o como un discípulo maduro?

2. Si les preguntaras a diez personas que no sean miembros de tu iglesia por la reputación de ella, ¿qué crees que dirían? ¿Estaría «amorosa» en el tope de la lista o cerca? ¿Por qué sí o por qué no?

3. ¿Has tenido una experiencia personal y poderosa de recibir el amor de Dios a través de otros cristianos?

4. ¿Qué experiencia has tenido de responder al llamado de Dios de amar a una persona difícil? ¿Cómo proveyó Dios y qué decidiste hacer?

5. ¿Dirías que tu iglesia está enfrentando un enemigo en este momento? ¿Cómo puede tu congregación decidir responder en amor?

Empecemos

Por ti mismo

Identifica a una persona de tu vida a quien te resulte difícil amar. Reconoce que el auténtico amor no es un sentimiento sino una acción, y no es un reflejo sino un acto de la voluntad:

A. Pídele a Dios que te dé suficiente fuerza para amar a esta persona.

B. Ora todos los días durante una semana para que Dios bendiga a esa persona.

C. Realiza una acción que mejore la vida de esta persona (podría ser dar una palabra de aliento, un regalo, escribir una carta, etc.).

D. Si es posible, haz algo secreto para bendecir a esta persona, algo que solamente sepan tú y Dios.

Guarda el secreto.

Como congregación

Pídele a tus miembros que respondan por escrito a esta pregunta: «¿Estarías dispuesto a compartir una experiencia en la cual otro miembro o amigo de esta iglesia llegara a ser un siervo en tu vida a través de un acto de amor, apoyo o simplemente un acto casual de bondad?» Registra las respuestas. Preserva el anonimato. Compártelas con tu congregación como medio de hacer crecer la visión conjunta de ser las manos y los pies de Jesús para cada uno de los otros.

11

Rodillas para la oración

Nuestra postura ante Dios es una de dependencia continua,
confiando profundamente en que Dios está a cargo de todo,
conversando siempre sobre cómo se está logrando su obra
en y a través de nuestras vidas.

Un día estaba Jesús orando en cierto lugar.
Cuando terminó, le dijo uno de sus discípulos:
«Señor, enséñanos a orar»

(Lucas 11: 1)

La práctica de la oración es notable por dos razones. Primero, la oración es el único aspecto de la espiritualidad cristiana que atraviesa limpiamente las líneas de partidos y denominaciones. De forma rutinaria, los cristianos lanzan granadas hacia los bandos de sus hermanos y hermanas cuando se trata de la administración de la iglesia, el Espíritu Santo, cómo «funciona» exactamente la cruz de Cristo para traernos salvación, las especulaciones milenarias, la sexualidad humana y prácticamente todos los otros asuntos teológicos y sociológicos. ¿En qué podemos estar todos de acuerdo y qué podemos experimentar de forma rutinaria juntos? Los cristianos de toda creencia pueden sentarse y hablar con Dios.

Una jornada de intimidad con Dios

La oración también es notable porque su práctica –hombres y mujeres que deciden comenzar y sostener un diálogo con el Dios vivo– es muy rara como parte de la iglesia ABC. Una iglesia preocupada por sus puntos de referencia externos de éxito no tiene tiempo para la oración. La oración no es lo suficiente productiva. No se puede medir. La ausencia de oración connota la ausencia de una dependencia predominante en Dios.

Por contraste, la iglesia que hace discípulos, la cual está comprometida ante todo con imitar a Jesús, se modela a sí misma sobre la totalidad de su vida de oración. Jesús decidió pasar tiempo solo con su Padre antes de tomar las mayores decisiones y enfrentar los mayores desafíos: antes de escoger a los doce discípulos, antes de encontrarse con el diablo en el desierto, antes de partir el pan, antes de enfrentar la cruz. Jesús también pasó tiempo en oración después de enviar a sus discípulos a un gran viaje misionero y *después* del suceso importante de haber alimentado a los cinco mil. Su vida estaba marcada por los ritmos de «pedir», seguidos de los momentos de «agradecer», en los cuales él evidentemente recobraba su fuerza y balance espiritual. La vida de Jesús estuvo marcada tanto por las mañanas (Marcos 1:35) como por las noches (Marcos 6:45–46) que fueron apartadas para estar en soledad en la presencia de Dios.

A veces Jesús oraba con fervor. Nunca parece, sin embargo, haber estado con prisa. Su oración nunca fue forzada. Nunca se precipitó a lo largo de un patrón devocional para poder pasar al *ministerio real*: a enseñar, sanar y realizar milagros. En un sentido real, el ministerio de Jesús era pasar tiempo con el Padre. Ninguno de los otros sucesos de su vida se habrían dado (al menos tal y como sucedieron) sin los períodos designados de soledad y reflexión. Eugene Peterson sugiere que los líderes de la iglesia tienen apenas dos trabajos: orar y enseñarles a las personas cómo orar. Estamos más disponibles para que el Espíritu obre en y a través de nuestras vidas cuando la cuarta marca de un discípulo ha llegado a ser central en nuestra experiencia personal.

El poder de unos pocos

Estoy hablando como alguien que ha conocido la pobreza de una vida sin oración. Durante años me equivoqué con los planes bien intencionados de construir el reino, mientras escasamente sacaba tiempo para conversar con el rey. El liderazgo de la iglesia lo que hizo fue disminuir mi práctica de la oración. Había sermones que escribir, diáconos que entrenar, discípulos que bautizar, facturas que pagar, fotocopiadoras que reparar… y un sinfín de cosas. Cuando mis revoluciones por minuto bajaban de vez en cuando, sentía un temor distinto: la certeza de que yo estaba intentando modelar un cuerpo espiritual aparte de la realidad del Espíritu, con la sospecha de que yo ni siquiera sabía orar. Siempre asumí que *alguien, en alguna parte* estaba hablando con Dios. Con seguridad alguien estaba orando mientras nosotros intentábamos empezar una nueva iglesia. Solo esperaba que nadie notara que el pastor estaba corriendo demasiado rápido como para caer de rodillas.

Como resultaron las cosas, yo estaba en lo correcto. Un grupo de personas estaba orando. Dios motivó a un pequeño grupo de laicos para perseguir la oración como forma primaria de depender de Dios. Su celo me dejaba atónito. Varios de ellos iniciaron la práctica de caminar alrededor de la propiedad de nuestra iglesia cada domingo por la mañana, mucho antes de que llegaran las multitudes. Decidieron estar donde enseñaban nuestros maestros, se sentaban donde los que adoraban buscaban a Dios. Oraban por los convidados por primera vez, por aquel cuyo matrimonio se estaba deshaciendo, por quien estaba buscando esperanza, por el más joven y el más viejo, por quienes asistían por primera vez y por los líderes.

Al final, su ejemplo llevó a la proliferación de grupos de oración y equipos ministeriales a través de toda nuestra congregación. Después de casi atropellar a dos de estos extraordinarios individuos mientras caminaban reflexionando por nuestro parqueo, me pregunté qué clase de «esteroides de oración» estaban tomando… y donde podría yo obtener la receta médica para los míos.

Más allá de santos de vidriera

La mayoría de nosotros descubrimos que el llamado de Dios a una vida de conversación espiritual sostenida es un proceso que nos lleva de una visión fresca a una experiencia de oración en constante maduración, pasando por un nivel de práctica de cómo se hace. Primero descubrimos por nosotros mismos que la oración importa.

> *De:* Mi experiencia del deseo de Dios por verme disfrutando la intimidad con él es insuficiente para que yo quiera perseguirlo de todo corazón.

> *A:* He experimentado lo suficiente de Dios para decidir perseguir una relación íntima con él.

Un hombre llamado David Rice Atchison fue presidente de Estados Unidos por un día y ni siquiera lo supo. De acuerdo a la constitución de Estados Unidos en el siglo XIX, si ni el presidente ni el vicepresidente ocupaban oficialmente la oficina de la dirección ejecutiva, el presidente provisional del senado se mudaría al despacho oval. El 4 de marzo de 1849, el término del presidente James Knox Polk había pasado y el nuevo presidente electo, Zachary Taylor, no podía jurar todavía porque era domingo. Por un día, David Rice Atchison fue técnicamente presidente de Estados Unidos… algo que él no notó sino hasta que se quedó pensando en el asunto varios meses después.

Cuando los cristianos nos quedamos pensando en las cosas —específicamente cuando somos confrontados por las enseñanzas de las Escrituras— deberíamos caer en la cuenta de que tenemos una posición digna del más alto honor y privilegio. Somos hijos de Dios. Tenemos acceso irrestricto a nuestro Padre en el cielo. No necesitamos rogar, implorar, persuadir o manipular a Dios para que nos dé un momento del día. El desafío para los buscadores espirituales es creer que tal intimidad está genuinamente disponible para gente menos que completa.

Yo crecí en una iglesia rodeada de santos en vidrieras. Las ventanas de nuestro santuario representaban a docenas de ellos: retratos monumentales y brillantemente coloridos de hombre y mujeres cuyas vidas estaban al lado de Dios. Sus caras eran plácidas y mostraban confianza. Sus cabezas estaban envueltas por auras o halos dorados.

Todos ellos fueron héroes de la fe. Jamás recuerdo haber pensado que yo podría ser uno de ellos. ¿Cómo podría una persona normal ser un santo en un vidrio cromado?

Yo era sutilmente consciente de la necesidad de orar. Me preguntaba qué pensaría Dios de mis intentos vagos al intentar generar una conversación con él. No sabía qué hacer con mi cuerpo. ¿Debía ubicarme mirando para alguna parte? ¿Debía cerrar los ojos? ¿Debía pararme, sentarme, inclinarme o caminar? ¿Necesitaba aprender un vocabulario completamente nuevo?

Tres ministros se juntaron una vez en un estudio eclesial para discutir las técnicas de oración. En un cuarto adjunto había un reparador de teléfonos que estaba trabajando en las líneas. El primer pastor dijo: «Cuando yo oro, me ayuda juntar las manos de esta forma, como una expresión personal de adoración». El segundo sugirió que la verdadera oración debía llevarse a cabo de rodillas. El tercer pastor lo corrigió diciendo: «Para hablar con Dios, la postura más auténtica bíblicamente es acostado y estirado boca abajo».

En ese momento el reparador de teléfonos, que había estado husmeando, asomó la cabeza por la esquina y dijo: «Debo decir que la mejor oración que yo he hecho fue una vez que estuve colgado patas arriba, sujeto por los tobillos, de un cable de alta tensión a trece metros del suelo». Lo que yo no sabía todos esos años que estuve contemplando a los santos de las vidrieras era que la mayoría de ellos hablaban con Dios más como el tipo que reparaba los teléfonos que como esos pastores. Nunca se me ocurrió que en la Biblia, los Grandes Nombres se encontraba regularmente abrumados por una Profunda Ansiedad.

Orar como podemos, no como no podemos

En 1 Reyes 19, Elías clamó esencialmente algo así: «¡Estoy harto, Señor! Soy el único que queda que realmente se preocupa por ti. He hecho todo lo que me pediste, ¿y qué he obtenido de tantas tribulaciones? Justo ahora hay un escuadrón fuera cazando mi cabeza». Yo no sabía que la oración pudiera ser alimentada por tal pasión y desespero.

Jeremías se lamentó: «Por la herida de mi pueblo estoy herido; estoy de luto, el terror se apoderó de mí. ¿No queda bálsamo en Galaad? ¿No queda allí médico alguno? ¿Por qué no se ha restaurado la salud de mi pueblo? ¡Ojalá mi cabeza fuera un manantial, y mis ojos una fuente de lágrimas!» (Jeremías 8:21 –9:1). Aprendí gradualmente que el setenta por ciento de los Salmos del Antiguo Testamento podrían construirse como lamentos. El pueblo de Dios podía orar desde sus entrañas. Podía levantar su voz, manotear, revelar sus dudas, derramar lágrimas reales y gritar de alegría; todo dentro de unas pocas frases.

Es inmensamente liberador captar que podemos orar desde la debilidad en lugar de hacerlo desde la fortaleza. Lo único que requiere un operador del 911 para localizar a una persona en necesidad es que alguien levante el teléfono y marque. Una víctima de un ataque no necesita hablar. Una persona que grita no necesita pronunciar palabras coherentes. El operador ya sabe un nombre y una dirección. Podemos tener la seguridad de que el Espíritu Santo conoce mucho más sobre nosotros en cada oportunidad en que ponemos nuestros corazones quebrantados ante el Señor. *Nuestras oraciones, cualquiera sea la forma asumida, le importan a Dios.*

Barreras para la oración

El discípulo que apenas está comenzando a orar también debe ascender por la curva de aprendizaje del «saber cómo»:

> *De:* Mi vida de oración es horrible porque no sé cómo hablar con Dios.

> *A:* Tengo suficiente experiencia en la oración, y por eso cada vez me involucro en más conversaciones con Dios.

Los comentaristas han notado que en las páginas de los cuatro Evangelios los discípulos de Jesús solamente le pidieron una vez instrucciones precisas. No dijeron: «Señor, enséñanos a predicar» o «Enséñanos a bautizar» o «Enséñanos una nueva forma de hacer campaña de mayordomía para el próximo año». Ellos dijeron: «Señor, enséñanos a orar». Como imitadores de su rabí, pidieron dirección concerniente a la práctica que era obvia y visiblemente una característica esencial de su vida.

En una coyuntura encuestamos a casi quinientos miembros de nuestra iglesia acerca de sus experiencias personales de oración. Les preguntamos si programaban tiempos específicos de oración y si estaban satisfechos con su propia comunicación con Dios. Les preguntamos qué había sido de más ayuda para desarrollar sus vidas de oración. Nuestra encuesta produjo diecisiete páginas de comentarios mostrando alegrías, ideas, preocupaciones y esperanzas.

La mayoría de quienes participaron se aventuraron a decir que la oración era crucialmente importante, pero creían no orar lo bastante a menudo o con la suficiente efectividad. La mayoría votaron de forma entusiasta por más oración en nuestros servicios, no menos. En una ocasión en la cual estábamos considerando un enfoque ruidoso y festivo en la adoración, nuestros propios miembros nos llevaron en una dirección diferente. Suplicaron períodos extendidos de silencio, la misma cosa que casi faltaba universalmente en su experiencia diaria con Dios.

Preguntamos: «¿Qué barreras experimentas cuando oras?» Hubo cientos de respuestas. He aquí unas cuantas: «no hay tiempo, distracciones, horario lleno, no me siento digno de pedirle a Dios lo que necesito mediante la oración, tiempo, olvido, mi mente divaga, muchos otros *tengo que hacer*, administración pobre, no estoy seguro de escuchar algo a cambio, simplemente no aparto el tiempo».

Los aspirantes a discípulos en busca de experiencias más profundas a menudo se frustran al descubrir que no hay libro ni método para eliminar de pronto esas barreras. No hay seminario o programa para eliminar de pronto la niebla. Nunca debemos confiar nuestros corazones al plan de diez pasos para lograr «la oración que da resultados». Dios es una persona. A Dios se le aproxima y se le acerca persona a persona. La oración es una conversación inteligente acerca de asuntos de preocupación mutua. La oración es hablar con Dios acerca de lo que están intentando lograr juntos él y su pueblo. Los grandes saltos en nuestra vida de oración siempre siguen a los frescos vistazos de quién es Dios realmente, y a una confianza creciente en que nosotros *ya* ocupamos lugares privilegiados en el plan de Dios.

No hay malas oraciones

Semejante confianza siempre será una confianza híbrida: una mezcla rara de convicción y duda, fuerza y debilidad. ¿Debemos intentar primero obtener más crecimiento espiritual antes de empezar a orar? Tal estrategia probablemente nos lleve a un patrón de bloqueo interminable; nunca vamos a orar porque nunca seremos como debemos ser.

La alternativa es orar como *realmente somos*, confiando en que Dios es lo bastante grande como para recibirnos con nuestros motivos mezclados y nuestros espíritus heridos. En *Prayer* [Oración], Richard Foster escribe acerca de la «noción —casi universal entre nosotros los grandes alcanzadores de metas modernos— de que debemos tener todo "en orden" para poder orar» (Harper San Francisco, 1992, p. 7). En lugar de eso, de la Biblia aprendemos que no debemos pretender tener coherencia en todos nuestros actos. Somos personas ordinarias llevando nuestras preocupaciones ordinarias ante un Dios extraordinario.

«Señor, enséñanos a orar». Jesús respondió diciendo que las cuestiones de estilo no cuentan. Los discípulos no necesitan depender de la técnica. Jesús les advirtió: «Y al orar, no hablen sólo por hablar como hacen los gentiles, porque ellos se imaginan que serán escuchados por sus muchas palabras» (Mateo 6:7). Quienes no conocen a Dios o entienden sus caminos intentan influir en él formulando grandiosas peticiones, aumentando los adjetivos divinos u orando de tal forma que los observadores queden impresionados.

Jesús, por el contrario, mostró un modelo de oración asombroso por su simplicidad e impresionante por su brevedad. «Cuando oren, oren así», dijo y luego delineó un patrón que hace seis solicitudes: tres oraciones para que el reino de Dios se extienda por cada parte del universo y tres oraciones para que Dios provea la provisión personal. No hay «secretos profundos» con respecto al contenido de la oración. La obsesión por el brillo y la sofisticación nos pone en peligro de perdernos el mismísimo punto de desnudar nuestras almas delante de Dios.

Todos los años colgamos nuestros adornos del árbol de Navidad que nuestros hijos hicieron cuando apenas sabían cómo colorear dentro de las líneas. Hoy día nuestros hijos pueden hacerlo infinitamente mejor. ¿Significa eso que debemos abandonar sus primeros esfuerzos artísticos? Hablando como padre, ninguno de mis hijos vino alguna vez a la casa y me dijo: «Mira, papi», y luego me entregó un mal adorno. Es imposible que nosotros lleguemos ante nuestro Padre celestial y hagamos una mala oración. Lo único que Dios quiere es que lleguemos delante de él con lo que *en realidad hay dentro de nosotros justo ahora* –no con lo que *debería* haber, según nosotros– aun cuando algún día, por la gracia de Dios, seamos capaces de hacer una mayor ofrenda por nuestra parte.

¿Qué pasa si nuestras oraciones son continuamente interrumpidas por otros pensamientos? ¿Qué pasa si intentamos hablar con Dios y nuestras mentes se deslizan inmediatamente a alguien que nos debe dinero, a ese *touchdown*[5] que fue negado por una falta, a imágenes vívidas o a la persona a quien nunca hemos sido capaces de perdonar? Dios es un Dios muy grande. Él puede manejar lo que hay realmente adentro de nosotros. Al final, mientras persistamos en presentarle a Dios en oración y con simpleza los detalles ordinarios de nuestras vidas, vendrá lo que Foster llama una revolución copernicana en nuestros corazones: el descubrimiento de que Dios no es tanto parte de nuestras vidas como nosotros lo somos de la suya (Harper San Francisco, 1992, p. 15).

Una nueva respuesta a la realidad

Pablo infiere en Romanos 1:21 que la palabra primera y principal que decirle a Dios es «gracias». La espiritualidad cristiana comienza con un agradecimiento de corazón por la obra terminada de Cristo a favor nuestro. *Pedirle* a Dios que satisfaga las necesidades específicas, en toda su variedad y complejidad, requiere otro paso hacia adelante.

De: Mi vida de oración tiende a ser unidimensional e inconstante.

A: Por medio de una vida de oración más constante, estoy cada vez más abierto a Dios acerca de mis propias preocupaciones.

¿Por qué, para algunos de nosotros, la oración es como la salida

---

5   NT: Un *touchdown* es la forma de anotar goles en el fútbol americano.

lateral de la sala de cine que dice: «Solo en caso de emergencias»? La respuesta es: se nos ha educado para creer que la oración es un comportamiento ocasional en lugar de un estilo de vida total. Con los años enfrentados con las dificultades y distracciones de los incontables días normales, muchos de nosotros nos hemos entrenado para responder de formas predecibles y dependientes de nosotros mismos. Tan pronto como las circunstancias se nos salen de control –lo cual resulta ser, si de verdad encaramos la realidad, cada minuto de cada día– nuestro reflejo emocional es preocuparnos. Entonces buscamos formas de interponer oraciones ocasionales contra el ruido del trasfondo o el desorden de la casi implacable ansiedad.

Pablo propuso un completo giro a la forma en la cual respondemos a la realidad. La oración está en el centro: «Alégrense siempre en el Señor. Insisto: ¡Alégrense! Que su amabilidad sea evidente a todos. El Señor está cerca. No se inquieten por nada; más bien, en toda ocasión, con oración y ruego, presenten sus peticiones a Dios y denle gracias. Y la paz de Dios, que sobrepasa todo entendimiento, cuidará sus corazones y sus pensamientos en Cristo Jesús» (Filipenses 4:4–7).

No podemos negociar nuestras respuestas a las circunstancias difíciles. No podemos decir que la situación enfrentada por nosotros en este momento es tan depresiva que estamos perfectamente justificados para explotar, sufrir un ataque de nervios o dejar a Dios completamente fuera del cuadro. De acuerdo a Pablo, no hay tales situaciones. No podemos escoger qué nos ocurre, pero tenemos el poder espiritual de responder sabiamente, no importa lo que sea.

Enfrentados con cualquier situación dada, podemos desesperarnos o regocijarnos. El filósofo existencialista Albert Camus sugirió que la pregunta más digna de nuestra atención es si debemos suicidarnos o no. Camus se niega a identificar cualquier suelo inamovible para la esperanza personal. ¿Qué pasa con Pablo? Date cuenta de que él no dijo: «Alégrense siempre». Eso habría sido recomendar un compromiso infundado con el pensamiento positivo; sería como pasar en carro por una unidad de cuidados intensivos o un cementerio y sonreír pensando: «Eso nunca me va a pasar». Toda clase de circunstancias difíciles van a ocurrirnos, de hecho. De este modo, Pablo dice: «Alégrense siempre *en el Señor*». Nuestro llamado es a entrar, por medio de la oración, en una profunda alegría personal en cuanto a que cualquier cosa que enfrentemos en este momento no nos puede separar de Dios. Nuestra esperanza no es circunstancial. Nuestra esperanza está conectada con el hecho de tener una relación con un Dios impresionante que cuida de nosotros.

Este momento cuenta

Pablo parecía anticipar nuestras miradas escépticas. «¿Alegrarse en el Señor *siempre*? Bueno, tú no estás en mi situación. No tienes ni idea de cuán duro es esto». Lo cual es la razón por la que Pablo tal vez escribió: «Por si las dudas persisten, déjenme decirlo otra vez: ¡alégrense!» Pablo, después de todo, estaba personalmente familiarizado con situaciones desesperanzadoras. Les escribió a los filipenses desde una cárcel romana con poca esperanza de volver a ser un hombre libre.

La parte más difícil, por supuesto, es la palabra «siempre». Con los años he tendido a acercarme a ciertas situaciones y temporadas con una fea actitud de supervivencia. «Mi único valor en este momento, mi única meta, es salir vivo de este fin de semana. Entonces las cosas serán mejores». A veces le transmito eso a mi esposa: «Sé que estoy ocupado y distraído hoy, pero espérame hasta el lunes. A partir del próximo lunes estaré libre. Todo esto terminará. Solo necesito encontrar mi camino a través del túnel de la oscuridad de aquí hasta allá».

Mi esposa sabe por experiencia que siempre hay otro túnel de oscuridad esperando al otro lado. Yo estoy aprendiendo cuán poco me alegro en medio de mis momentos de ocupación o estrés. Puedo verme a mí mismo alegrándome al final de la línea de meta. Pero al hacer eso me he despojado de este momento –este momento irrecuperable e irreemplazable– en el cual puedo alegrarme justo ahora *en el Señor*. Al hacerlo así estoy afirmando, completamente aparte de mis emociones, la realidad de la provisión de Dios. Pablo dice: «Están vivos ahora. Dejen de imaginarse la vida como túneles de oscuridad. Conéctense alegremente en este momento con el Dios que está cerca» (o, tal y como lo expresó Pablo, «a la mano»).

No podemos presionar nuestras vidas hacia delante, como tampoco hacerlas retroceder. ¿Realmente queremos vivir nuestras vidas deseando que este momento fuera diferente al que estamos viviendo? Dios está disponible para nosotros exclusivamente en el tiempo presente. Lo que hace que *este momento* cuente para siempre es que lo experimentado por nosotros ahora tiene el poder de transformar también todos nuestros momentos futuros.

¿Quién está a cargo?

Cualquiera sea la situación que estamos enfrentando, podemos preocuparnos o podemos orar. Cuando todo está dicho y hecho, esas son las dos grandes alternativas de la vida. O estamos a cargo *nosotros* –lo cual significa que se genera una cantidad muy grande de preocupación–, o lo está *Dios*, lo cual hace que la oración se transforme inmediatamente, pasando de ser una actividad religiosa que tiene lugar de vez en cuando, a un diálogo continuo con el Gran Rey.

La preocupación es la conversación mantenida conmigo mismo: «¿Qué voy a hacer?» La oración es la conversación mantenida con Dios: «Dios, por favor, ayúdame a hacer lo que tú querrías verme haciendo».

La oración no fuerza la presencia de Dios. La oración no *hace* a Dios materializarse. El Señor está a mano ahora y eternamente. Hablar con Dios es nuestro reconocimiento de que Dios está cerca y se puede confiar en él.

Nuestras luchas titánicas de la preocupación contra la oración se suelen establecer durante los tres primeros minutos de cualquier día. Antes de ponernos las medias, antes de arrancar el carro, antes de acudir a nuestra primera cita, tenemos que tomar una decisión. Podemos orar diciendo: «Señor, este día te pertenece. No sé con precisión a dónde me está llevando este camino. Pero me hace feliz saber que tú ya lo recorriste antes y que siempre vas a estar caminando a mi lado». A menos que llenemos nuestra mente y pongamos en nuestros labios esa clase de oración de entrega, la preocupación estará más que dispuesta a asomarse y llenar el vacío. La preocupación se apoderará de cualquier terreno en el cual nos negamos a clamar a Dios.

La mejor noticia es que un estilo de vida de oración desenmascara nuestras preocupaciones, mostrando lo que realmente son: impostoras. Los científicos han hecho cuentas y llegado a la conclusión de que un ancho banco de niebla de treinta y tres metros de alto y siete bloques cuadrados está formado por menos de un vaso de agua. Todos los problemas que vemos ante nosotros, todas las ansiedades que se agitan dentro de nosotros, comparadas con la realidad del cuidado de Dios, son al final como una niebla.

El valor de pedir

Pablo escribió: «En toda ocasión, con oración y ruego, presenten sus peticiones a Dios» (Filipenses 4:6). El llamado de Dios es a pedir de verdad la experiencia de su presencia, su provisión y todo su actuar.

Todas las primaveras tengo el privilegio de reunirme con alrededor de otros cuarenta líderes de congregación durante tres días, como un grupo que forma parte de un pacto, para tener una experiencia de oración y compartir. Hace unos años la aerolínea en la cual volaba me pidió que cambiara de avión en Raleigh, Carolina del Norte. Tenía al menos una hora y media antes del siguiente vuelo, así que me dirigí hacia la puerta de embarque solo para asegurarme de que las cosas estaban en orden.

Ahí fue cuando vi el letrero. En el mostrador de facturación había un aviso muy vistoso que decía: «Pregunte por nuestros cambios a primera clase». Yo pensé: *¡Vaya! Eso sí sería genial.* Compré algo de comer, leí un poco un libro, y luego volví cerca de cuarenta y cinco minutos más tarde. Ahí estaba sentado Steve, uno de los otros pastores de mi grupo del pacto de oración, a quien también le habían enviado a esta misma puerta. Después de haber hablado unos minutos Steve dijo: «Oye, imagínate: voy a viajar el resto del viaje en primea clase... y gratis».

«Estás bromeando», le dije. «¿Cómo lograste eso?» «Bueno», dijo Steve. «¿Ves ese letrero de allá, aquel que dice: "Pregunte por nuestros cambios a primera clase"? Pues pregunté y me acaban de dar el último asiento disponible». Quiero que sepas cuán feliz estaba yo por mi amigo Steve, que mide dos metros. Pero mientras me ubicaba en mi asiento espacioso y elegante de clase económica en el 737, miré a mi alrededor y me di cuenta de que todos los asientos estaban ocupados, así que tuve que preguntarme: ¿Por qué ninguna de estas personas pidió el cambio a primera clase? ¿Y por qué no lo pedí *yo*?

Para decir verdad, yo di por hecho que el letrero debía ser para alguien más. Qué bueno es viajar con una compañía aérea que le da un asiento mejor a la gente como un acto de gracia. Pero yo decidí no preguntar. Esa gracia no pudo ser para mí. Cuán trágico sería ir por la vida sabiendo que un Dios de gracia gobierna el mundo, pero estando convencido de que sus más ricos regalos están reservados para otras personas. Honra a Dios hoy: *Pídele la experiencia más completa posible de sus regalos.*

No mi voluntad, sino la tuya

No puedo afirmar tener una experiencia «madura» de oración. Eso todavía está a un país de distancia para mí. Pero es un país que finalmente alcanzo a imaginar, e incluso le echo una ojeada de vez en cuando:

De: Por medio de una vida de oración más constante, cada vez soy más abierto con Dios.

A: La oración permea mi vida y mi alma, y Dios nunca está fuera de mi conciencia.

A lo largo de los siglos, los aprendices vitalicios de Jesús han sujetado una de sus experiencias de oración al mayor escrutinio y reflexión. Reunido con sus discípulos solo unas horas antes de su arresto en Getsemaní, Jesús gimió: «Es tal la angustia que me invade que me siento morir». Marcos nos dice: «Se postró en tierra y empezó a orar que, de ser posible, no tuviera él que pasar por aquella hora. Decía: "Abba, Padre, todo es posible para ti. No me hagas beber este trago amargo, pero no sea lo que yo quiero, sino lo que quieres tú"» (Marcos 14:34–36).

Ser capaz de imitar este comportamiento es el desafío máximo para cualquiera que aspire a la cuarta marca del discípulo. Dios es Padre. Él es nuestro íntimo y adorado *Abba*. Todo es posible para este Padre. *Pero no todo lo querido por nosotros es lo que el Padre quiere.*

Jesús se presentó a sí mismo a Dios, alma y cuerpo. Con completa confianza en la bondad del Padre, Jesús suplicó: *No me hagas pasar por esto*. Dos voluntades: la voluntad de Jesús de hacer más pequeño ese dolor, y la voluntad de Jesús de hacer la voluntad de su Padre. Él sometió la primera para poder experimentar completamente la segunda. Esto es un misterio espiritual del más alto orden.

Con la oración no se trata de cumplir nuestra lista de deseos. La oración es unir nuestros corazones con el corazón de Dios. En tanto llegamos a la presencia del Padre, él nos pide que hagamos lo hecho por Jesús. *Nos pide morir*. A menos que dejemos de asir con fuerza nuestros sueños, nuestros deseos, nuestros afectos y nuestras ambiciones –toda la forma en la cual organizamos nuestras vidas aparte de los deseos de Dios para nosotros– la voluntad del Padre, el Hijo y el Espíritu Santo no puede ser cumplida en nosotros.

Siempre ha sido de esta manera con Dios. La muerte precede a la resurrección. El grano debe molerse antes de llegar a ser pan y las uvas deben ser machacadas para liberar su jugo. Pertenecemos más completamente a quien llamamos Señor solo cuando él tiene el permiso de machacar esas partes de nosotros a las cuales hemos intentado mantener bajo cubierta con más fuerza. Esto quiere decir que una expresión cada vez más madura de oración tiene que ver cada vez menos con mis peticiones a Dios y más con las peticiones de Dios hacia mí.

Una vez oí a un pastor describir su experiencia cuando esquiaba por primera vez. Había recibido entrenamiento en paracaidismo, vestido el traje de saltar, volado a las alturas y visto a otros paracaidistas aterrizar a salvo en el suelo. Parado en la puerta abierta del aeroplano, le dio una palmada a su paracaídas y le hizo a su instructor de vuelo una última pregunta: «¿De verdad va a funcionar esta cosa?» Su instructor le sonrió y le dijo: «Solo hay una forma de averiguarlo».

¿Puede confiarse en Dios *para todo*? Solo hay una forma de averiguarlo. Arrodillarse para orar nos lleva cara a cara con alguien que promete que en la vida y en la muerte no tenemos mayor seguridad que su presencia.

Preguntas para mayor exploración

De forma personal, en parejas o en grupos pequeños

1. ¿Dónde te ubicarías en los «huecos» de esta marca: como buscador, principiante, intermedio o un discípulo maduro?

2. ¿Quién ha sido tu modelo o tu héroe cuando se trata de la oración?

3. ¿Cuál ha sido tu obstáculo personal más grande para sostener una vida de oración?

4. ¿Dónde te gustaría estar en tu vida de oración de aquí a un año? ¿Y de aquí a seis años?

5. Identifica una ocasión en la cual te resultó difícil alegrarte en medio de tus circunstancias. ¿Cómo proveyó Dios para ti? ¿Dónde, finalmente, viste a Dios obrando en tu vida durante este tiempo?

Empecemos

Por ti mismo

Muchos discípulos se han dado cuenta de que mantener un diario de oración les ha resultado inmensamente útil para sostener su caminar con Dios. Tales diarios pueden ser muy diferentes. Experimenta con tu vida de oración durante los próximos siete días al seguir un patrón como el descrito a continuación:

A. Hazte de un pequeño cuaderno (algunos pueden escoger un procesador de palabras).

B. Identifica de diez a doce individuos o situaciones para presentar cada a día en oración a Dios durante al menos una semana. Incluye a uno o dos «enemigos». Incluye una ciudad, país o grupo particular que creas que Dios te ha puesto en el corazón.

C. Aparta al menos quince minutos cada día para orar y escribir. Pídele al Espíritu Santo que te hable durante ese momento. Después de orar tu lista, registra cualquier pensamiento que tengas. ¿Qué nuevas ideas o descubrimientos estás encontrando? ¿Qué acciones te ves siendo llevado a ejecutar?

D. Considera tal diario de oración como una parte a largo plazo de tu caminar con Dios. Según la guía de Dios, revisa tu lista de oración semanal, mensual o anualmente.

Como congregación

Decidan no tolerar más las oraciones superficiales, la mismas de siempre, «porque se supone que así lo debemos hacer» al comienzo de las reuniones. Dedica tanta reflexión al momento de la oración de apertura como a la hora de organizar la agenda. Trata de identificar a varios campeones de oración y devoción que no formen parte del clero para cada gran junta o grupo de la iglesia: individuos que serán modelos de nuevas formas de llevar a los participantes de un modo más auténtico a la presencia de Dios. Insiste en que esta llegue a ser una práctica de todos tus líderes en la iglesia.

12

Una voz para proclamar las buenas nuevas

Abrazamos el llamado a compartir a Jesús
con quienes no lo conocen, respondiendo las preguntas
más profundas tanto del corazón como de la mente,
expresando esperanza y aliento para las personas
en todas partes.

Estén siempre preparados para responder
a todo el que les pida razón de la esperanza que hay en ustedes.
Pero háganlo con gentileza y respeto.

(1 Pedro 3: 15)

¿Alguna vez has estado en un ascensor de un hotel bonito o de un centro de conferencias y has notado que hay personas viajando junto a ti, que en realidad no están yendo a ninguna parte? Están subiendo y bajando por recreación. ¿Quiénes son estas personas? Bueno, esa sería la familia McDonald... al menos mis hijos y yo. Durante sus primeros años, regularmente hacíamos viajes a los ascensores más sensacionales de nuestra área metropolitana, invirtiendo alrededor de una hora dedicándonos solo a salir en varios pisos y ver a otros subir y bajar.

Nuestros ascensores favoritos son los del local *Hyatt*. Son recintos de vidrio y dan al exterior, hacia un gran atrio. Un día, tenía a tres niños conmigo, todos ellos eran muy pequeños en esa época. El ascensor en el cual estábamos subiendo se paró repentinamente en el piso diecisiete. En ese momento, mi hijo mayor y yo cruzamos las señales. Justo mientras varios pasajeros entraban, Mark salió. Antes de que ni siquiera pudiéramos hablarnos, la puerta se cerró y el ascensor bajó. Mi hijo menor fue dejado atrás, completamente solo en el piso diecisiete de un hotel del centro de la ciudad. Miré al niño que tenía en mi mano izquierda y al niño que tenía en mi mano derecha y pensé: *Bueno... al menos tengo dos tercios de los niños con los que llegué. Nada mal para un viaje familiar.*

Eso no era exactamente lo que estaba pensando.

Es difícil describir el torrente de adrenalina, pánico, terror y energía que nunca pensaste que pudieras albergar, todo enfocado en una misión implacable: *Tengo que encontrar al que está perdido.* Nunca comprometí mi responsabilidad con los dos niños que tenía en las manos para poder ir detrás del otro. De hecho, los sujeté con tanta fuerza que uno de ellos dijo: «Papi, ¡me estás haciendo daño!» Cuando al fin nos encontramos con Mark, tuvimos una celebración de las grandes.

De vez en cuando se nos permite experimentar brevemente las emociones fuertes que llenan el corazón en cada oportunidad. Dios tiene una pasión inflexible por perseguir y llevar a puerto seguro a quien no está en casa, a quien no está seguro, a quien está espiritualmente a la deriva. Quien sea como Jesús debe, por lo tanto, preguntarse: «¿Estoy dispuesto a unirme a Dios en la búsqueda de uno? ¿Voy a alzar la voz para anunciar las buenas nuevas que ayudarán a llevar a los brazos de Dios a una persona perdida?»

Una jornada más allá de nosotros mismos

Es alarmante considerar la débil respuesta de los cristianos estadounidenses a estas dos preguntas. El investigador social George Barna (*Rechurching the Unchurched* [Llevemos a la iglesia a quienes no tienen iglesia], Issachar Resources, 2000), indica que dentro del cuerpo de adultos no asistentes a la iglesia en Estados Unidos, el cuatro por ciento fue invitado por un amigo a asistir a una iglesia durante los doce meses previos, y fueron; el veintitrés por ciento fue invitado a asistir pero declinó la oferta; y el setenta y tres por ciento no ha sido invitado.

Barna pregunta: «¿Qué nos dice esto? Tal vez la observación más obvia es que la mayoría de los que no asisten a la iglesia no están siendo buscados por nadie. Nosotros somos el doble de ellos. Somos llamados por Dios a buscarlos. En Estados Unidos gastamos más de tres mil millones de dólares en construir o renovar las instalaciones de la iglesia a la que los invitaríamos. Pero la única estrategia más efectiva de todas, seguir a Jesús … diciéndoles "vengan y vean", suele ser rechazada» (p. 111).

¿Por qué, a principios del siglo XXI, la quinta marca del discipulado es tan desafiante? Puede ser que los cristianos estadounidenses seamos tan completamente «del mundo» que solo de modo veamos una distinción entre nosotros y quienes están por fuera de la iglesia. Puede ser que el enfoque multicultural –tipo buffet– a la verdad típica de nuestra era haga excesivamente incómodo asumir una posición en los asuntos espirituales. Puede ser que el conjunto de habilidades básicas para describir nuestra necesidad de Dios y mostrarle a un buscador cómo responder sea un arte perdido en la comunidad cristiana. O puede ser (y me temo que esta sea la verdad) que el cristiano haya experimentado tan poco del mismo Dios que no tiene ni idea de si las buenas nuevas merecen compartirse.

Los métodos, los medios de comunicación y el mercadeo no son la necesidad actual para poder expresar las buenas nuevas. Quienes viven separados de Cristo están ávidos de ver algo más: ver la presencia y el poder de Dios obrando *dentro de nosotros*, para experimentar el resonante sentimiento del amor de Dios a través de nuestro amor. El mundo está ansioso de la invitación radical de aquel que pide nada menos que todo, llevado en los labios y personificado en las acciones de los discípulos, cuyas vidas son la prueba de que por encima de todas las cosas se puede confiar en este Maestro.

Los cristianos informales seguramente no van a trasformar este mundo para Cristo. Jesús no se estremeció al decir que somos su única estrategia planetaria. No hay plan B. Entonces, ¿dónde comenzamos?

Ansiedad con respecto a la palabra que comienza por «E»

A los cristianos jóvenes se les suele promocionar, considerándolos la primera línea de ofensiva de la iglesia. El contagioso entusiasmo de muchos creyentes nuevos es personificado por un cambio mayor de actitud con respecto a compartir la fe:

De: No he experimentado aún a Jesús de forma tal que esté dispuesto a responder a este llamado.

A: En respuesta a lo que Jesús ha hecho por mí, estoy dispuesto a hablarles a otros de él.

En el clima posmoderno, sin embargo, este cambio no puede darse por hecho. Resulta cada vez más probable que quienes se alistan como seguidores de Jesús conserven un alto grado de respeto por las convicciones de los no cristianos, además de una sospecha respecto a cualquier cosa que se asemeje al proselitismo. La regla número uno de la posmodernidad es que tú tienes tu verdad y yo tengo la mía, y las afirmaciones de superioridad de una versión de la verdad a expensas de otra (esto es, el evangelismo) son altamente ofensivas.

En el mundo animado de *Los Simpsons*, Homero y su disfuncional descendencia viven en la casa siguiente a la familia Flanders, los vecinos que asisten a una iglesia. En un episodio, los niños Flanders llegan a casa de un viaje: «Hemos estado en un campamento de la iglesia, para aprender cómo juzgar más». Esa, en resumidas cuentas, es la percepción general de la iglesia en Estados Unidos: un lugar donde la gente decente se vuelve gente religiosa, lo cual los hace verdaderamente intimidantes como vecinos. Jay Leno tenía un «titular» de la vida real en el cual un burdel alegaba que una iglesia «sería mala para el vecindario». Mientras las iglesias solían ser consideradas beneficiosas en cualquier parte del área metropolitana, ahora las juntas de distrito están negándose cada vez más a nuevos desarrollos de iglesias, citando el ruido, el tráfico y asuntos de seguridad. Lo que no se suele mencionar es la amenaza que implica el evangelismo.

En resumidas cuentas, la mayoría de los estadounidenses ven la llegada de una iglesia como una deventaja, en vez de verla como algo bueno para su comunidad. Cada vez menos personas quieren vivir cerca de un enclave de hombres y mujeres con convicciones religiosas.

Jesús y la gente religiosa

Los lectores nuevos de los Evangelios se sorprenden con frecuencia al aprender que Jesús fue dado de lado por la gente religiosa también. Constantemente, él se esforzó por ofenderlos. Podría pensarse que la gente celosa en lo religioso eran los aliados naturales de Jesús. No es así en tanto que estemos definiendo a la «gente religiosa» como aquellos cuya primera prioridad sea el cuidado del orden y mantener las reglas eclesiásticas. La regla más importante, por supuesto, es que la gente buena debe ser recompensada y la gente mala debe ser castigada. Las personas religiosas juegan con las reglas y aprecian cuando la justicia es servida. Lo último que quieren (tanto en el siglo I como en el XXI) es a alguien que venga y les cambie las reglas. Pero eso fue lo que hizo Jesús.

«Jesús _____ a los pecadores». ¿Cómo debemos llenar el espacio en blanco? Las personas religiosas tienen lista una respuesta: «Jesús *condena* a los pecadores». Al menos esa es la respuesta que debería darse. Jesús debe tomar partido y ser severo con las personas que engañan a sus cónyuges, se divorcian, usan drogas, abusan de sus niños o hacen trampa con sus impuestos.

¿Qué dijo el mismo Jesús? El capítulo 15 de Lucas comienza así: «Muchos recaudadores de impuestos y pecadores se acercaban a Jesús para oírlo, de modo que los fariseos y los maestros de la ley se pusieron a murmurar: "Este hombre recibe a los pecadores y come con ellos"». Jesús les da la *bienvenida* a los pecadores. Eso es lo que pertenece al especio en blanco. No solo se trata de que Jesús come *con* las personas en bancarrota espiritual. En el Oriente Medio compartir una comida con alguien es practicamente un acto sacramental que significa aceptación total. Podemos imaginarnos lo que pensó de *eso* la gente religiosa. ¿Dónde estaban los altos estándares de Dios? ¿Por qué Jesús no rechaza a los hombres y las mujeres pecadoras?

De adentro y de afuera

Toda congregación debe decidir en qué lado de este asunto ubicarse. ¿Quién pensamos que tiene la perspectiva correcta: la gente religiosa o Jesús de Nazaret? ¿Es la iglesia una multitud santa enfocada internamente en quienes ya están ahí? ¿O debe toda congregación enfocarse externamente en extender el amor de Dios a quienes en realidad no parecen merecer una onza de gracia? En Lucas 15 Jesús afirma: «Déjenme contarles qué hay en el corazón de Dios». Y procede a narrar tres historias: una acerca de una oveja perdida, una acerca de una moneda perdida y una acerca de un hijo perdido. Nuestro propósito actual será satisfecho al enfocarnos en la primera historia.

Supongamos que uno de ustedes tiene cien ovejas y pierde una de ellas. ¿No deja las noventa y nueve en el campo, y va en busca de la oveja perdida hasta encontrarla? Y cuando la encuentra, lleno de alegría la carga en los hombros y vuelve a la casa. Al llegar, reúne a sus amigos y vecinos, y les dice: «Alégrense conmigo; ya encontré la oveja que se me había perdido». Les digo que así es también en el cielo: habrá más alegría por un solo pecador que se arrepienta, que por noventa y nueve justos que no necesitan arrepentirse (Lucas 15:4-7).

Fíjate en cómo empieza Jesús: «Supongamos que uno de ustedes tiene cien ovejas y pierde una de ellas». Jesús claramente pretendía ponernos a nosotros en esta historia. Debemos asumir el papel del pastor. ¿Qué habría hecho exactamente un pastor bueno y fiel? Kenneth Bailey, en su revelador estudio de esta parábola, titulado *The Cross and the Prodigal* [*La cruz y el pródigo*] declara que un buen pastor acepta la responsabilidad de buscar a la pérdida.

Bailey sugiere que los fariseos habrían esperado una pregunta diferente: «¿Cuál de ustedes, al poseer cien ovejas, si llegara un reporte de una oveja perdida no enviaría a un siervo al pastor responsable y lo amenazaría con una gran multa si no encontraba a la oveja?» Algo se perdió, entonces alguien debe pagar. Pero Jesús dice: «No, piensen de nuevo. *Ustedes* son responsables. *Ustedes* poseen cien ovejas y *ustedes* perdieron una de ellas».

Es intrigante que en el Oriente Medio —tanto en el tiempo de Jesús como ahora— sea culturalmente inapropiado aceptar la culpa. Uno nunca debe decir: «He llegado tarde». La respuesta más típica es: «El resto de ustedes empezó sin mí». En lugar de reconocer: «Dañé la camioneta», se debe decir: «Hubo un accidente». Pero Jesús deliberadamente comenzó esta parábola diciendo «Ninguno de ustedes va a librarse de esta dificultad tan fácilmente. Ustedes son pastores, y son responsables de las ovejas, y *perdieron una de ellas*. Así que ... ¿qué vamos a hacer al respecto?»

No podemos decir: «Vivo en los tiempos posmodernos y el evangelismo está pasado de moda. Resultaría inapropiado que yo arriesgara mi relación con los vecinos al hablar acerca de aquel a quien le he dado completa autoridad sobre mi vida». Con respecto a las cosas de Dios, muchos de nuestros vecinos están perdidos. *Están perdidos*. Si la respuesta a la pregunta: «¿Quién es tu Señor?» es Jesucristo, entonces debes aceptar la responsabilidad de poner en tu corazón lo que más está en su corazón. Debemos compartir su búsqueda del individuo.

No transacciones sino relaciones

Muchos asistentes a la iglesia desde hace mucho tiempo están congelados en la categoría de «principiantes» de la quinta marca. Hace mucho tiempo se dieron cuenta de que no van a seguirle los pasos a Billy Graham. Ese es un descubrimiento sabio. El llamado de Dios no es para que alguno de nosotros cuente la historia de Billy Graham, sino para aprender a poner en palabras cómo ha transformado Dios nuestra propia historia.

De: No soy muy erudito a la hora de anunciar las buenas nuevas.

A: Puedo articular claramente mi propia historia espiritual y la historia de Jesús.

La narración de historias es la moneda de cambio actual de las relaciones en la posmodernidad. Sin embargo, durante más de un siglo, los esfuerzos evangelísticos adoptados por la mayoría de las iglesias estadounidenses han sido transaccionales. Yo le anuncio el mensaje de Jesús a un no cristiano. Ahora es responsabilidad suya escuchar, hacer preguntas, luchar con las dudas o los miedos y, por último, capitular. Se hace una oración y un alma es «ganada» para Cristo. Eso completa la transacción evangelística. Ahora puede registrarse otra decisión para el Señor.

El llamado de Jesús, sin embargo, es a hacer *discípulos*, no *decisiones*. Millones de personas han respondido positivamente a nuestras invitaciones espirituales, pero no han llegado más lejos. Esto ha sido especialmente cierto cuando el mismo concepto de «más lejos» ha sido omitido de la transacción. La investigación demuestra que numerosos hombres y mujeres han sido «contados» eclesiásticamente muchas veces, pero nunca se han enrolado como aprendices vitalicios de Jesús.

El evangelismo, como componente orgánico de la tarea completa de hacer discípulos, no puede ser comprimido en una caja transaccional. Llevar a otros a confiar en Cristo es un asunto de relaciones. De principio a fin, llegar a ser como Jesús se logra fundamentalmente al estar en las relaciones correctas. Esto es una noticia muy buena para los seguidores de Cristo en el siglo XXI. La narración de historias se lleva a cabo mejor dentro de las relaciones de confianza, y nuestra cultura hambrienta en cuanto a esas relaciones tiene los oídos abiertos para escuchar cómo la historia de Jesús ha llegado a estar, de alguna forma, entretejida con la nuestra.

Eso también convierte a este en un tiempo estratégico para liberar nuestra percepción del evangelismo como conquista militar. Sí, hay algunos buenos himnos acerca de reclamar el territorio ocupado por nuestro Líder. Pero en lugar de identificarse a sí mismos como blancos de los misiles de nuestras cruzadas espirituales, las generaciones más jóvenes son más receptivas a algunas de las metáforas evangelísticas alternativas que aparecen en el Nuevo Testamento. Las parábolas de Jesús del reino, en Mateo 13, son un buen lugar para comenzar. Jesús enseñó que la vida espiritual procede de forma dramática pero invisible. Crece inexorablemente, como la levadura, obrando dentro de un montón de masa. En cualquier momento dado no podemos decir: «Esa persona está adentro y esta otra está afuera», porque solo Dios hará la clasificación espiritual al final de los tiempos. Jesús retrató a Dios como un padre con los brazos abiertos. Pablo dialogó con los filósofos atenienses, citó a los poetas seculares y progresivamente presentó las implicaciones de seguir a Jesús en el salón de conferencias de Tirano en Éfeso durante dos años. Pablo les aconsejó a sus lectores tener las respuestas listas para quien indagara sobre su fe, y tanto él como Jesús declararon que una vida de buenas obras es una de las formas más fuertes de «hablar» las buenas nuevas.

En busca del individuo

Las relaciones son más desafiantes que las transacciones. Llevan más tiempo y son potencialmente más desordenadas. Siempre cuesta algo ir a la caza de una oveja. Los oidores originales de Jesús sabían que él no estaba abogando por el abandono de las ovejas que aún estaban en el grupo. Los pastores trabajaban en equipos. Por lo tanto, varios de ellos se quedarían vigilando las noventa y nueve, mientras otro iba en persecución de la perdida. Sin un esfuerzo concertado para establecer una relación con la oveja que faltaba, las noventa y nueve pronto concluirían que es «normal» ser solo una entre cien. Al final, es la voluntad del pastor de ir en búsqueda de la oveja que falta lo que les da seguridad a las otras noventa y nueve. Toda oveja humana lo sabe ahora: «El pastor haría eso por *mí* si yo llego a ser la que está perdida».

No puede negarse que el noventa y nueve por ciento de la energía invertida en la mayoría de las iglesias locales está dirigido a las noventa y nueve que ya están en su sitio. Las congregaciones son hábiles en ocuparse vanamente de sistemas de seguridad para las personas que ya están a salvo. Seamos sinceros. ¿No deberían invertirse esos números? ¿Se extendería nuestra voluntad para pagar el precio por un ministerio continuo de búsqueda y rescate humano si concluyéramos de manera apropiada que la iglesia, numéricamente, es más como la perdida, y aquellos a la deriva en nuestra cultura son las noventa y nueve? ¿Qué se requeriría para que viéramos la necesidad?

Una noche de primavera los ancianos de nuestra iglesia se reunieron a las siete en punto para su reunión mensual. «Vamos a hacer una cosa un poco diferente para nuestro tiempo de oración», empecé diciendo. Como en las buenas películas de vaqueros, cada uno de nosotros había llegado como un conductor solitario. «Tienen cuarenta minutos. Por favor, entren en sus autos –sin música, sin radio– y manejen tres kilómetros hacia el sur de la iglesia». Eso nos llevaría a todos a la intersección de una autopista de Estados Unidos y a la curva interestatal que rodea Indianápolis. «Parqueen su carro fuera de un restaurante, un supermercado, un centro comercial, o en cualquier lugar donde vean a gente. Solo mírenla. ¿Qué ven? Oren por ella. Pregúntenle a Dios qué tenemos que hacer para poder llevarles las buenas nuevas a las personas que están viendo esta noche».

Una hora después reanudamos la asamblea y contamos nuestras historias. Había sido sorprendente ver cómo muchas personas estaban *solas*. Cómo muchos hijos estaban fuera por su propia cuenta. Cuántos adultos tenían caras que reflejaban aburrimiento, rabia o una severa decisión de llevar a cabo sus diligencias. Cuántas personas estaban hablando una lengua diferente al inglés. Cuántas minorías estaban presentes a solo dos millas de la iglesia, pero a las cuales ninguno de nosotros imaginaría que las podría llevar a nuestra puerta principal.

Nuestros ancianos hablaron del poder y la libertad provenientes de orar por la gente, en lugar de solo competir con ella para ganarles el parqueadero. Acordamos que los siguientes treinta días encontraríamos otras oportunidades de «ver a la gente»: en los centros comerciales, durante la hora del almuerzo o al sintonizar una hora de televisión. E íbamos a hacerle a Dios la misma pregunta: «¿Qué se requeriría, o qué clase de iglesia deberíamos ser, para alcanzar a quienes están justo a la salida de la iglesia, pero no saben nada de tu amor?»

No diseñamos programas nuevos esa noche. Primero intentamos ver solamente. Nuestros corazones se acercaron al corazón de Dios. Empezamos a captar el sentido de urgencia que motiva al Pastor que sabe que su rebaño está incompleto.

La tarea de la restauración

A menudo hay un gran trecho entre la voluntad personal de compartir nuestras historias espirituales y el desafío a largo plazo de llevar a alguien por y alrededor de los numerosos obstáculos del discipulado. El evangelismo no es un evento único; no es solamente una invitación extendida en varias ocasiones. Es un proceso de relación que incluye escuchar, oír, hablar, orar y alentar. Esto se refleja en el «hueco» intermedio a continuación:

De: Tiendo a ser reluctante cuando se trata de compartir las buenas nuevas debido a la inexperiencia, el miedo o a no saber cómo responder las preguntas espirituales.

A: Confiando en que Dios va a obrar en mí, comparto mi fe con frecuencia y puedo dialogar efectiva y amorosamente con quienes están explorando las afirmaciones del cristianismo.

Buscar una oveja perdida en Palestina nunca ha sido tarea fácil. La búsqueda puede llevar días. La tierra es extremadamente seca.

La mayoría de los pastores que están en la búsqueda en medio de estas condiciones pensará para sus adentros: «Espero encontrar la oveja… y oro para que ya esté muerta». Entonces el pastor podrá devolver una oreja o una pata y decir: «Aquí está, la encontré, trabajo terminado, no queda nada por hacer».

Pero esa no es la forma en la que va la historia de Jesús. Cuando el pastor encuentra la oveja perdida, no solo está viva; «*lleno de alegría* la carga en los hombros y vuelve a la casa». En este punto tiene una criatura abultada conocida por su animada impredecibilidad, con sus cuatro patas atadas y unidas, descansando sobre el cuello del pastor mientras él regresa por el desierto. Jesús nos está diciendo que cuando la oveja perdida ha sido encontrada, la tarea de la restauración apenas ha comenzado. El proceso de llevar las vidas humanas quebrantadas a la completitud de Dios requiere toda una vida.

Dos barreras para la cruz

La gran comisión de Jesús (Mateo 28:18–20) especifica nuestra tarea: «hagan discípulos». Ella define las circunstancias prevalecientes: «en tanto van». Establece la expectativa de afiliación con la iglesia: «bautizándolos en el nombre del Padre y del Hijo y del Espíritu Santo». Reconoce la necesidad de los aspirantes a discípulos de crecer en la certidumbre espiritual: «enseñándoles a obedecer todo lo que les he mandado a ustedes». Quienes han sido llamados y equipados para ser aprendices vitalicios de Jesús deben, en otras palabras, cruzar dos barreras: una barrera de afiliación y una barrera de comprensión espiritual.

¿Dónde están exactamente las ovejas que Dios anhela llevar a nuestras congregaciones? Nuestra misión se aclara con un diagrama simple que genera cuatro cuadrantes. El eje vertical denota afiliación o asimilación. Los que están al lado izquierdo de la línea no asisten a la iglesia. Ellos no «pertenecen» al cuerpo de Cristo en el sentido de una participación significativa. Quienes están en el lado derecho asisten a la iglesia en el sentido de que han sido incorporados a una reunión regular de cristianos.

Cuadrante 4 Cristianos no asistentes a la iglesia	**Afiliación**	**Afiliación**	Cuadrante 1 Discípulos
Comprensión espiritual			**Comprensión espiritual**
Cuadrante 3 Buscadores no asistentes a la iglesia			Cuadrante 2 Miembros de la iglesia no convencidos

El eje horizontal denota la comprensión o el entendimiento espiritual. Cuando se les pregunta a los que están bajo la línea: «¿Quién es tu Señor?», identifican a un maestro que no es Jesús, o admiten su duda, confusión o apatía persistentes y concernientes a esta pregunta. Aquellos que están sobre la línea han recibido con conocimiento la oferta de Cristo para una nueva vida y son conscientes de la afirmación hecha por él en cada detalle de su existencia.

¿Cómo debemos identificar los cuadrantes entonces? El Cuadrante 1 es nuestro espacio objetivo. Connota a un *discípulo*: un imitador intencional de Jesús, que está activamente involucrado en relaciones transformadoras con otros discípulos. El Cuadrante 2 está reservado para los *miembros de la iglesia no convencidos*. Estos individuos ocupan bancos pero, consciente o inconscientemente, nunca han resuelto perseguir la versión de Jesús sobre la buena vida.

El Cuadrante 3 está compuesto por los *buscadores no asistentes a la iglesia*. Estos hombres y mujeres no tienen relaciones intencionales de una naturaleza espiritual con los cristianos. Su búsqueda de seguridad personal y significado puede incluir un compromiso con el logro, el hedonismo, a Buda, a la filantropía, el cinismo o cualquier cantidad de otras cosmovisiones que pueden o no prometer optimismo o esperanza.

En el Cuadrante 4 encontramos a los *cristianos sin iglesia*, incluyendo a los que están sin afiliación durante un período temporal y a quienes están persiguiendo un cristianismo solitario como forma de vida. Cerca del veinte por ciento de los cristianos estadounidenses rechazan involucrarse activamente en la iglesia. Sin perjuicio de su aparente seguridad espiritual, la tesis de este libro es que el crecimiento como discípulo de Jesús exige una participación activa en un conjunto de relaciones personales redentoras. No hay vida cristiana normal fuera de la iglesia.

Senderos hacia el discipulado

¿Cuál es la tarea del evangelismo? Nuestra misión es llevar cada vez una mayor cantidad de personas al Cuadrante 1. Una táctica o una iniciativa no pueden alcanzar simultáneamente a toda la audiencia objetivo. Resulta aparente de inmediato que hay cuatro caminos por los cuales puede transcurrir el reclutamiento de los nuevos discípulos.

De todos ellos, tres son preferibles:

(1) *Crecimiento espiritual en casa* (Cuadrante 2 a Cuadrante 1). Nuestras propias congregaciones son campos maduros para la cosecha. Los individuos que se han unido a la iglesia, pero no se han unido a la familia de Dios, deben ser desafiados a hacer progresos, cruzando la barrera de la comprensión espiritual.

(2) *Crecimiento de transferencia o reactivación* (Cuadrante 4 a Cuadrante 1). La gente espiritualmente convencida debe ser llamada y desafiada a cruzar la barrera de la afiliación en relación con los miembros del cuerpo de Cristo.

(3) *Crecimiento de conversión* (Cuadrante 3 al Cuadrante 1). Como hay que cruzar dos barreras diferentes, el hecho de llevar a una relación con Jesús tanto a la persona que no asiste a una iglesia como a la que no está convencida constituye una labor ardua, requiriéndose una considerable inversión de paciencia, amor, oración, planes estratégicos y sensibilidad para relacionarse. Las iglesias necesitan descubrir el poder del «evangelismo a este lado de la puerta», invitando a los grupos pequeños existentes y a los equipos ministeriales a los que no asisten a la iglesia. En el contexto de hacer avanzar las relaciones –adorar, servir, estudiar o simplemente caminar junto a discípulos activos– es donde muchas personas que no asisten a la iglesia van a experimentar por primera vez la realidad de las buenas nuevas. ¿Qué quiere decir esto? La iglesia no debe ser «solo para los convencidos».

(4) *Crecimiento transitorio* (Cuadrante 1 a Cuadrante 1). Este es el medio menos deseable de experimentar un crecimiento en la iglesia; en realidad no podemos ni siquiera llamarle a esto un cumplimiento de la gran comisión. Por crecimiento transitorio queremos decir la rotación de ovejas de un rebaño a otro (también conocida como «saltar de iglesia en iglesia»). La investigación revela que más del noventa por ciento del crecimiento rápido de las megaiglesias de Estados Unidos es en realidad el resultado de atraer e incorporar a hombres y mujeres convencidos que ya estaban involucrados activamente en otras congregaciones. Las iglesias que donan sus miembros para permitir esta clase de crecimiento numérico prefieren un nombre menos caritativo para este fenómenos: el «robo de ovejas».

¿La proliferación de megaiglesias es un signo de vitalidad espiritual o evidencia una disfunción en el cristianismo estadounidense? La respuesta probablemente es «sí» a las dos opciones. El jurado se mantendrá deliberando durante al menos el primer cuarto del siglo XXI. Mientras tanto, podemos estar seguros de que las megaiglesias no son una respuesta mágica al desafío de la gran comisión. Cuando Jesús ascendió al cielo dejó atrás una congregación de ciento veinte personas, un rebaño que a duras penas ameritaría señalarse en la pantalla del radar eclesiástico de hoy. La iglesia de Jerusalén, sin embargo, estaba formada por *ciento veinte discípulos seriamente comprometidos*. Simplemente, ellos cambiaron el mundo. Nosotros somos la evidencia andante de su devoción radical.

El aplauso del cielo

La madurez creciente en la quinta marca incorpora una transición notable. Compartir la fe ya no es una actividad que perseguir, sino un estilo de vida que adoptar.

De: Comparto las buenas nuevas desde los confines de mi fe.

A: Liberado por el amor de Cristo, comparto las buenas nuevas con su gracia.

No hay fiesta como la que celebra la adopción de un nuevo miembro en la familia de Dios. Al final de la parábola de Jesús hay mucha alegría. «Al llegar, [el pastor que había recuperado la oveja perdida] reúne a sus amigos y vecinos, y les dice: "Alégrense conmigo; ya encontré la oveja que se me había perdido"» (Lucas 15:6). A mí siempre me pareció un poco extraño este versículo. No me imagino llamando por teléfono a mis vecinos y diciéndoles: «No te lo vas a creer, pero por fin he encontrado a mi comedora de pasto; ¡Estaba justo detrás de mi pala de nieve todo este tiempo! ¿Por qué no vienen y nos comemos unas hamburguesas esta noche?»

Una vez más, Kenneth Bailey provee una aclaración necesaria. En Palestina, diez o veinte familias poseían en conjunto un rebaño de ovejas. Así, si una oveja se perdía, era una pérdida para todos. Y si hallaban la oveja, era una victoria para todos. Quien esté por fuera de la familia de Dios constituye una pérdida para todos nosotros (Concordia Publishing House, 1973, p. 23).

Puesto que el aplauso del cielo es más fuerte para quienes están despertando a una conciencia del amor de Dios, estamos en seria necesidad de repensar nuestras relaciones. ¿Cómo veo a las personas que me rodean? ¿Son competidores a quienes debo vencer? ¿Son molestias que han de evitarse? ¿Son clientes a quienes debo venderles? ¿O son personas que al final de cuentas necesitan esencialmente una cosa: la plenitud de estar en una relación genuina con Jesucristo?

¿Cómo debemos alcanzarlos?

Hace unos años tuve la oportunidad de visitar el árbol más alto del mundo. Es la secoya llamada El General Sherman, que se encuentra en el Parque Nacional Secoya, subiendo por un lado de la Sierra Nevada. Los números asociados con este árbol dan vértigo. Es tan alto como un edificio de 28 pisos. En su base, el tronco tiene once metros de ancho. Junto con otros miles de secoyas gigantes encontradas solo en el este de California, también es un tesoro nacional y debe ser protegido. Por lo tanto, hay una cerca alrededor del General Sherman. No se me permitió tocarlo.

En contraste, puedo mirar por mi ventana en este momento y ver muchos arces de azúcar. Están llenos de hojas verdes cada verano y despliegan los rojos y naranjas más hermosos cada otoño. Ellos nunca llegarán a estar colosalmente absortos con su propia magnificencia. Son mucho más exitosos que eso. Billones de arces de azúcar marcan toda la mitad este de Estados Unidos. ¿Por qué? Porque los arces de azúcar no crecen haciéndose más gordos. Crecen al producir otros arces de azúcar. ¿Sabes cuál es la mejor parte? Cada vez que quiera hacerlo, puedo tocar los arces de azúcar que hay al otro lado de mi ventana.

El llamado de Dios no es a que nuestras iglesias lleguen a engrosar. Dios anhela que seamos pródigamente fructíferos —una vida humana cada vez— reproduciendo la obra del Espíritu Santo hasta los confines de la tierra y hasta el final del tiempo.

Preguntas para mayor exploración

De forma personal, en parejas o en grupos pequeños

1. ¿Dónde te ubicarías a ti mismo en los «huecos» de esta marca: como buscador, principiante, intermedio o discípulo maduro?

2. ¿Qué hechos positivos y negativos asocias con la palabra evangelismo? Hasta donde puedes discernir, ¿cómo se originaron esas asociaciones?

3. ¿Qué individuos te ayudaron a llegar a la fe en Cristo? ¿Cómo, específicamente, te «expresaron» las buenas nuevas?

4. Compartir la fe involucra variados grados de motivación, el entrenamiento de las habilidades, confianza y el asumir riesgos. Determina tu preparación en cada ámbito. Asigna un número de 1 (bajo) a 10 para cada área.

_____ **Motivación:** *Estoy deseando ayudar a otros a encontrar la vida real en Cristo.*

_____ **Entrenamiento de habilidades:** *Sé cómo compartir los puntos básicos del evangelio.*

_____ **Confianza:** *Estoy listo y capacitado para ser usado por Dios.*

_____ **Asumir riesgos:** *Estoy dispuesto a estar en peligro por servirle a Dios.*

Empecemos
Por ti mismo

La mayoría de nosotros no necesitamos ser expertos en la historia de Jesús del Nuevo Testamento, pero sí debemos ser capaces de articular nuestra propia historia espiritual como ejemplo del poder transformador de Cristo. Escribe brevemente tu propia historia en tres partes:

a.C.

Cuéntale a alguien acerca de la naturaleza de tu vida ante de seguir a Cristo. Si no recuerdas un período «a.C.», describe una época en la cual hayas hecho a un lado su señorío.

Despertar

Identifica al menos un suceso definitivo que ayudó a establecer o cimentar tu relación con Cristo. Di por qué decidiste confiar en él y cómo lo hiciste.

Hoy

Describe un lugar de tu vida en el que Dios esté obrando en este momento. ¿Cómo te está transformando confiar en Cristo? ¿Qué progreso ves?

Como congregación

Usando el ejemplo de los cuatro cuadrantes, evalúa las iniciativas evangelísticas de tu congregación. ¿En qué clase de crecimiento te estás enfocando ahora? ¿Qué clase de crecimiento ha sido el más típico durante los cinco años pasados?

13

Un espíritu de servicio y mayordomía

Vivimos como siervos de Dios y los demás,
haciendo el bien por medio de los dones que nos han sido dados
por el Espíritu Santo, viviendo generosa y simplemente,
buscando producir la más completa expresión
del rol de Dios en nuestra cultura.

De la misma manera, cualquiera de ustedes que no renuncie a todos sus bienes, no
puede ser mi discípulo

(Lucas 14: 33)

La versión reciente de la película de James Cameron sobre el hundimiento del *Titanic* es excepcional en el sentido de enfocarse en una parte de la historia del *Titanic* ignorada en todas las películas anteriores: la realidad de los cientos de pasajeros que aún estaban vivos y gritaban pidiendo ayuda en las aguas congeladas del Atlántico mucho después de la desaparición de la nave.

Los números crudos del desastre del *Titanic* eran tan fríos como el agua. Había dos mil doscientas veintitrés almas a bordo cuando el barco golpeó el iceberg. El barco contaba con veinte botes salvavidas, cuya capacidad total era de mil setecientas setenta y ocho. Aun cuando había espacio suficiente para que se salvaran más de la mitad de los pasajeros, solo fueron rescatados setecientos cinco. La diferencia entre la capacidad de los botes salvavidas de mil setecientas setenta y ocho personas y las setecientas cinco, rescatadas es cuatrocientas setenta y tres. Al menos esas personas aún estaban vivas y luchando desesperadamente en el agua por hasta cuarenta y cinco minutos después del hundimiento del Titanic. ¿Por qué no regresaron a rescatarlos los botes salvavidas que solo estaban parcialmente llenos?

Sabemos la respuesta a esa pregunta. De acuerdo a *Titanic: An*

Illustrated History [**Titanic: historia ilustrada**], en un testimonio jurado en los interrogatorios siguientes al desastre se reconstruyeron las conversaciones de los botes salvavidas. En el bote salvavidas número uno, Charles Hendricksen propuso regresar y recoger a varias personas que estaban en el agua. Pero Lady Duff Gordon musitó algo acerca del peligro de ser lanzados al agua. Su marido, Sir Cosmo Gordon, les ofreció cinco libras a cada uno de los miembros de la tripulación a bordo si no remaban de vuelta. Los otros pasajeros varones estuvieron de acuerdo en que un rescate sería peligroso. El bote salvavidas número uno tenía solo doce personas. Podía haber cargado a cuarenta (Hyperion, 1992, p. 142).

En el bote salvavidas número ocho, varios pasajeros insistieron vigorosamente para regresar. Uno dijo en voz alta que prefería ahogarse con quienes estaban en el agua que alejarse y ser salvo, pero la mayoría predominó. El intendente Hichens describió gráficamente qué habría ocurrido si se hubieran devuelto. La gente que estaba ahogándose desesperada seguramente los habría volcado. «No es útil volver atrás por un montón de acalambrados», dijo.

Uno de los botes salvavidas estaba lleno de agua y necesitó ser achicado. Un miembro de la tripulación pidió prestado el sombrero de uno de los hombres que estaba ahí para poder empezar a sacar agua, pero el hombre se negó. Aun cuando estaba mojado hasta la piel con el agua helada, el hombre dijo: «Si te doy mi sombrero puedo agarrar un frío con el aire de la noche». Al final, solo regresaron dos botes salvavidas: los números cuatro y catorce. En el momento en el cual respondieron solo fueron capaces de salvar a tres personas.

Comprometido con la agenda de Dios

Lo más perturbador acerca de las conversaciones llevadas a cabo en esos botes salvavidas es cuán similares son a las discusiones que se suelen oír dentro de las paredes de las iglesias: cristianos que están debatiendo sobre si deberían extender su cuidado a quienes están en el centro de la ciudad, o alcanzar a los pobres de las zonas rurales, o enfocarse en las necesidades de las personas que piden ayuda económica, o abogar por los que son muy pequeños o muy callados para tener una voz por sí mismos. «No podemos ir a ayudar a esas personas. No tenemos presupuesto para eso. Nos van a hundir. No son como nosotros.

¿No hay supuestamente una agencia para ayudarlos? Probablemente es demasiado tarde, de cualquier forma. Son solo un puñado de acalambrados. Debemos cuidar de *nosotros*».

El espíritu de servicio y mayordomía reconoce un llamado diferente. Nuestro trabajo vitalicio asignado no es cuidar de nosotros mismos, sino deshacernos de nuestras agendas para comprometernos con la agenda de nuestro Señor. Los discípulos están en creciente temor por el hecho de que toda la vida es un regalo. Toda posesión, toda relación y todo respiro se originan en la mano de Dios. Por lo tanto, el único estilo de vida racional –esto es, uno que se corresponde con la realidad- es el del servicio, aquel cuya alegría llega a ser cada vez más el resultado de buscar la alegría de alguien más.

Nuestra seguridad llega a estar enfocada no en intentar «ser alguien», sino en reconocer que ya somos alguien para Dios. En tanto caemos en cuenta de que nuestro dinero, nuestro tiempo, nuestra sexualidad, nuestros talentos, nuestros sueños y todo lo demás que valoramos no es realmente nuestro, sino un regalo de Dios, podemos relajar nuestra mano cerrada sobre estos tesoros y permitirles multiplicarse como regalos para los otros.

Identifiquémonos con Jesús

El corazón de Jesús estaba constantemente alineado para satisfacer las necesidades de las otras personas. Su vida, de principio a fin, estuvo intencionalmente enfocada hacia afuera: «Porque ni aun el Hijo del hombre vino para que le sirvan, sino para servir y para dar su vida en rescate por muchos» (Marcos 10:45). Como ya señalamos en el capítulo tres, la identidad de Jesús era la de un siervo. Por lo tanto, quien imite a Jesús debe escoger también servir como una forma de vida.

No es casualidad que «las marcas del discipulado» reconocidas en nuestra iglesia estén intencionalmente vinculadas con el cuerpo humano. Son más fáciles de recordar de esa forma.

Corazón. Mente. Brazos. Rodillas. Voz. Llega a ser natural apuntar a nuestros propios cuerpos mientras recitamos los efectos de la vida de Jesús dentro de nosotros. La marca que rompe el patrón es la número seis. ¿Qué parte del cuerpo debe estar asociada con el estilo de vida del siervo, en el cual dar generosamente y las buenas obras ocupan el mismo tiempo que las buenas nuevas? Se me ocurrió que la gente del Cercano Oriente tenía la respuesta.

Ellos entendían que el asiento de las emociones (y de ese modo la fuente de la compasión) era el *splanchnon*, la palabra griega para intestinos, correspondiente con «entrañas». Los traductores de la versión [en inglés] King James preservaron este significado en su traducción de 1 Juan 3:17: «Si alguno tiene bienes en este mundo y ve a su hermano en necesidad pero no abre las entrañas de su compasión para él, ¿cómo puede el amor de Dios estar en él?» Nuestros líderes consideraron la posibilidad por menos de un minuto antes de concluir: «Digámoslo de otra manera». La palabra «espíritu», más nebulosa, fue la escogida.

Diez dólares son diez dólares

Cerrar el hueco al respecto de la primera marca de un discípulo (la de muchos posibles señores para el señorío único de Jesús) es el paso más importante que posiblemente pueda dar un buscador. Cerrar el hueco del buscador con respecto a la sexta marca, no obstante, es casi ciertamente el más difícil:

De: No reconozco la promesa de contentamiento en Cristo y por lo tanto no le he dado mi vida.

A: Recibo a Cristo como mi camino al contentamiento real.

En la cultura estadounidense el dinero es el ídolo que le roba a Dios nuestros corazones. Ganar dinero es la alternativa idólatra a vivir como siervos. El progreso personal se mide por nuestra acelerada habilidad para comprar cosas no necesarias. La sociedad ha sucumbido al mito de que el dinero puede de verdad entregar las cosas que promete: felicidad, seguridad, relaciones y confianza.

Considera la historia de Stumpy y Martha. Año tras año asistían a la feria del estado donde vivían, y cada verano era la misma historia: Stumpy se emocionaba con el biplano de estilo antiguo en el cual todos podían volar por diez dólares y Martha se disgustaba por tan obvio desperdicio de dinero. «Diez dólares son diez dólares», decía siempre ella. Y Stumpy volvía a casa sin su viaje en aeroplano.

Un año Stumpy dijo: «Martha, ahí está ese biplano de nuevo. Tengo ochenta y un años en este momento y quiero subirme a dar un paseo». Martha reaccionó. «¡Otra vez el mismo cuento!, ¿no te das cuenta de que diez dólares son diez dólares?» En ese punto, el propietario del biplano, que ya ni recordaba cuántas veces había oído esa conversación, intervino. «Pónganme atención los dos. Voy a hacer un trato con ustedes. Les doy a los dos un paseo *gratis* si prometen no decir nada durante el vuelo. Si hablan una sola palabra, les cobraré los diez dólares». Stumpy y Martha pensaron que eso sonaba bien y se subieron al avión.

El piloto hizo una gran demostración. Llevó su avión entre las laderas, hizo giros y círculos, y luego volvió a hacerlo todo una vez más. Para su sorpresa, nunca oyó ni una palabra. Cuando el avión aterrizó, se volteó a mirar a Stumpy y dijo: «Bueno, reconozco que estoy impresionado. Nunca hablaron; ni siquiera una vez». «Bueno», dijo Stumpy. «Yo iba a decir algo cuando Martha se cayó del avión, pero diez dólares son diez dólares».

Si hay una cosa entendida por los estadounidenses es el valor del dinero. Si hay una cosa fundamentalmente malentendida por los estadounidenses es el valor de Dios. En el mercado de la teología de nuestra época podemos confiar en que Dios está ahí; podemos confiar en que Dios oiga nuestras oraciones; incluso podemos confiar en que Dios nos lleve al cielo después de la muerte. Pero el desafío más duro para el discípulo en formación es confiar en que Dios *provee*: que Dios de verdad nos proveerá de lo que necesitemos cuando lo necesitemos.

¿Quién está a cargo?

Cuatro preguntas claves nos ayudan a discernir nuestro compromiso personal para la sexta marca. Debemos empezar preguntándonos: *¿Quién está a cargo*. ¿Quién creo que está a cargo de hacer las reglas de la vida? ¿Quién se levantará y dirá: «Esta es la forma en la cual se ve el éxito y esta es la que constituye la buena vida»?

Pablo escribe en 1 Timoteo 6:17: «A los ricos de este mundo, mándales que no sean arrogantes ni pongan su esperanza en las riquezas, que son tan inseguras, sino en Dios, que nos provee de todo en abundancia para que lo disfrutemos». Solo Dios declara el significado del éxito. No debemos aceptar otras alternativas. Después de todo, es posible sentirse bien al lograr progresos significativos en una carrera de la cual Dios ha dicho que no vale la pena ganarla.

No debemos hacer piruetas exegéticas para estar de acuerdo en que este versículo está dirigido a nosotros. Desde una perspectiva global, si puedes darte el lujo de comprar este libro, entonces estás entre quienes son «los ricos de este mundo». Si la mayoría de nosotros limpiásemos nuestro clóset esta tarde e hiciéramos a un lado lo que, sabemos, no vamos a volver a usar, nuestras cosas desechadas serían consideradas tesoros para dos tercios de la población mundial. La Biblia nos asegura que no hay nada inherentemente malo en ser rico. Pero también nos dice que ser rico es inherentemente peligroso. Nosotros, que estamos acostumbrados a las cosas buenas, estamos poderosamente tentados a asociar nuestra felicidad con la acumulación continua de cosas buenas. Nuestras elecciones han llegado a ser o bien poner nuestra esperanza en las riquezas, las cuales, como dice Pablo, «son tan inseguras»; o poner nuestra esperanza en Dios, quien «nos provee de todo en abundancia para que lo disfrutemos».

Entonces, ¿quién está a cargo? En este mundo y en el siguiente, Cristo está a cargo. Nuestro estándar de vida nunca debe suplantar su trono. Solo Jesús es el que tiene el poder de declarar: «Esto es lo que va a durar para siempre».

¿Dónde está el hogar?

Nuestras convicciones respecto al señorío de Jesús llegan a ser crucialmente importantes cuando consideramos la segunda pregunta: *¿Dónde está el hogar?* Dicho con otras palabras: ¿Estamos invirtiendo actualmente nuestro servicio y acumulando nuestro tesoro en el lugar correcto? Al comienzo de su viaje de contentamiento, los discípulos deben hacer este cambio importante:

De: Sirvo y les doy a Jesús y a otros de mi tiempo, recursos y energía cuando me resulta conveniente.

A: Como Dios lo ordena, sirvo y les doy a Jesús y a otros una porción de mi tiempo, recursos y energía, incluso cuando no quiero hacerlo.

La clave para esta transición es un cambio subyacente de prioridades: de invertir en el único mundo que conocemos a invertir en un mundo futuro del cual Dios nos asegura que tiene un valor superior.

Nebraska es un lugar al cual nunca le he llamado hogar. Es un estado de las Grandes Llanuras por el que he pasado de vez en cuando de camino a alguna otra parte. El lugar de Nebraska que mejor conozco es un pueblo pequeño llamado North Platte, situado junto a la autopista interestatal 80. Hasta la fecha, he estado en tres ocasiones en North Platte. Una vez paré allá para llenar el tanque de gasolina y estirar las piernas... después de eso seguí manejando.

Cuando estaba en la universidad le hice mi segunda visita, una que duró mucho más tiempo. Estaba asistiendo a un retiro en un campamento cercano, cuando el río North Platte alcanzó la etapa de inundación y empezó desbordarse. Los chicos del grupo de nuestra universidad llegaron para formar un escuadrón de rescate, llenando sacos de arena para impedir que el agua inundara el campamento. La mujer que se convertiría en mi esposa también formaba parte de ese grupo, aunque por aquel entonces ni siquiera estábamos saliendo. No pude evitar notar, sin embargo: «Ahí hay una mujer que sabe cómo meter la arena en sacos»... algo que archivaría para consideraciones futuras.

Mi tercera aventura en North Platte ocurrió sin planeamiento alguno. Regresando de un viaje a Colorado, tras un campamento de trabajo con una escuela secundaria, una de nuestras camionetas se averió repentinamente a una milla de la salida de North Platte. Un mecánico local nos diagnóstico el problema, y luego fue al computador solo para descubrir que la única pieza requerida para la reparación estaba disponible en solo tres sitios al este del río Mississippi... en Texas, en alguna parte de la costa oeste y en Wyoming. Mientras el mecánico, muy amable, hacía un viaje a Wyoming y luego arreglaba la camioneta, los líderes de nuestro viaje quedaron atrapados en North Platte, Nebraska, con un grupo de adolescentes cansados e impacientes durante cuarenta horas. Fue un capítulo oscuro en el ministerio de jóvenes.

Nuestro verdadero destino

Tal vez tú has vivido en North Platte y lo adoras. Para mí, esa población de Nebraska es un ejemplo de cómo somos llevados a pasar tiempo en lugares que no son nuestro verdadero hogar. La Biblia dice que los cristianos somos «extranjeros y peregrinos» en este mundo. Este no es nuestro verdadero lugar de residencia. Podrías decir que este mundo es North Platte. Solo estamos aquí por poco tiempo. Mientras estamos aquí somos llamados a servir, tal como intentamos ayudar a hacer las cosas bien al apilar sacos de arena en el río. Y mientras estamos aquí, probablemente sufriremos varias averías. Pero no importa lo que sea, esto no debe considerarse erróneamente como nuestro hogar. Siempre estamos de camino a nuestro verdadero destino.

En palabras de quienes declinaron la oferta de llegar a ser discípulos de Jesús, «esta enseñanza es muy difícil» (Juan 6:60). Lo único que hemos visto, conocido y experimentado es este mundo. Es aquí donde se ponen en escena nuestras ambiciones, pasiones y esperanzas. Es aquí donde asistimos a la iglesia, vamos de vacaciones y tenemos nuestras cuentas bancarias. Muchos de nosotros, fundamentalmente, estamos comprometidos a ser residentes de este mundo. Queremos postularnos para alcaldes de North Platte.

Pero la Escritura nos asegura que nuestro hogar está en otra parte. En 1 Timoteo 6:19, a quienes han llegado a sentirse muy confortables en este mundo se les aconseja «[atesorar] para sí un seguro caudal para el futuro y obtendrán la vida verdadera». ¿Dónde está nuestro verdadero hogar? En el cielo.

Nada ilumina tan efectivamente el tema del carácter espiritual que enfrentar nuestra propia mortalidad. Aquellos que venden seguros de vida saben que es absolutamente necesario hablar acerca de la realidad de la muerte. Pero a ninguno de nosotros nos gusta hablar u oír esas palabras. Un agente de seguros puede señalar una tabla de proyecciones financieras y decir algo como: «Ahora, si algo llegara a pasarle, Dios lo prohíba». Pero la verdad es que Dios *no* va a prohibir mi muerte. Y no va a prohibir la tuya. En ese momento tendremos que darle cuentas a aquel que nos preguntará: «¿Qué hiciste con las buenas cosas que, por mi favor, derramé sobre tu vida?»

La moneda del siguiente mundo

Los sociólogos se lo están pasando en grande al observar a un nuevo grupo en la escena estadounidense. Son los Hijos de Padres Ricos. Por primera vez en nuestra historia –por primera vez en la historia de cualquier país– un gran número de hombres y mujeres de una edad comparativamente joven están heredando una gran fortuna. En general no hay un consenso público y casi no hay entrenamiento familiar sobre cómo utilizar estos activos. Recién terminada la segunda guerra mundial, al ocho por ciento de los hogares estadounidenses se le tachaba de tener ingresos discrecionales significativos. Hoy ese número se ha elevado al cincuenta y uno por ciento. Después que las necesidades personales y básicas han sido satisfechas, ¿qué quiere Dios que hagamos con las cosas buenas que nos han llegado?

Dios nos ha dado una libertad extraordinaria para bendecir al mundo. *Tenemos la oportunidad de ser el bote salvavidas número cuatro.* Muchísimos versículos de la Escritura declaran que ayudar a los pobres, trabajar por la justicia y caminar como siervos entre los poderosos son prioridades cercanas al corazón de Dios. Muchos de nosotros somos llamados a ser misioneros y filántropos voluntarios en casa justo ahora, y ni siquiera nos hemos dado cuenta de ellos. Somos bendecidos para ser una bendición.

Yo disfruto coleccionando billetes de otros países. De vez en cuando tengo varios leus rumanos, algún que otro yen japonés y un par de euros en mi billetera. Son de múltiples colores, divertidos de observar y completamente inútiles en el mercado estadounidense. Puedes visitar otro país y llenar tu billetera con su moneda local, pero tan pronto como aterrizas en la ciudad de Nueva York esas piezas de papel no pueden comprar ni un paquete de chicles.

Dios nos asegura que nuestros destino es otro país. Solo un idiota se pasaría la vida intentando aferrarse a la moneda de este mundo, la cual en el siguiente mundo será incapaz de comprar alguna cosa. La moneda del cielo es un *carácter como el de Jesús.* ¿Estamos persiguiendo un camino que nos esté haciendo cada vez más como el Hijo de Dios?

¿Cuál es mi trabajo?

La pregunta número tres se asocia con una gran urgencia: *¿Cuál es mi trabajo?* Una experiencia siempre creciente de la fidelidad de Dios provoca el siguiente cambio en el discípulo:

De: Les sirvo y les doy a Jesús y a otros una porción de mi tiempo, recurso y energía en respuesta a los mandamientos de Dios.

A: Por causa de la provisión de Dios, generosamente les doy a Jesús y a otros mi tiempo, recursos y energía para poder transformar el mundo de Dios.

¿Cómo acumulamos el tesoro duradero del que habla Pablo en 1 Timoteo 6? En el versículo 18 se vuelve práctico: «Mándales que hagan el bien, que sean ricos en buenas obras, y generosos, dispuestos a compartir lo que tienen». El tesoro espiritual duradero significa invertir en dones, servicio y actos de amor que beneficiarán la única parte de nuestra realidad diaria que, sabemos, va a durar para siempre: *la gente que nos rodea.*

Muchos de nosotros estamos dispuestos a dar una porción de nuestra vida para este trabajo, pero no toda nuestra vida. Las iglesias ABC han tendido a establecer puntos de referencia que nos dejan muy cortos ante los deseos de Dios. Si contribuimos con el diezmo de nuestro ingreso a la obra de Dios, si asistimos a los cultos con regularidad, si ocasionalmente hacemos una oración por los pobres, entonces el resto del nuestro dinero y nuestro tiempo nos pertenece a nosotros. *Este estándar artificial manifesto no tiene base alguna en la enseñanza de Jesús.* El discipulado es el electrizante descubrimiento de que la mayordomía no se refiere al diez por ciento de la vida. Se refiere al cien por ciento de lo que poseo. Podemos tener la certeza de que cuando se trata de las cosas de Dios, la posesión no debe confundirse con la propiedad. Un mayordomo es alguien responsable de manejar la propiedad de alguien más. ¿Por qué quedamos tan atónitos por las implicaciones de la verdad de que el cien por ciento de lo que tenemos es un préstamo de Dios para nosotros?

El costo de seguir a Jesús

En el momento del último cambio de siglo, Ernest Shackleton, el aventurero de la Antártica, puso un anuncio en un periódico británico, pues buscaba compañeros para su siguiente expedición: «Se requieren hombres para un viaje azaroso. Salario bajo, frío punzante, largos meses en completa oscuridad, peligro constante y retorno a salvo dudoso». Shackleton no obtuvo muchos reclutados. No es ninguna sorpresa: dijo la verdad.

¿Qué pasaría si nuestras iglesias dijeran la verdad con voz fuerte y clara acerca de lo que cuesta seguir a Jesús? En *Turning Points* [Puntos de giro], Vaughan Roberts lo expresa de la siguiente forma: «Hemos logrado hacer algo que los primeros cristianos no habrían pensado posible. Hemos convertido al cristianismo en algo seguro, cómodo y de clase media. Incluso cuando reconocemos [las palabras de Jesús], las suavizamos. Entonces, la negación propia llega a ser no consumir azúcar en la cuaresma y tomar nuestra cruz quiere decir soportar un dolor de espalda o tener a tía Gertrudis invitada en Navidad. Pero las palabras de Jesús van mucho más profundo que eso. A los únicos de Palestina a quienes se les veía cargando cruces era los que iban rumbo a su ejecución. Jesús está diciendo: "Debes estar dispuesto a morir por mí"» (OM Publishing, 1999, p. 190).

Desde esta perspectiva, el servicio y la mayordomía requieren un cambio de valor de proporciones fundamentales. Ya no puedo estar más de acuerdo con mi cultura en cuanto a que mi vida es mía, mi tiempo es una posesión personal y otros existen para mi beneficio. No puedo afirmar la multitud de publicidad es donde se declara: «Yo lo valgo», «Me lo merezco» y «Esto lo hago por mí».

Entendámoslo: *Esta no es una agenda para fanáticos religiosos.* Esto es para lo que una vida humana *normal* siempre estuvo diseñada. ¿Cómo es que una pequeña monja albana pudo pararse ante un salón lleno de gente en Washington D.C., y calladamente denunciar en su cara la ambigüedad moral del presidente de Estados Unidos? La respuesta es que la Madre Teresa hablaba con la autoridad de una mujer cuya vida estaba alineada con los valores de Dios. La «gente poderosa» de la reunión permanecía en silencio. Estaban en la abrumadora y poderosa presencia de una vida completamente rendida.

¿Era la Madre Teresa una aberración espléndida, o simplemente alguien como nosotros? Dios hizo que nuestras mentes, cuerpos y emociones estuvieran en su mejor punto cuando servimos a otros con sacrificio, tal y como ella se entregó a trasformar los barrios pobres de Calcuta. No es improbable que algunos a quienes sabemos deprimidos y amargados llegaran a su condición no por causa de circunstancias inusuales, sino porque persistentemente dejaron pasar oportunidades de ayudar a otros cuando estaba en sus manos ayudar. Se sentaron en la seguridad de lo predecible y cómodo, en lugar de invertir sus dones más allá de ellos mismos.

Arriesguemos los recursos de Dios

En el libro *Living Like Jesus* [**Vivir como Jesús**], Ron Sider señala que los seguidores de Cristo están posicionados de manera única para impactar el globo. Aunque los cristianos representan menos de un tercio de la población mundial, recibimos anualmente dos tercios de los ingresos mundiales. Por increíble que parezca, nos gastamos el noventa y siete por ciento en nosotros mismos. La mayor parte del resto llega a las manos de «cristianos ricos que llevan a cabo programas caros en sus propias congregaciones y naciones» (Baker Books, 1966, p. 145).

El mundo ha retratado falsamente a la iglesia como limosneros al borde de la bancarrota. Muchas personas han llegado a la conclusión de que las congregaciones están preocupadas principalmente por sostener su propia viabilidad a cualquier costo. ¿Qué pasaría si los cristianos de todas partes dieran el paso mínimo de colocar el diez por ciento de sus ingresos a disposición de Dios? ¿Y qué pasaría si las congregaciones invirtieran fielmente esa suma no en la manutención de su estatus quo, sino en alcanzar a quienes se están ahogando en la pobreza, la adicción y el desespero en este momento al alcance de nuestros botes salvavidas espirituales? Incluso los cálculos más conservadores indican que solo con esa respuesta se barrería la miseria del veinte por ciento más pobre de la población terrestre.

¿Somos serios en cuanto a cambiar el mundo?

¿Cuál es mi trabajo? Es repartir generosamente lo que Dios ha compartido conmigo. Es arriesgar la totalidad de los recursos de Dios y lograr sus propósitos. Dios nos ha bendecido para ser bendición. Cuando John D. Rockefeller murió, a su contador se le estaba preguntando: «Entonces, ¿cuánto dejó?» La respuesta del contador fue la clásica: «Lo dejó todo». Por la gracia de Dios, sin embargo, la inversión de todo lo que somos en las vidas de otras personas por la causa de Cristo es un tesoro que nunca será quitado ni dejado atrás.

¿Qué es el éxito?

¿Quién está a cargo? Solo Cristo está a cargo. *¿Dónde está el hogar?* Mi verdadero hogar está en el cielo. *¿Cuál es mi trabajo?* Mi trabajo es servir como sirvió Jesús y compartir lo que él ha compartido conmigo. He aquí nuestra pregunta final: *¿Qué es el éxito?* Una caminata de madura-

ción continua con Cristo nos ayuda a cerrar este hueco final:

De: Por causa de la abundante provisión de Dios, sirvo y doy generosamente a Jesús y a otros mi tiempo, recursos y energía.

A: En humildad, alegremente les ofrezco a Jesús y a otros todo mi tiempo, recursos y energía.

¿Qué es el éxito? En un día cualquiera hay millones de personas que definirían el éxito como acertar los números correctos en la lotería de esta semana. A semejante suceso lo reconocerían como una gran ganancia. Considere las palabras contraculturales de Pablo en 1 Timoteo 6:6: «Gran ganancia es la piedad acompañada de contentamiento» (RVA). La Biblia declara que si nuestro libro de contabilidad muestra el billete ganador de la lotería en nuestra columna del haber, pero indica que nuestro contentamiento auténtico está en la columna deber, entonces nuestro saldo neto sería menor que cero.

¿Cuanta riqueza neta se requiere para experimentar la piedad acompañada de contentamiento? Pablo dice en el capítulo 6 versículo 8: «Así que, si tenemos ropa y comida, contentémonos con eso». El contentamiento es la suma de la ecuación: necesidades básicas más perspectiva eterna más abandono sincero a Jesucristo y sus caminos. Esa es la medida final del éxito humano.

Jesús constantemente nos deja el desafío. Nos fuerza a escoger entre lo que creemos es un tesoro y lo que él considera un tesoro. Lo que queda en el saldo indica si experimentaremos o no la realidad de confiar en Dios. Nuestro llamado es apartar la mirada al menos de cuatro «caza-confianzas». Ellos forman un alineamiento impuesto: la *fobia*, la *amnesia*, la *inercia* y el *mañana*. Estos son los cuatro obstáculos principales para vivir con un espíritu de servicio y mayordomía.

El Dios que provee

La *fobia* o el miedo siempre encabezan la lista. Es justo decir que un buen número de las personas que viajaban en la cresta de la ola económica estadounidense hace solo unos años ahora están en una seria lucha contra el miedo. Hemos estado viviendo en tiempos impresionantes. Los últimos veinte años del siglo XX han sido testigos de la mayor creación legal de riqueza personal en la historia humana. Los estadounidenses han amasado alguna cantidad entre siete y diez billones de dólares, y mucho de eso está siendo pasado precariamente de una generación a otra. No obstante, las incertidumbres globales y el pálido espectro de la deuda personal han generado un clima de ansiedad profunda.

¿Cuál es el antídoto? Nuestro llamado es directo: *Como un estilo de vida diario* debemos confiar en que Dios es un Dios que provee. Jesús declaró en el sermón del monte: «Por eso les digo: No se preocupen por su vida, qué comerán o beberán; ni por su cuerpo, cómo se vestirán. ¿No tiene la vida más valor que la comida, y el cuerpo más que la ropa? Fíjense en las aves del cielo: no siembran ni cosechan ni almacenan en graneros; sin embargo, el Padre celestial las alimenta. ¿No valen ustedes mucho más que ellas? ¿Quién de ustedes, por mucho que se preocupe, puede añadir una sola hora al curso de su vida? ¿Y por qué se preocupan por la ropa? Observen cómo crecen los lirios del campo. No trabajan ni hilan; sin embargo, les digo que ni siquiera Salomón, con todo su esplendor, se vestía como uno de ellos. Si así viste Dios a la hierba que hoy está en el campo y mañana es arrojada al horno, ¿no hará mucho más por ustedes, gente de poca fe? Así que no se preocupen diciendo: "¿Qué comeremos?" o "¿Qué beberemos?" o "¿Con qué nos vestiremos?". Porque los paganos andan tras todas estas cosas, y el Padre celestial sabe que ustedes las necesitan. Más bien, busquen primeramente el reino de Dios y su justicia, y todas estas cosas les serán añadidas» (Mateo 6:25 –33).

Las luchas económicas están entre nuestras oportunidades de aprendizaje espiritual más grandes. Una de las razones por las cuales debemos mantenernos aprendiendo las mismas lecciones de confianza es porque sufrimos de *amnesia* espiritual. Siempre estamos olvidando las seguridades de Dios. Los observadores estiman que cada día somos bombardeados con dieciséis mil comerciales, cada uno de los cuales es hecho para empujarnos hacia una nueva compra, experiencia o inversión.

¿Quién se está esforzando, por otro lado, para recordarnos el llamado de Dios a utilizar nuestra riqueza para hacer avanzar el reino? El silencio en la mayoría de las congregaciones es ensordecedor. En el ambiente ABC, la mayordomía solo significa consecución de fondos. En la iglesia que hace discípulos, la mayordomía es un asunto espiritual: un abandono sincero a la persona completa de Dios. Nuestro llamado es a permanecer siendo estudiantes toda la vida de lo que

Dios dice acerca de manejar los recursos de Dios. De otra forma, olvidaremos todo lo oído el domingo por la mañana tan pronto como el domingo por la tarde veamos otra página de publicidad completa acerca de una promoción.

Hoy, no mañana

El tercer caza-confianza es la *inercia*, lo cual quiere decir literalmente «no trabajar» o «no avanzar». La mayoría de nosotros alcanza un lugar de comodidad personal con respecto a nuestro nivel de servicio y sacrificio y luego se resiste al cambio. La inercia es la suposición o la esperanza de que no debo hacer nada costoso para demostrar mi confianza en Dios. Tal vez todo vaya a funcionar bien por sí mismo.

Durante mi primera docena de años de ministerio nunca prediqué un solo sermón ni enseñé ningún estudio bíblico animando a quienes estaban en mi congregación a ser extravagantemente generosos con sus recursos. ¿Por qué ese silencio? Durante los primeros doce años de mi ministerio yo mismo estaba manteniendo aterradoramente el control de cada centavo. Una mujer una vez se acercó a Gandhi y le dijo: «Mahatma, dígale a mi hijo que no debería estar comiendo azúcar». Gandhi le pidió volver en siete días. En ese punto se sentó con el niñito y gentilmente le mostró por qué no debería comer azúcar. La mujer le preguntó: «¿Por qué simplemente no lo hizo hace siete días?» «Hace siete días», le respondió Gandhi, «yo mismo todavía estaba comiendo azúcar». Durante doce años yo sabía que no tenía fundamento sobre el cual decir que Dios provee para quienes confían en él; yo mismo me había negado a ejercitar esa confianza.

Francamente, me enredaba con el tema. No podía imaginar cómo saldría librado Dios. Reaccionaba de forma adversa a las duras elecciones y los sacrificios necesarios para realinear nuestro presupuesto familiar. En mi cabeza abrigaba la convicción de que Mateo 6:33 dice la verdad, que buscar el reino de Dios sobre todas las cosas es la seguridad humana por excelencia. Pero a pesar de todos los intentos y propósitos, en realidad no creía en el Dios cuya existencia declaraba. Cuando me comprometía a hacerlo, *no lo reconocía como digno de confianza.*

Dios usó a un Bernabé para cambiar mi vida. Otro pastor llegó a ser mi Consolador en el reino del dinero. Más que cualquier cosa, él era un modelo viviente de Dios cumpliendo sus promesas. Escoger ser generoso era tanto aterrador como estimulante. Solo en el otro lado de esa decisión nuestra familia llegó a darse cuenta del grado en el cual Dios tiene cuidado de quienes confían en él. El sacrificio es rendir algo que amamos por la causa de algo que amamos aun más.

¿Cuál es el último oponente letal de la confianza? El *mañana*. «Esas son ideas válidas. De hecho, nuestra iglesia debe cambiar la forma en la cual imitamos la generosidad de Jesús. Vamos a hacer eso… en cuanto acaben las vacaciones. En alguna oportunidad futura, cuando hayamos estudiado lo suficiente, debemos sentarnos y descubrir cómo responder». Pero mañana es demasiado tarde. Podemos oír los gemidos de los que aún están en el agua. ¿Cuál es el antídoto contra el *mañana*? Debemos confiar en Dios *hoy*.

Por la gracia de Dios —dotado con sus dones y la seguridad de su fuerza— vamos a remar hacia aquellos que están en necesidad.

Preguntas para mayor exploración

De forma personal, en parejas o en grupos pequeños

1. ¿Dónde te ubicarías a ti mismo en los «huecos» de esta marca: como buscador, principiante, intermedio o discípulo maduro?

2. ¿Cuál es tu miedo más profundo, o fobia, acerca de arriesgar tus recursos para Dios?

3. ¿Cómo afecta tu vida diaria la noción del cielo como tu verdadero hogar? ¿Cuándo fue la última vez que tomaste una decisión para este mundo basándote en consideraciones del próximo mundo?

4. ¿Dónde crees que tu iglesia tiende a dejar a las personas fuera de peligro cuando se trata de incorporar el servicio y la mayordomía?

5. ¿Qué actividad o compromiso —si es practicado por la gran mayoría de los discípulos cristianos— movería o impresionaría más a los no cristianos para considerar las afirmaciones de Cristo?

Empecemos

Por ti mismo

Haz un inventario personal de tus prioridades actuales basándote en tres preguntas simples: ¿En qué pienso? ¿En qué gasto mi dinero? ¿Dónde invierto mi tiempo? Luego hazte la pregunta: *¿Son estos los pensamientos, las inversiones y los compromisos que quisiera estar abrazando durante la última semana de mi vida?* ¿Qué está evitando que te entregues a las prioridades de Dios?

Como congregación

Evalúa los sermones y comunicaciones de tu iglesia en los últimos tres años sobre la mayordomía. ¿Reflejan un énfasis en la consecución de fondos o un llamado a un compromiso espiritual de la vida entera? ¿Qué cambios necesitarían hacerse –no solamente en el lenguaje, sino en las metas, las motivaciones, los ejemplos– para alinearse con las enseñanzas de Jesús en el sermón del monte? (*ve especialmente* Mateo 6).

14

Hábitos de la iglesia que hace discípulos

Nada aclara la mente tan efectivamente como un desastre. A menudo descubrimos las raíces de nuestros comportamientos productores de desastres solo al mirar por el espejo retrovisor. La indagación detallada que siguió al hundimiento del *Titanic* incluyó el interrogatorio público del Capitán Henry Clarke. Él había autorizado la partida del barco, a sabiendas de que al salir en su primer viaje había habido exactamente un simulacro con los botes salvavidas, involucrando solo dos botes y una tripulación selecta.

El fiscal presionó al capitán Clarke. «¿Le pareció a usted que su sistema era satisfactorio antes del desastre del *Titanic*?» Él respondió: «No, señor». «Entonces, ¿por qué lo hizo?». Clarke respondió: «Porque esa era la costumbre». «¿Sigue usted la costumbre porque es mala?». Clarke respondió: «Bueno, soy un siervo civil, señor, y la costumbre nos guía en buena parte».

Seamos sinceros: la costumbre nos guía a todos en buena parte. Así que, ¿qué pasa si nuestras costumbres son halladas contraproducentes para nuestras metas más queridas?

Debemos decidir el cambio de nuestras costumbres.

Si este es el punto en el cual tú le darías la bienvenida a un plan de acción detallado de doce meses para inyectar el discipulado en la aorta de tu iglesia, la desilusión te espera. El Nuevo Testamento no ha provisto tal plan. Ni debemos crear uno y hacerle propaganda como un conjunto de principios para guiar a las generaciones siguientes. Jesús nos dio una visión exhaustiva mas no específica al final de su ministerio en la tierra: «Vayan y multipliquen los discípulos en cada lugar de la tierra». Esas son las únicas instrucciones que necesitamos.

Al menos el ochenta por ciento de las congregaciones estadounidenses ha fallado a la hora de alistarse para el cumplimiento de la visión primaria de su Señor. La costumbre los guía en buena parte... costumbres de dirección interna, autopreservación y fijación continua en los ABCs de la asistencia, la búsqueda de fondos para la construcción de la sede y la capitalización. ¿Cómo puede ser liberado el poder del Espíritu Santo para transformar los huesos secos eclesiásticos en una vitalidad dadora de vida?

Necesitamos adoptar las costumbres o hábitos de la iglesia que hace discípulos.

Estas a la larga serán mucho más que una lista de estrategias para la próxima temporada de la vida de la congregación. Los siguientes siete puntos representan los giros fundamentales requeridos para ayudar a un grupo de discípulos en crecimiento a imitar *toda la vida* de Jesús, en todo su balance y belleza.

1. Permanecer centrados por medio de la oración y el discernimiento

¿Cuán rápido podemos ir en nuestros esfuerzos para transformar la cultura de nuestra iglesia? No más rápido de lo que tardamos en ponernos de rodillas.

La oración no debe ser una búsqueda superficial de las bendiciones de Dios en nuestro trabajo. Nuestro trabajo en sí es la oración: esperar, escuchar e invocar sostenidamente el nombre del Señor.

El evento crucial en la transición de nuestra iglesia hasta convertirse en una iglesia enfocada en hacer discípulos fue lo que llamamos nuestro Año del Discernimiento. Decidimos apartar todo un año (en realidad llegaron a ser catorce meses) para escuchar la dirección de Dios. Contratamos a un consultor externo para ayudarnos... no para darnos respuestas, sino para mantenernos en el camino. La tentación era apresurarnos a generar una lista de tácticas. Esto, por supuesto, había sido nuestro procedimiento operativo estándar durante años: retiros del liderazgo de la iglesia en los cuales concebíamos una lista de ideas inspiradas y luego las asignábamos a unos pocos laicos y miembros del personal abrumados. Llevábamos mucho tiempo sin experimentar ninguna transformación en las áreas de nuestra mayor preocupación. Sin embargo, habíamos experimentado la reaparición mágica de aproximadamente la misma lista inspirada cada año.

El Año del Discernimiento presentó un enfoque diferente y produjo un resultado diferente. La congregación entera fue invitada a participar. Ideamos la visión de esperar en oración a Dios y escucharnos cuidadosamente unos a otros, y luego intentar practicar eso como un cuerpo. Se invirtieron miles de horas en encuestas, entrevistas, interacciones de grupos pequeños, foros de grandes grupos... y quietud. Al final del proceso afirmamos públicamente un compromiso seguro de enfocarnos en una tarea –la multiplicación de los aprendices de Jesús de toda una vida– por medio de las amplias estrategias del desarrollo del liderazgo y las relaciones reproducibles. Esta conclusión no parecía impuesta. No suena como «la última palabra del monte Sinaí». El Espíritu había hablado a través de todos los canales de nuestra iglesia. Concluimos el Año del Discernimiento no con globos, un eslogan y un nuevo despliegue de adrenalina, sino con una callada oración de servicio en la cual le dimos gracias a Dios.

2. Abrazar el discipulado como un foco singular

¿Cuál es la tarea de la iglesia? Es enteramente multiplicar a los imitadores intencionales de Jesucristo. Esa es la obra que Jesús mismo nos asignó. No hay ningún plan B.

Los ABCs de nuestra existencia corporativa no son triviales. De hecho, necesitamos atender al negocio del crecimiento, las finanzas y los recursos. *Los negocios, no obstante, no son nuestro negocio primario.* Puede llenarnos de alegría ayudar a las personas a tomar toda una variedad de decisiones, pero nuestro llamado inmutable es a hacer discípulos. Solo ese enfoque es capaz de hacer avanzar el reino de Dios.

Es difícil no reírse cuando se ve en los autos la pegatina que dice: «Jesús viene pronto. Trata de parecer ocupado». Yo doy un respingo, sin embargo, cuando pienso en la cantidad de años en que mi propia vida y mi liderazgo espiritual a duras penas superaron los negocios frenéticos. Jesús lo ha expresado con claridad: algunas actividades son fundamentalmente más productivas que otras. Pero solo una actividad es esencial. Solo una es digna de vivir y morir por ella. Si pertenecemos a Cristo, entonces nuestra tarea en la vida es ser sus discípulos y ayudar a otros a perseguir implacablemente el mismo camino.

3. Pasar de una estrategia de programas a una estrategia de relaciones

¿Cómo debería verse la tarea de hacer discípulos en tu iglesia? De lo siguiente estamos seguros: no debe parecer una copia al carbón de otra congregación «exitosa».

El Espíritu ha reunido una colección única de líderes, dones espirituales, recursos y oportunidades para abarcar la parte del cuerpo de Cristo a la cual has sido llamado. Por lo tanto, la obra en curso del Espíritu en tu iglesia tendrá una firma única. Hay una razón por la cual el Nuevo Testamento guarda silencio acerca de los detalles de la vida corporativa del cuerpo. Tales detalles están en constante transición de generación a generación y de hemisferio a hemisferio. No debe sorprendernos que un montón de programas o una lista de cómo hacerlo (importada de un contexto bendecido por líderes y recursos que nunca tendremos) tienda a levantar nuestro nivel de energía durante varios meses al año, después de los cuales nos encontramos anhelando el siguiente estímulo externo.

¿Qué debemos hacer? Negarnos a invertir en programas. Invertir en relaciones reproducibles y a largo plazo.

¿Cuál es la opción más saludable: preguntarnos unos a otros si estamos siguiendo las directrices del último programa o estar rindiéndonos cuentas los unos a los otros para establecer y sostener las relaciones que Cristo siempre ha usado para transformar a los seres humanos a su imagen?

¿Quién es tu mentor? ¿De quién estás aprendiendo cómo vivir esta vida de discípulo? ¿Quién es tu aprendiz? ¿Quién está obteniendo tal aprendizaje de ti? ¿Cuál es tu grupo pequeño, la compañía de otros aprendices que te están ayudando a mantenerte en curso? ¿Dónde está tu lugar de servicio, el área donde otros están siendo bendecidos por el ejercicio de tus dones espirituales? ¿Están siendo nutridas e informadas todas estas relaciones por una relación esencial y continua con Jesús mismo, en la cual sabes quién está a cargo de tu vida y por lo tanto quién estás llamado a ser?

Como líderes de la iglesia tendemos a reunir a las personas alrededor de metas monumentales: la versión de este año para nuestro plan estratégico. Eso es una visión corta. Nuestro llamado es reunir a las personas alrededor de la meta por antonomasia de llegar a ser como Jesús. Solo eso da significado, claridad y justificación a nuestras metas más inmediatas. La estrategia superior es reunir a las personas en torno a relaciones que sean capaces de producir nuestra meta última de la semejanza con Cristo.

¿Cómo puede darse esto? Debemos predicar implacablemente la visión. Hacer referencia de continuo en los sermones, las enseñanzas, los comunicados, y la conversación a la validez de las relaciones reproducibles. Elige en tu propia vida a un Bernabé y a un Timoteo verdaderos. Lo visto importa más que lo dicho. Cuando los líderes centrales de una iglesia deciden vivir relaciones transformadoras en sus propias vidas, el hecho de hacer discípulos pasa de la teoría a la realidad.

4. Enfatizar las marcas del discípulo en lugar de los comportamientos

Las seis marcas de un discípulo no son actividades que deben ser perseguidas, ni aros a través de los cuales saltar para poder «llegar a alguna parte». Representan el carácter de Cristo. Cuando nos desafiamos unos a otros a perseguir las seis marcas, no estamos prescribiendo cierta clase de comportamientos. Pensar, actuar y ser como Jesús conlleva un compromiso más riguroso que unas pocas actividades repetidas, sin importar cuánto honor asociemos con tales comportamientos.

El mundo está desilusionado con los cristianos. Jesús les dijo a sus seguidores que sus vidas debían caracterizarse por el amor a sus enemigos, pero hemos definido el éxito como la asistencia regular a los estudios bíblicos. Jesús dijo que debíamos extender proactivamente la compasión a nuestros prójimos más necesitados, pero hemos gastado nuestra mayor energía en la batalla de los himnos contra los grupos de alabanza. Jesús proclamó que nuestra unidad le señalaría su existencia a un mundo que nos observa, pero hemos elevado la recitación de la teología correcta a la más alta prioridad.

¿Por qué son tan cruciales las seis marcas? Porque no dejan de llamarnos más allá de lo meramente externo: nuestro aprecio por las técnicas correctas, los métodos de estudio correctos y las respuestas correctas. En el centro de cada una hay un elemento de misterio, algo que desafía la medición y se rehúsa a ser reducido a un conjunto de instrucciones. Estas «marcas», como tales, no aparecen en ninguna parte de las páginas del Nuevo Testamento. Por esa razón podemos pasar años discutiendo sobre cómo categorizarlas. Pero esa no es la cuestión. Sean cuales sean las palabras para describirlos, *el discipulado auténtico viene a imitar el carácter completo de Cristo, no el dominio de unos cuantos comportamientos cristianos culturalmente aprobados.*

Nuestra intención ha sido hacer de las seis marcas de un discípulo nuestro currículo reconocido a lo largo y ancho de la iglesia. Esto quiere decir que toda actividad, idealmente, debe intentar profundizar el crecimiento personal de sus participantes en una o más de las marcas.

De este modo, el discipulado llega a ser el punto de referencia para el liderazgo de los grupos pequeños. Cuando un líder pregunta: «¿Qué debería estar estudiando o logrando mi grupo este año?», le decimos: «Tu papel es ayudar a cada persona que está bajo tu cuidado a crecer en las seis marcas durante los siguientes doce meses». De manera semejante, cada culto puede ser una oportunidad fresca de enseñar la visión de ser discípulos que hacen discípulos y seleccionar una de las marcas para hacer un énfasis especial en ella.

El equilibrio es esencial. Si no tenemos como objetivos intencionalmente las seis señales del carácter de Cristo, de modo inevitable en esos aspectos del discipulado con los cuales nuestras vidas ya están más alineadas. Yo preferiría mucho predicar solo sobre dos de las marcas de manera regular (dos de las cuales pueda ilustrar en abundancia con mi propia vida) e ignorar las dos que, con toda franqueza, siempre me han intimidado. Uno de los líderes de nuestra iglesia una vez me llevo aparte y me dijo: «gracias por desafiarme a pensar acerca de mi vida cristiana de manera más holística. Todos estos años he tenido la certeza de ir por el camino correcto, puesto que soy fuerte en tres de las marcas. Ahora, finalmente veo el cuadro más amplio de lo que significa en realidad, y qué se requiere en verdad, para poder llegar a ser como Jesús».

5. Cultivar una cultura de disciplina personal

Uno de los recuerdos más vívidos que yo asocio con mis nueve años es oír a mi mamá diciéndome de repente: «¡Tengo buenas noticias! ¡Te he matriculado en clases de piano; comienzas la próxima semana!» Por cierto, a mí no me parecieron buenas noticias. Por cierto, peleé con mi madre con todo lo que tenía en mi arsenal de nueve años: con razón, con emoción y finalmente con mis patéticos ruegos. «¡Por favor, no me hagas hacer eso!», lloré. Pero mi mamá estaba decidida, y a la semana me encontraba sentado en un taburete de piano al lado de la Sra. Chenoweth.

Para empeorar las cosas, los estudiantes principiantes de piano no tocan conciertos de Tschaikovsky o al menos «The Last Train to Clarksville» [«El último tren a Clarksville»], de The Monkees. Los estudiantes de piano comienzan aprendiendo las escalas. Esa fue una experiencia dolorosa para mí, y ciertamente también para mis padres. Pero mi madre estaba decidida, así que las clases continuaron. Sus esperanzas de que un día me gustara de verdad tocar el piano, e incluso llegar a ser hábil con él, impusieron un nuevo orden en mi vida. Mis días y mis semanas estaban moldeados por la necesidad de practicar.

Cuando empecé la secundaria era obvio que las clases estaban valiendo la pena. Yo tenía dominado un repertorio de música clásica. Hice una audición para los jueces regionales y sorpresivamente obtuve buenas críticas. Incluso tocaba el piano por diversión. Pero la secundaria es un período de muchas ocupaciones. Pedí un respiro. «¿Qué tal si dejo las clases, organizo varias cosas de mi vida, y luego retomo las lecciones?». Eso fue exactamente lo que hice... y no he vuelto a tomar ni una clase desde entonces. Aún puedo generar algunos acordes elementales. Pero durante los pasados treinta años mis dedos han olvidado progresivamente cómo tocar todas esas canciones.

Yo tenía una habilidad. Pero luego dejé de practicar. Y ahora debo preguntarme a mí mismo: ¿Cómo sé que no va a ocurrirle lo mismo a mi relación con Dios?

La promesa de Dios en cuanto a que me será fiel es mi única garantía de estar caminando con él de aquí a un año. Pero algo más es cierto. Mi decisión de ser disciplinado en mi vida espiritual —en otras palabras, no dejar de practicar— es la única forma de experimentar la totalidad de la fidelidad de Dios.

La disciplina es necesaria para agradar a Dios. ¿Cuál es el propósito de la vida? Es ser un aprendiz vitalicio de Jesucristo, que ayude a reproducir a otros aprendices vitalicios. ¿Qué se requiere de un discípulo? *Disciplina*. Eso quiere decir aprender a organizar mi vida de manera que permanezca en el camino de Dios incluso cuando empiezo a pensar que realmente necesito un respiro en ese momento. Un caminar disciplinado con Dios nos ofrece esperanza de tener una semana próxima mejor que la semana pasada, y la semana siguiente aun mejor.

La disciplina, sin embargo, es difícil. En algunos contextos la palabra incluso ha llegado a ser sinónimo de «castigo». Para algunos de nosotros, toda una semana de disciplina espiritual suena casi tan divertido como ir al taller de reparación del carro siete días seguidos. ¿Por qué es cierto esto? Todos nosotros hemos dedicado largos períodos de nuestra vida para llegar a estar cómodamente ajustados a nuestras propias agendas. Tan pronto como empezamos a captar la agenda de Dios para nuestras vidas, empezamos a darnos cuenta de la profundidad del cambio y el grado de realineación que nos aguarda. La disciplina es un proceso diario, de pasar de este momento a un momento futuro en que me voy a parecer mucho más a Jesús. Sin duda alguna, ese viaje va a ser desafiante.

Vamos a tener que aprender a tocar las escalas. ¿Qué quiere eso decir con respecto a la espiritualidad cristiana? La disciplina no es una simple conjetura. Primero reconocemos las cosas básicas de hacer crecer un corazón solo para Cristo, una mente trasformada por la Palabra, los brazos del amor, las rodillas para la oración, una voz para proclamar las buenas nuevas y un espíritu de servicio y mayordomía. Luego nos desafiamos a nosotros mismos regularmente con estas preguntas: *¿Soy un modelo vivo de estas seis marcas?* ¿Hasta qué punto estoy completamente comprometido a seguir a Jesús en estas áreas de mi vida?, ¿Qué acciones necesito llevar a cabo para cerrar esos huecos?

Eso no es igual a preguntar: «¿Me sé de memoria estas seis marcas?» Ni estamos preguntando: «¿Son estas las reglas que he de seguir cuando conscientemente estoy intentando ser religioso?» Cuando voy a trabajar el lunes, ¿sigo un conjunto de reglas diferentes? Cuando estoy al teléfono, en una de esas conversaciones incómodas con un miembro lejano de la familia, ¿cambio repentinamente a otro conjunto de valores? ¿Qué prioridades toman el mando cuando estoy sentado en el sofá sosteniendo el control remoto? La disciplina espiritual quiere decir practicar solo un conjunto de escalas para toda área de la vida.

La disciplina también requiere un plan. No es suficiente con decir: «Bueno, yo soy así en este momento». La disciplina demanda que miremos las expectativas de Dios para nuestras vidas y luego desarrollemos tácticas para alinearnos con ellas. ¿Cómo puede pasar eso como una estrategia de la congregación?

6. Utilizar la fuerza de un PPD: Plan Personal de Desarrollo

El juego favorito del cristianismo estadounidense es *Vamos a hacer un trato con Dios*. ¿Recuerdas cómo funcionaba el juego en el programa de Monty Hall? Tú ya tenías algo en la mano: un sobre, quizás, con un par de dólares. Puedes aferrarte a eso o puedes negociarlo por lo que Jay tenía en la caja… o arriesgarlo todo y tomar cualquier cosa que estuviese escondida detrás de la puerta número dos. El problema es que podrías terminar con una cabra o un aprovisionamiento de un año de un nuevo cereal para el desayuno. ¿Te aventurarías a perder todo lo que ya tienes por la posibilidad de algo considerablemente mejor?

Quienes están contemplando un compromiso serio con el discipulado suelen preguntar: «Y entonces, ¿qué hay detrás de la puerta número dos? Si yo confío en Dios, ¿me dará exactamente lo que le estoy pidiendo?» Esa es una buena pregunta. He aquí la respuesta: *Dios no hace tratos*. Lo declarado por Dios es que necesitamos soltar aquello a lo que nos estamos aferrando: todas nuestras pequeñas bagatelas y cosas de las cuales asumimos que nos van a dar una palanca espiritual. Confiar en Dios quiere decir renunciar al control de nuestras propias situaciones. Dios no promete darnos exactamente lo que hemos estado soñando. Pero sí promete darnos algo mucho mejor de lo que estamos teniendo.

Lo aprendido por los discípulos durante muchos siglos es que este proceso de entrega es precisamente eso: un proceso. Los aprendices espirituales no se gradúan en madurez en un período de semanas ni años. Y así, es crucial que los líderes de la iglesia hagan dos cosas: darle espacio a la visión de imitar toda la vida de Jesús, mientras simultáneamente muestran cómo puede lograrse esto en etapas o pasos, cerrando progresivamente los huecos en cada una de las seis marcas.

Un PPD o plan personal de desarrollo es una herramienta efectiva para lograr progresos. Cada año en nuestra iglesia dedicamos una mañana de domingo a presentar y modelar cómo cualquier individuo, sin importar su ubicación actual en donde el camino del liderazgo, puede establecer una estrategia personal para el crecimiento espiritual en el año por venir.

Algunas personas oyen este desafío y gimen internamente. Les echan un vistazo a las seis marcas de un discípulo y concluyen: «Es imposible. La barra está es muy alta. Yo todavía me siento como un preescolar espiritual. ¿Por qué debo poner metas en un pedazo de papel que solo reforzarán el hecho de que soy un fracaso?»

Otros oyentes tienden al delirio. «¡Sí! Hagámoslo así, no hay nada más satisfactorio que generar otra lista de actividades espirituales». El problema, por supuesto, es que el crecimiento espiritual nunca puede ser capturado en una lista de cosas por hacer, y ninguno de nosotros va a estar nunca más cerca de Dios al realizar más actividades incluso si las llevamos a cabo en el nombre de Jesús. He aquí las buenas noticias: Podemos en realidad avanzar con Cristo, aun si estamos tan desanimados que no podemos ver cómo es posible que esto suceda. Y por supuesto, podemos recibir los regalos de Dios de la plenitud y la libertad, incluso sin funcionar ni planificar en exceso en nuestras vidas espirituales. No podemos merecer y no podemos ganar lo que Dios quiere darnos gratis.

El propósito de un PPD no es probar que somos campeones espirituales o flojos sin esperanza. No es inspirar en nosotros una nueva temporada de actividades frenéticas sin siquiera llegar a ser lo que Dios quiere de nosotros. Un PPD es esencialmente un medio de recibir la gracia de Dios. Nos pone dentro del alcance de los brazos extendidos de aquel que nos ama. Nos ayuda a identificar los lugares donde más necesitamos la llenura de Dios y la trasformación en este momento –la clase de cambios que solo Dios puede producir– y luego nos muestra qué actividades necesitamos llevar a cabo para poder recibir mejor sus dones de sanidad.

Generalmente es esta la coyuntura en la que las iglesias cometen un error colosal. *Dejamos a la gente a la deriva.*

Los líderes de la iglesia dicen algo como: «Lo único que necesitas saber es que Dios te ama, te ama de verdad. De una forma u otra, todo va a salir bien». Pero no podemos permitirnos ser tan vagos. Hay demasiadas cosas en juego. Si no estás trabajando en un plan y un patrón completo de vida para seguir a Jesús, entonces solo lo seguirás donde el camino tenga sentido para ti y el andar sea confortable... como consecuencia vas a perderte la gran aventura de la vida y la mismísima razón por la cual naciste.

Los planes de desarrollo personal pueden ser muy diferentes. Fíjate en este ejemplo que nosotros alentamos a las personas a identificar al menos un área de vida donde había una clara convicción de ser menos de lo que Dios nos había llamado a ser, o donde sintieron que el llamado de Dios se dispersaba, o experimentaron una mayor completitud. Incluimos una lista parcial de tales áreas de crecimiento personal e incluso propusimos varios pasos para dar.

Sin importar nuestras necesidades, no necesitamos regatear con Dios. Dios está listo y dispuesto a tratar con nosotros respecto a nuestras preocupaciones más difíciles e íntimas. Un PPD es una forma de identificar tales áreas de acción y decir: «Por la gracia de Dios voy a hacer algo con esto». Entonces, ¿qué pasos debemos dar?

Nos comprometemos a realizar cinco acciones. Primero **oramos**. «Dios, ¿dónde quieres obrar en mi vida en este momento?» Puede llevar varios días, pero gradualmente llegaremos al segundo paso. **Discernimos**. Si fuéramos perfectamente sinceros, tendríamos que revisar las seis marcas en un momento dado y decir: «Debo hacer progresos inmediatos en cada una de ellas». La mayoría de nosotros, sin embargo, somos conscientes de una o dos áreas de bloqueo o ataduras que son como señales. Si seguimos sin tratar esas áreas, el «estante» completo se romperá. Recibir el perdón de Dios o aceptar la gracia de Dios son cosas que se experimentan frecuentemente de esa forma. Ellas rompen el estante. Tales acciones tienen la capacidad de transformar todo lo demás a lo cual nos estemos enfrentando.

Luego **escogemos**. Esto no quiere decir generar una nueva lista de cosas por hacer. No cambiamos repentinamente del poder de Dios a nuestro propio poder. Sin embargo, las actividades espirituales escogidas con cuidado nos ponen a disposición de Dios. Nos ubican en su presencia de tal forma que Dios pueda obrar. Involucrarnos en una relación de discipulado, por ejemplo, no es en sí mismo un acto de sanidad; pero al final puede producir un notable progreso en nuestro caminar con Cristo.

Después necesitamos **comprometernos**. Con la guía de Dios, ¿cuáles son las intenciones específicas y mi cronograma para avanzar?

Si escribimos las palabras: «He decidido firmemente que algún día voy a hacer algo acerca de esta área de mi vida», entonces no hemos creado un PPD apropiado. Necesitamos idear un plan de acción breve pero específico; uno en el que nos veamos recorriendo hasta el final. Max Dupree, gurú del liderazgo, ha dicho que no quiere ser conocido como el campeón del mundo de las noventa y cinco yardas. Si no somos capaces o no estamos dispuestos a correr las cinco yardas finales, entonces las anteriores noventa y cinco tendrán poco significado.[6]

Quinto y último, debemos **rendir cuentas**. Es acá donde nuestra participación en las relaciones centradas en el discipulado marca toda la diferencia. ¿Quién me va a alentar y mantener en el camino si estoy caminando solo espiritualmente? La respuesta es evidente: nadie. La iglesia que es seria acerca del crecimiento espiritual hará todo lo posible para asegurar que sus miembros establezcan relaciones trasformadoras.

7. La junta pasa de los ABCs a las RPPs

Los asuntos relacionados con la asistencia, buscar fondos para el local y capitalizar deben llegarle apropiadamente a la junta de la iglesia promedio con regularidad. Pero no debe permitírseles dominar la agenda.

La junta de una iglesia que hace discípulos está enfocada primariamente en proveer la expresión de una congregación más completa con un acrónimo diferente. RPP es una abreviación de relaciones reproducibles, permiso para ejercer el ministerio y un plan maestro para discipular. La junta debe ser quien preserve la confianza de la congregación en cuanto a que nunca se perseguirá ninguna otra alternativa que no sea la misión de discipular; a los individuos autorizados por el Espíritu siempre se les entregará la libertad de llevar a cabo el auténtico ministerio, y los valores de las seis marcas siempre estarán en la raíz de las decisiones corporativas.

Hemos descubierto que la vida de nuestra junta se enriquece desmedidamente si nos comprometemos con un patrón de estudio mutuo y toma de decisiones que se revelan cada trimestre en cada año del ministerio. Aunque cada reunión mensual tiene algunas caracterís-

6 NT: Alusión al fútbol americano, deporte cuyo campo de juego tiene cien yardas.

ticas comunes, incluyendo una oración larga y las preocupaciones inmediatas del ministerio, nuestros tiempos juntos «cambian de forma» cada tres meses:

Trimestre de invierno

Estudio de un asunto o tema teológico particular para discernimiento. Generalmente leemos un libro juntos durante este tiempo. La meta es el enriquecimiento.

Trimestre de primavera

Planeamiento estratégico para el año siguiente, lo cual da campo para una clase de PPD corporativo. El objetivo es el liderazgo.

Trimestre de verano

Estudio especial y exploración de dos o tres temas «candentes» que sean de particular preocupación o interés para la iglesia. Podemos producir declaraciones públicas sobre estos asuntos. La meta es la clarificación de nuestra vida común.

Trimestre de otoño

Discusión y toma de decisiones en las áreas del personal, las finanzas y la propiedad. Establecemos el presupuesto para el año siguiente. La meta es la administración.

Al final de cada reunión hacemos a un lado nuestras responsabilidades como junta y retornamos a nuestro llamado primario de ser discípulos y ministros en el cuerpo de Cristo.

Una palabra final

Estos son los elementos esenciales de la iglesia que hace discípulos:

- Un enfoque singular en reproducir aprendices vitalicios de Jesús.
- Relaciones reproducibles en la vida de cada discípulo.
- Fidelidad continua a las marcas del discípulo o alguna descripción creíble del carácter completo de Cristo.
- Una cultura de disciplina personal y rendición de cuentas, como la expresada en las strategias tipo plan personal de desarrollo para toda la iglesia.

-Una junta que esté comprometida a mantener toda la iglesia en el camino.

En tanto Dios te lleva a avanzar en tu experiencia de ser el cuerpo de Cristo, anímate. Tienes todos los recursos necesarios. Recuerda las palabras de Jesús: «Se me ha dado toda autoridad en el cielo y en la tierra...y les aseguro que estaré con ustedes siempre, hasta el fin del mundo» (Mateo 28:18,20).

PPP
Plan personal de desarrollo *espiritual*
para el año siguiente

«Despojémonos del lastre que nos estorba, en especial del pecado que nos asedia, y corramos con perseverancia la carrera que tenemos por delante» (Hebreos 12:1).

Seguir a Jesús es una actividad *intencional*. Un PPD puede ser de gran ayuda. Los planes personales de crecimiento espiritual pueden tomar muchas formas. Este año estás invitado a identificar en oración al menos un área de tu vida donde reconozcas tu necesidad de la sanidad de Dios, la restauración de Dios o el regalo de la libertad de Dios. Luego haz un compromiso de perseguir al menos una actividad que te ayude a experimentar la obra trasformadora de Dios en esa área. Haz uso del apéndice *Encuentra la libertad y la plenitud en Cristo*, que acompaña a este libro.

Ora
Dios, ¿en qué aspecto de mi vida quieres obrar en este momento?, ¿Dónde quieres marcar una diferencia, tanto dentro de mí como por medio de mí?

Discierne
¿Qué áreas de mi vida necesitan el toque de sanidad de Dios? ¿Dónde creo que están siendo bloqueados en mi vida el poder de Dios y el poder del liderazgo? ¿Dónde necesito más libertad espiritual y el poder de confiar en Dios?

Escoge
¿Qué pasos puedo dar en este momento para empezar a confiar en Dios en estas áreas? ¿Qué actividades específicas me ayudarían?

Comprométete
¿Cuál es mi plan y mi cronograma para avanzar? ¿Qué clase de oraciones y apoyo van a contar?

Encuentra la libertad y la plenitud en Cristo

A continuación se ofrece una lista parcial de las áreas de crecimiento espiritual, así como de pasos de acción personal. Concéntrate en uno o dos para tu PPD este año.

Un corazón solo para Cristo

Mayor intimidad con Dios   Seguridad de la presencia de Dios
Encuentro fresco con Dios   Seguridad de que soy de Dios
Confiar en que Jesús es la Verdad

Asiste a un retiro espiritual de un fin de semana; pide una oportunidad para que alguien te explique claramente qué quiere decir confiar en Dios; lee un libro de apologética, ten un rato de silencio diario.

Una mente trasformada por la Palabra

Capaz de conocer las verdades básicas   Conocimiento más profundo de la Biblia
Liberado de la lujuria   Liberado de la duda
Certeza de que Dios me ama

Aprende enseñando en una Escuela Dominical; haz preguntas por puntos y trabaja en ellas con un mentor; asiste a un estudio bíblico para adultos; memoriza textos bíblicos; encuentre a un Bernabé espiritual.

Los brazos del amor

Certeza de ser aceptado   Plenitud en mi familia
Liberado de la ira   Capaz de ser un verdadero amigo
Capacitado para perdonar

Reúnete con el equipo de oración de sanidad para la intercesión; forma parte de un grupo pequeño; busca consejería; asiste a un fin de semana de enriquecimiento matrimonial; lee un libro sobre sanidad personal y relaciones.

Rodillas para la oración

Capaz de hablar con Dios   Liberado de la ansiedad
Liberado del miedo   Confianza en Dios para todo
Capaz de renunciar al control

Lee alguno de los muchos libros recomendados para la vida devocional;

ora diariamente; asiste a un retiro de oración; encuentra a un compañero para rendirle cuentas en cuanto a lo espiritual; forma parte de un grupo de oración.

Una voz para proclamar la buenas nuevas

Levántate públicamente para Cristo   Habla siempre confiadamente
Ayuda a cumplir la gran comisión   Sé testigo para tu propia familia
Representa a Dios ante los compañeros de trabajo

Participa en un viaje misionero; aprende las cosas básicas de compartir tu fe; recluta a un «Timoteo»; lleva a un vecino a la iglesia; adopta a un país para oración y apoyo misionero.

Un espíritu de servicio y mayordomía

Obedece a Dios con tus recursos   Alcanza a los pobres
Arriésgate por otros   Confía en Dios financieramente
Desarrolla un corazón de siervo

Participa en un pequeño grupo de finanzas personales; únete a un equipo ministerial; dale a Dios el diezmo de tu ingreso; llega a ser un suministrador de alimentos o un misionero voluntario en las calles; apoya a una familia necesitada.

Bibliografía

Bailey, Kenneth E, *The Cross and the Prodigal* [La cruz y el pródigo], Concordia Publishing House, San Luis, MO, 1973.

Barclay William, ed., *The Letters to the Corinthians* [Las cartas a los corintios], (The Daily Study Bible Series. Rev. Ed.), Westminster John Knox Press, Knoxville, TN, 1975.

Barna, George, *Growing True Disciples* [El crecimiento de los discípulos verdaderos], Issachar Resources, Ventura, CA, 2000.

Barna, George, *Rechurching the Unchurched* [Llevemos a la iglesia a quienes no tienen iglesia], Issachar Resources, Ventura, CA, 2000.

Barnes, M. Craig, *Hustling God* [*Apurar a Dios*], Zondervan, Grand Rapids, MI, 1999.

Borthwick, Paul, *Six Dangerous Questions* [Seis preguntas peligrosas], InterVarsity Press, Dwoners Grove, IL, 1996.

Bosch, David J., *Believing in the Future* [Creamos en el futuro], Trinity Press International, Valley Forge, PA, 1995.

Cordeiro, Wayne, *Doing Church As a Team* [Hagamos iglesia en equipo], Regal Books, Ventura, CA, 2000.

Dawkins, Richard, *The Selfish Gene* [El gen egoísta], Oxford University Press, Reino Unido, 1976.

Dodd, Brian J., *The Problem With Paul* [El problema de Pablo], InterVarsity Press, Downers Grove, IL, 1996.

Foster, Richard, *Prayer* [La oración], Harper San Francisco, 1992.

George, Carl F., *Prepare Your Church For the Future* [Prepara a tu iglesia para el futuro], Fleming H. Revell, Grand Rapids, MI, 1991.

Guinness, Os, *Time For Truth* [La hora de la verdad], Baker Books, Grand Rapids, MI, 2000.

Hample, Zach, *How to Snag Major League Baseballs* [Cómo atrapar bolas de béisbol de las grandes ligas], Simon & Schuster, Nueva York, NY, 2001.

Harbour, Brian, *Proclaim* [Proclamad], diciembre de 1980.

Hoezee, Scott, *Speaking As One* [Hablando como uno solo], William B. Eerdmans, Grand Rapids, MI, 1997.

Longenecker, Richard N., *Expositors Bible Commentary* [Comentario bíblico del expositor], vol. 9, Zondervan, Grand Rapids, MI, 1981.

Lynch, Don, *et al.*, *Titanic: An Illustrated History* [Titanic: Historia ilustrada], Hyperion, Nueva York, NY, 1992.

MacDonald, Gordon, «Anatomy of a Spiritual Leader» [Anatomía de un líder espiritual], *Leadership Journal*, vol. V, número 4, otoño 1984.

McCullough, Donald W., *The Trivialization of God* [La trivialización de Dios], NavPress, Colorado Springs, 1995.

Mead, Frank S., *12000 Religious Quotations* [12000 citas religiosas], Baker Book House, Grand Rapids, MI, 1999.

Myers, Kenneth A., *Todos los hijos de Dios y zapatos azules de ante*, Crossways Books, Wheaton, Illinois, 1989.

Ortberg, John, *The Life You've Always Wanted* [La vida que siempre has querido], Zondervan, Grand Rapids, MI, 1997.

Peck, M. Scott, *The Different Drum* [El tambor diferente], Touchstone Books, Nueva York, NY, 1998.

Peterson, Eugene H, *The Message* [El mensaje], NavPress, Colorado Springs, 2002.

Peterson, Eugene H, *Under the Unpredictable Plant* [Bajo la planta impredecible], William B. Eerdmans, Grand Rapids, MI, 1992.

Peterson, Eugene H, *Working the Angles* [Trabaja los ángulos], William B. Eerdmans, Grand Rapids, MI, 1987.

Reilly, Rick, *Sports Illustrated*, 20 de marzo de 2000, última página.

Roberts, Vaughan, *Turning Points* [Puntos de giro], OM Publishing, Londres, Reino Unido, 1999.

Schaller, Lyle, *Discontinuity and Hope* [Discontinuidad y esperanza], Abingdon, Nashville, TN, 1999.

Senge, Peter M., *The Fifth Discipline* [La quinta disciplina], Currency Doubleday, Nueva York, 1990.

«Shane», Paramount Pictures, 1952.

Shenk, Wilbert R., *Write the Vision* [Escribe la visión], Trinity Press International, Valley Forge, Pennsylvania, 1995.

Sider, Ronald J., *Living Like Jesus* [Vivir como Jesús], Baker Books, Grand Rapids, Michigan, 1996.

Smedes, Lewis, *Shame and Grace* [Vergüenza y gracia], Harper San Francisco, 1993.

Sproul, R. C., *The Souls's Quest For God* [La búsqueda de Dios por el alma], Tyndale House Publishers, Wheaton, Illinois, 1992.

Starkey, Mike, *God, Sex, and the Search For Lost Wonder* [Dios, el sexo y la búsqueda del milagro perdido], InterVarsity Press, Downers Grove, IL, 1997.

Willard, Dallas, *Hearing God* [Escuchar a Dios], InterVarsity Press, Downers Grove, IL, 1984.

Willard, Dallas, *Renovation of the Heart* [La renovación del corazón], NavPress, Colorado Springs, 2002.

Willard, Dallas, *The Divine Conspiracy* [La conspiración divina], Harper San Francisco, 1998.

Willard, Dallas, *The Spirit of the Disciplines* [El espíritu de las disciplinas], Harper San Francisco, 1988.

Yancey, Phillip, *Soul Survivor* [el alma superviviente] Doubleday, Nueva York, NY, 2001.

Sobre el autor

Glenn McDonald es pastor principal de la Iglesia Presbiteriana de Zionsville, en los alrededores de Indianápolis, una congregación que él ayudó a organizar en 1983 y fue nombrada una de las *trescientas congregaciones protestantes excelentes* en un estudio conducido por Paul Wilkes y financiado por la *Lilly Endowment* (Westminster John Knos Press, 2001).

McDonald también es coautor con Ben C. Johnson de *Imagining a Church in the Spirit* [Imagínate una Iglesia en el Espíritu] (Eerdamns, 1999) y consultor sobre crecimiento de iglesias para la Iglesia Presbiteriana de Estados Unidos de América. Tiene una Maestría en Teología del *Trinity Evangelical Divinity School* en Deerfield, Illinois. Él y su esposa, Mary Sue, ambos de Hoosiers, tienen cuatro hijos: Mark, Katy, Jeff y Tyler.

Nos agradaría recibir noticias suyas.
Por favor, envíe sus comentarios sobre este libro
a la dirección que aparece a continuación

Editorial Vida
8410 NW 53 rd Terrace, Suite 103
Miami, Florida 33166

Vida@zondervan.com
www.editorialvida.com